रचना
और
आलोचना

रचना और आलोचना

देवीशंकर अवस्थी

वाणी प्रकाशन

वाणी प्रकाशन

4695, 21-ए, दरियागंज, नयी दिल्ली 110 002

फ़ोन : +91 11 23273167 फ़ैक्स : +91 11 23275710

शाखाएँ

अशोक राजपथ, पटना 800 004, बिहार

कॉफ़ी हाउस कैम्पस, महात्मा गांधी मार्ग, इलाहाबाद 211 001, उत्तर प्रदेश

महात्मा गांधी अन्तरराष्ट्रीय हिन्दी विश्वविद्यालय, वर्धा 442 001, महाराष्ट्र

सुल्तानिया रोड, मोतिया पार्क, भोपाल 462 001, मध्य प्रदेश

www.vaniprakashan.com
marketing@vaniprakashan.in
sales@vaniprakashan.in

Rachna Aur Aalochna
by Devishankar Awasthi

ISBN : 978-81-7055-404-2
Criticism

प्रथम संस्करण 1995
द्वितीय संस्करण 2021

मूल्य : ₹ 595

थॉमसन प्रेस (इंडिया) लि. में मुद्रित

वाणी प्रकाशन का लोगो मक़बूल फ़िदा हुसेन की कूची से

दो शब्द

अपने पति के साहित्यिक कृतित्व के प्रकाशन के लिए मेरी उत्कण्ठा कितनी तीव्र रही है, इसे मैं किन शब्दों में रखूँ, मुझे समझ में नहीं आ पाता। अवस्थी जी के असामयिक निधन के बाद कुछ सन्तुलित होने पर ही मैं उनकी फाइलों में बिखरी पड़ी ढेर सारी सामग्री को देख पायी। उनके मित्रों के परामर्श से अनेक पुस्तकों की एक योजना भी बनी। पर साहित्य और प्रकाशन जगत की अपनी प्राथमिकताएँ होती हैं। अतः तत्काल उक्त योजना पर ठोस कार्रवाई न हो पायी और इधर मैं पारिवारिक जिम्मेदारियों में कुछ इस तरह उलझी कि उक्त योजना पर कोई काम न हो सका। लगभग 12-13 वर्षों बाद ही उनकी मौलिक समालोचनात्मक कृति का प्रकाशन 'रचना और आलोचना' के नाम से मैकमिलन प्रकाशन की ओर से 1979 में हो पाया। पहला संस्करण आनन-फानन में ही समाप्त हो गया। पर मैकमिलन ने अपना हिन्दी प्रकाशन बन्द कर दिया। फिर वही संकट! अब 15 वर्षों बाद वाणी प्रकाशन की ओर से इसका पुनर्मुद्रण किया जा रहा है। पर देर तो हो ही गयी। अगर श्री अरुण माहेश्वरी उत्साह न दिखाते तो शायद और भी देर होती। इसके लिए मैं उन्हें हार्दिक धन्यवाद देती हूँ।

इस पुस्तक में संगृहीत अधिकांश निबन्ध सन् '60 से '65 तक के साहित्यिक परिवेश के तर्क-वितर्क और पक्ष-विपक्ष की चर्चाओं के दौरान लिखे गये थे। *माध्यम, कल्पना, ज्ञानोदय, कृति, कहानी, नयी कहानियाँ, धर्मयुग, लहर, वसुधा, कलजुग, अणिमा, युग चेतना, नटरंग* आदि में अवस्थी जी के जीवन-काल में ही इनका प्रकाशन हो चुका था। ये निबन्ध तत्कालीन साहित्य के वादों और आन्दोलनों के बीच उठी गर्मागर्म बहसों के अंग भी हैं और साक्षी भी; रचना और आलोचना के बीच के सम्बन्ध को प्रचलित सांचों और चौखटों से अलग परिभाषित करने की दिशा में शायद नये प्रयत्न भी।

'65 के दिसम्बर में कलकत्ता में आयोजित कथा-समारोह में अवस्थी जी ने जो भाषण दिये थे, उन्हें टेप से उतार कर इस पुस्तक में शामिल कर लिया गया है।

नयी कहानी आन्दोलन के समाप्त होने और सर्वथा नये ढंग के कथा लेखन का जो रुझान उभर रहा था, उसे रेखांकित करते हुए जो कुछ उक्त भाषाणों में कहा गया था, उसे यथावत् प्रस्तुत कर दिया गया है।

वसन्त पंचमी
4 फरवरी, 1995

–कमलेश अवस्थी

श्याम-सिन्धु, 2/346-ए, आजाद नगर
कानपुर-208002 (उ.प्र.)

अनुक्रम

आलोचना

कविता समीक्षा

उपन्यास समीक्षा

कहानी समीक्षा

नाटक समीक्षा

आलोचना

आधुनिक युग में समीक्षा

क्या साहित्य-समीक्षा आज भी सम्भव है? यह प्रश्न उठाते हुए सहज ही एक उत्तर एक दूसरे प्रश्न के रूप में दिमाग में उभरता है कि यदि पहले सम्भव थी, तो इस समय क्यों नहीं सम्भव है। यदि इस विचार को स्वीकार न करें तो सहज ही दूसरा सवाल उठता है कि नये साहित्य एवं प्राचीन साहित्य (विशेष रूप से क्लासिक्स) में अन्तर क्या है? क्या क्लासिक्स का अध्ययन यों ही रोज किये जाने वाले पठन-पाठनों से भिन्न होता है। दोनों प्रकार के साहित्यों के मूल्यों की एकता या विभिन्नता इस प्रसंग में नितान्त द्रष्टव्य है। आखिर मनुष्य एक निरीह अनजान प्राणी बना नहीं रह सकता, एक स्थिति ऐसी आती है जब वह महत्त्वपूर्ण समझी जाने वाली वस्तुओं की सार्थकता की जाँच कर लेना चाहता है। सार्थकता की यह परीक्षा अनेक कोणों से होने लगती है। कुछ लोग तो उसकी अपनी प्रकृति और स्वरूप के आधार पर जाँचते हैं; परन्तु बहुधा लोग नैतिकता या विज्ञान आदि की कसौटियाँ प्रयोग में लाने लगते हैं। ऐसे अवसरों पर साहित्य जैसे अनीन्द्रिय ग्राह्य क्रिया-व्यापार के अपरिभाष्य तथा सूक्ष्म मूल्यों की रक्षा करना कठिन हो जाता है। अपनी राजनीतिक चेतना के कारण मनुष्य नारेबाजी को एवं नैतिक दृष्टि सम्पन्न होने के कारण बँधे-बँधाये ढांचों की चेतना को मूल्यवान मानने लगता है, तथा जो कुछ इनके भीतर नहीं समा पाता, उसे वह सन्देह की दृष्टि से देखने लगता है। प्लेटो जैसे विचारक ने अपने युग के ज्ञान और नैतिकता के सन्दर्भ में ही कलाओं की निन्दा की थी। तब से यह प्लेटोवाद प्रत्यक्ष या परोक्ष रूप से सामने आता है। भारतीय काव्य-चिन्तन के क्षेत्र में प्लेटोवादी स्वर बहुत सशक्त कभी नहीं हो सका। प्रयोजन की दृष्टि से चतुर्वर्ग फल-प्राप्ति एवं मनोरंजन सर्वसम्मत लक्ष्य बने रहे। यहाँ हमें इनकी परीक्षा नहीं करनी है, पर आधुनिक काल में काव्य की उपयोगिता पर प्रश्न-चिह्न लगाने वाला प्लेटोवादी स्वर यहाँ भी प्रमुख बना हुआ है। इससे बचने का एक रास्ता तो यह है कि विज्ञान आदि को साहित्य-क्षेत्र में प्रविष्ट ही न होने दें एवं दूसरा मार्ग अरस्तू का है जिसमें कि काव्य द्वारा प्राप्त होने वाले ज्ञान को अधिक यथार्थ या सत्य के निकट माना जाता है। बहरहाल सामान्यतया प्लेटो और अरस्तू के मत

ही भिन्न-भिन्न रूपों और संशोधनों के साथ उपस्थित किये जाते रहे हैं। एक यदि साहित्य को अनुपयोगी, बुद्धि को कुण्ठित करने वाला एवं ख्याली पुलाव समझता है तो दूसरा मानता है कि साहित्य एक अप्रतिम ज्ञान और आनन्द देता है, जो हमारे व्यक्तित्वों को अतिरिक्त समृद्धि देता है।

यदि अरस्तू के इस मत को हम स्वीकार कर लें तो इसका अर्थ होगा कि इस विशिष्ट, अप्रतिम ज्ञान की प्राप्ति के लिए हम पढ़ते हैं और फिर नये साहित्य एवं क्लासिक्स के अन्तर की बात भी मिट जाती है। परन्तु इसी स्थल पर दूसरा महत्त्वपूर्ण सवाल उठ खड़ा होता है कि साहित्य हमारी सभ्यता एवं संस्कृति का एक व्यापार (activity) यदि है तो इस अप्रतिम, विशिष्ट तत्त्व द्वारा उसकी व्याख्या कैसे सम्भव हो। परिणामस्वरूप एक विचित्र असुविधा में हम पड़ जाते हैं। साहित्य का एक सिद्धान्त जो कालिदास, बाणभट्ट या तुलसीदास पर लागू हो जाता है, आधुनिक कहानियों पर कैसे लागू किया जा सकता है। प्रश्न श्रेष्ठता अथवा निकृष्टता का नहीं, भिन्नता का है। साहित्य के उपयोग या मूल्य के सम्बन्ध में आज का जिज्ञासु प्राणी किसी सामान्यीकृत कथन को मानने में संकोच का अनुभव करेगा।

इस संकोच का कारण है, केवल नये और पुराने साहित्य के बीच ही नहीं, नये साहित्य के भी विविध रूपों में परस्पर प्रकृति, उद्देश्य और मूल्यों में पर्याप्त विभिन्नता प्राप्त होती है। रेडियो के लिए, टेलीविजन के लिए, सिनेमा के लिए, दैनिक अखबार, साप्ताहिक पत्र या मासिक पत्रिका के लिए लिखे जाने वाले समसामयिक साहित्य-रूपों में परस्पर वैभिन्न्य ढूँढ़ना कठिन नहीं होगा। तुलसी ने प्राकृतजन-गुणगान करने वाले कवि को अपने से अलग करके देखा अवश्य था, पर आज के अर्थ में व्यावसायिक लेखक, प्रचारक लेखक या गम्भीर लेखक के अन्तर शायद उनकी समझ में नहीं आवेंगे। ये सारे के सारे आधुनिक प्रश्न हैं, जिन्होंने कि आधुनिक साहित्य की प्रकृति, प्रयोजन और मूल्य में पुराने से अन्तर उत्पन्न किया है। आज के साहित्य के कभी-कभी एकदम भिन्न उद्देश्य प्रतीत होते हैं।

इस नये रुख को उपस्थित करने वाला मौलिक कारण शिक्षा का नया प्रसारी रूप है। पहले जमाने में थोड़े लोग साक्षर होते थे और अधिकांश असाक्षर जन इन साक्षरों से मौखिक उपदेश ग्रहण किया करते थे। जो पढ़े-लिखे होते थे, वे उस समय के उपलब्ध ज्ञान का भरपूर उपयोग कर अपने को पूर्णतया ज्ञानवान और खुली आँख वाला बनाये रखने का प्रयास करते थे। ज्ञान-विज्ञान की इतनी दिशाएँ एवं इन दिशाओं में भी परस्पर इतनी अधिक विविक्ति न होने के कारण उस समय यह सम्भव भी था। साधारण अपढ़ जनता इन्हें पर्याप्त आदर देती है। मौखिक कथा-वार्ताओं आदि के माध्यम से निर्देशन प्राप्त होने के कारण स्मृति एवं कल्पना को बढ़ने के लिए खुलकर अवकाश मिलता था। जिस युग में अधिकांश अनदेखा हो, उसमें कल्पना के पंखों को अधिक फैलाना ही चाहिए और जहाँ पर साक्षर जन

कम हों वहाँ पर स्मृति में सहज रूप से बस जाने वाले रूपों का आधिक्य अनिवार्य है। इसी कारण मौखिक परम्परा के माध्यम से बढ़ने वाले साहित्य से स्मरणीय एवं अलंकारों के प्रति सहज उन्मुख भाव प्राप्त होता है। ऐसी मनःस्थिति में, यह बात सहज ही समझ में आ जाने वाली है कि ये पाठक या श्रोतागण जिस भी साहित्य या कला-रूप में प्रवेश पा जाते थे, अपनी कल्पना और स्मृति के सहारे उसमें भाग लेता अनुभव करते थे। वे ऐसे कला-जगत के, इस प्रकार संरक्षक बन जाते हैं जो उनके दैनिक कार्य-व्यापार एवं हृदय के निकट है; और इस कला-जगत के भीतर एकता एवं शक्ति भी संरक्षित रह पाती थी। इस तरह सब मिला कर यह सारा समूह (पाठकों, श्रोताओं, अध्येताओं एवं सर्जकों का) लगभग समान स्तर पर रह जाता था एवं साहित्य के अनेकमुखी प्रयोजन या मूल्य अथवा व्यावसायिक एवं गम्भीर के अन्तर नहीं उभर पाते थे। वहाँ स्पष्ट प्रकृति के एवं निश्चित लक्ष्य थे, सम्मान की एक सहज भावना थी एवं लोक-साहित्य और शिष्ट साहित्य के मध्य कोई गहरा अन्तराल नहीं था।

पर आज स्थिति नितान्त गम्भीर हो गयी है। साक्षरता बढ़ती जा रही है, पर पढ़ने का उपयोग या लक्ष्य कोई निश्चित नहीं है। पढ़ना सुलभ, पर पढ़ने का प्रयोजन अस्पष्ट; परिणाम है कि साहित्यकार के अतिरिक्त आदर की वह भावना भी नहीं रही और स्मृति-कल्पना के भी पंख कट गये। पढ़ने की सुलभता के कारण प्रत्येक मनुष्य अपने से बाहर जगत के विभिन्न स्रोतों से कुछ न कुछ ग्रहण करता है परन्तु उसकी कोई सीमा नहीं कि सच-झूठ, तथ्य और मिथ्या, शुद्ध या भ्रष्ट के ग्रहण स्रोत क्या हों? डैविड डैचेज के शब्दों में—

"लिपि के आविष्कार ने इसे सम्भव बनाया, छापेखाने ने एक बड़े पैमाने पर इसे व्यवहार्य सिद्ध किया और आधुनिक प्रकाशन-पद्धति ने इसे अनिवार्य बना दिया।"

वास्तव में पढ़ने के अनेक उपयोग हो सकते हैं, अच्छे-भले एवं बुरे भी। पढना तो अपने-आप में साधन मात्र है और यह साधन अनिवार्य है जबकि साध्य ऐच्छिक हो गया है। फिर पढ़ने के लिए सामग्री जिस प्रकाशन-पद्धति से होकर आती है वह एक व्यवसाय है जो लाभ के लिए है। लाभ वाला यह पक्ष साहित्य के प्रति आधुनिक अनोखे रुख को स्पष्ट करता है। एक जमाने में लाभ राजा जयसिंह या विक्रम से होता था तब विपथगा होने के खतरे कम थे (क्योंकि पहले तो श्रोता-संख्या कम और फिर वह भी रसिक) पर अब तो लाखों-करोड़ों की रुचियाँ हैं, उनकी भूखें हैं और उनकी तृप्ति लेखक को भी धन-सम्मान देती है। ऐसी दशा में अपने सहज पथ को छोड़कर इस पाठक-समूह का बैरा बन जाना कुछ अनहोना नहीं है।

इसी समस्या के साथ जुड़ी समस्या अभिजात एवं जनप्रिय साहित्य की है। इसके कारण ही साहित्यिक मूल्यों के बारे में ऐसा भ्रम फैला हुआ है। दो श्रेणियों के पाठक समसामयिक जीवन के अत्यन्त प्रत्यक्ष सांस्कृतिक तथ्य हैं। दोनों श्रेणियों के पाठकों

का अन्तर वास्तव में बुद्धि का अन्तर नहीं है। वास्तविक साक्षरता, बुद्धि या कौशल की पर्याय न होकर मस्तिष्क एवं कल्पना की एक स्थिति है जो किसी भी बौद्धिक स्तर पर सम्भव है। पर साक्षरता आज वास्तविक न होकर अधूरी है। यह कहने के लिए हमें क्षमा किया जाय कि इस अर्द्धसाक्षरता की अपेक्षा छोटे बच्चे, पुराने अपढ़ अधिक साक्षर होते हैं, क्योंकि कुछ मृत खोखले साँचों के द्वारा उनकी ग्रहणशीलता एवं क्रियात्मकता नष्ट तो नहीं हो जाती। पर आज का अर्द्धसाक्षर तो बस निष्क्रिय रूप से पढ़ता जाता है और ज्यों-ज्यों पढ़ता जाता है त्यों-त्यों उसकी निष्क्रियता बढ़ती जाती है। वे अपने विवेक से काम लेना छोड़ देते हैं। जो जैसा है वैसा ही ग्रहण कर लेते हैं। इसके अतिरिक्त जो ग्रहण करते हैं उसका भी सचेष्ट उपयोग नहीं करते। वे उपयोग करें भी क्यों? किसी बौद्धिक प्रकाश या प्रयोजन के लिए तो वे पढ़ते नहीं। औद्योगिक युग ने अवकाश दिया, नीरसता दी, परस्पर के परिचय एवं प्रेम-भावनाएँ, सौहार्द और सहानुभूति कम हुई, परिवार कुटुम्ब एवं समाज की चूलें कमजोर पड़ी हैं; जीवन के संघर्ष और जटिलताएँ भी बढ़ी हैं। ऐसी स्थिति में वे इस अवकाश को भरने के लिए और दुर्वह स्थितियों से पलायन के लिए जो कुछ मिल जाता है उसे ही पढ़ जाते हैं। यही कारण है कि आज के साहित्य का गुण है कि वह पठनीय (Readable) हो, न कि स्मरणीय (Memorable)। प्रकाशन-पद्धति भी कहती है कि आज पढ़ो चाव से और कल भुला दो, क्योंकि कल नयी किताब फिर आने वाली है, उसे भी तो खरीदा जाना है। परन्तु जब साहित्य में मौखिक तत्त्व प्रधान था, तब उसे मस्तिष्क में बना ही रहना चाहिए था। इसीलिए हम देखते हैं कि आधुनिक पुस्तकें प्राचीन महनीय (Classics) कृतियों से कितनी भिन्न हैं।

इसके अतिरिक्त साहित्य द्वारा प्राप्त होने वाले आनन्द का भी प्रश्न आता है। प्राचीन भारतीय काव्यशास्त्र में मनोरंजन का स्थान बहुत ऊँचा था, पर आज धीमानों को काल बिताने के लिए काव्य एवं शास्त्र विनोद की अपेक्षा अनेक सहज और आकर्षक माध्यम विद्यमान हैं। वह नये दायित्वों की ओर भी देखता है। (देखिए—कल्पना के अप्रैल '60 अंक में रामस्वरूप चतुर्वेदी का लेख—साहित्य के नये दायित्व) यदि आनन्द को श्रेष्ठ कोटि के आनन्द के रूप में लिया जाय, तब भी प्रश्न उठता है कि क्या 'बूँद और समुद्र' तथा कादम्बरी से मिलने वाला आनन्द भी एक ही प्रकार का है। आधुनिक युग का बौद्धिक तो आनन्द या मनोरंजन को निम्न श्रेणी का ही मूल्य प्रदान करने के लिए तैयार होगा। सब मिलाकर आनन्द का प्रश्न अत्यधिक सापेक्षिक है और उसके आधार पर एक सामान्य (Common) एवं सर्वमान्य साहित्यिक मूल्य की प्रतिष्ठा करना कठिन होगा। अधिक आनन्ददायक को श्रेष्ठ माना जाय, यह कसौटी हमें उपयुक्त नहीं प्रतीत होती है।

वर्तमान युग का एक अन्य सांस्कृतिक-साहित्यिक तथ्य है जो इस रूप और परिमाण में हमें प्राचीनकाल में नहीं मिलता। एक ओर तो पेशेवर आलोचकों की एक

पूरी जमात उठ खड़ी हुई है जो पाठक को चाहे-अनचाहे रचना का मूल्य बता देना चाहती है, तथा दूसरी ओर आलोचकों एवं लेखकों के अनेक समुदाय, दुर्ग और प्राचीरें बन गयी हैं जिनके कारण समुचित विश्लेषण और सराहन का कार्य नहीं हो पाता। रचना का कार्य इन्हीं स्थितियों के भीतर होता है। यह एक ऐसी कृत्रिम पर सशक्त स्थिति है जो आधुनिक रचनाओं की प्रकृति, प्रयोजन और मूल्य को दूर तक प्रभावित करती है।

ऊपर के विवेचन से स्पष्ट है कि साहित्य आज अनेक प्रकार के पाठकों, श्रोताओं को सम्बोधित करता है। अनेक प्रकार के उद्देश्यों एवं प्रयोजनों के लिए काम करता है। ऐसी स्थिति में इस अनेकधा विभक्त साहित्य के लिए कहना पड़ जाता है कि आज इसकी समीक्षा सम्भव है? हम मानते हैं कि सम्भव तो है, पर जिस नवीन समीक्षाशास्त्र की इसके लिए आवश्यकता है उसे अंशतः समाजशास्त्र की भी कृति होना पड़ेगा। यदि ऐसा न होगा तो हमें समसामयिक साहित्य जैसा है और जैसा होना चाहिए—दोनों के अधिकांश भाग को छोड़ देना होगा। इसीलिए साहित्यशास्त्र एवं समाज-विद्याओं के मध्य एक संयोजन एवं समन्वय की स्थिति विचारणीय है।

प्राचीनकाल के पूर्व और पश्चिम के काव्यशास्त्रियों ने अपने समय के उपलब्ध साहित्य का विश्लेषण करने के उपरान्त आकलन करना चाहा था। आज भी उसी की आवश्यकता है। और यह सम्भव भी है बशर्ते कि साहित्य द्वारा इस समय किये जाने वाले विविध कार्य-व्यापारों एवं प्रयोजनों को भली-भाँति पृथक किया जा सके। कितने प्रकार से विविध काल्पनिक स्थितियों का व्यवहार किया जाता है; तथा साथ ही कितने भिन्न अभिप्रायों से आज के पाठक इनकी ओर अभिमुख होते हैं, इसका अध्ययन होना चाहिए। हम इन अभिप्रायों के मूल में स्थित आर्थिक, सामाजिक स्थितियों की, उन्हें प्रेरित करने वाली मानसिक प्रवृत्तियों की विवेचना करते चलें तो अच्छा ही है। पर अधिक आवश्यक कार्य है कि इन अभिप्रायों एवं कार्य-व्यापारों का अन्तर समझा जाय। आज तक द्वन्द्व सम्भवतः नैतिक एवं सौन्दर्यपरक के बीच न होकर साहित्यिक और असाहित्यिक का है। क्योंकि हम मानते हैं कि कोई भी रचना अपने लेखक के अभिप्रेत प्रयोजन से विलग होकर भी जीवित रह सकती है। और उसके साहित्यिक मूल्य लेखकों के अभिप्रेत से बहुधा पृथक होते हैं। 'सत्ती मैया का चौरा' उपन्यास का साहित्यिक मूल्य उसकी प्रतीक-शक्ति के भीतर है जबकि लेखक शायद कम्युनिस्ट दर्शन के प्रचार को भी अपने को अभिप्रेत मानता रहा हो। अतः पहला कार्य साहित्यिक और असाहित्यिक मूल्यों के अन्तर करने का है। अच्छी और बुरी किताब की चर्चा तभी की जा सकती है। इस प्रकार सम्भवतः हम देख सकेंगे कि वास्तविक मूल्य प्रत्यक्ष और ऊपर दिखायी पड़ने वाले प्रयोजनों या व्यापारों पर आधृत नहीं होते हैं। उदाहरणार्थ किसी पुस्तक में पत्रकारिता वाली विधि पर कुछ सूचनाएँ दी गयी हैं, किसी मत विशेष के पक्ष में प्रचार किया गया है, अब यदि इन दोनों को भुला देने के बाद वह कृति किसी मानवीय अनुभव को आलोकित

करती है एवं उसकी सराहना इस सूचना या प्रचार में सीमित नहीं है तो उसे हम साहित्यिक मूल्य कह सकते हैं एवं उस कृति का साँचा और संगठन भी इस मूल्य का एक अंग होगा। यह प्रस्तुतीकरण कृति का वास्तविक कार्य (Function) होगा। पुस्तक रिव्यूवर किताब के प्रत्येक मूल्य को बताता है, किसी किताब में क्या बात पठनीय है, इसका वह उल्लेख करता है परन्तु आलोचक केवल साहित्यिक मूल्यों को विविक्त और आकलित करता है।

अगर साक्षरता और प्रकाशन-व्यवस्था ने पुस्तकों की विशाल राशि विभिन्न उद्देश्यों के लिए उपस्थित कर दी है तथा पाठक-वर्ग की एकता को समाप्त कर उसे विशृंखलित कर दिया है, तो हम अपनी समीक्षा सम्बन्धी धारणाओं में तभी एकरूपता ला सकेंगे जब इस 'साहित्यिक प्रयोजन' को हम दृष्टि में रखेंगे। यह ध्यान रहे कि इस प्रयोजन के मूल्य अपने-आप में अप्रतिम होने चाहिए—इसी प्रसंग में यह भी खोज होनी चाहिए कि क्या यह मूल्य प्राचीन क्लासिक्स में भी उपलब्ध होते हैं। यदि केवल पहली बात (अप्रतिमता) है तो इसका अर्थ होगा कि नये साहित्यिक मूल्य सामने आये हैं, परन्तु ऐसे किसी निष्कर्ष पर पहुँचने के पूर्व वास्तविक उचित मूल्य एवं नये मूल्य का अन्तर स्पष्ट कर लेना होगा।

ऊपर हम यह भी कह चुके हैं कि उपयोगहीन अवकाश को बिताने के लिए, नीरसता एवं संघर्ष से पलायन करने के लिए लोग पढ़ते हैं पर इस पलायनवादी की सदैव और सर्वत्र निन्दा करना उचित नहीं है। त्रासदायक स्थितियों या बातों को भुलाने का प्रयत्न कुछ ऐसी निन्दनीय बात नहीं है। हाँ, यह अवश्य है कि उन स्थितियों से कैसे निपटा जाय, इसके बारे में सोचना एक अधिक श्रेष्ठ क्रिया है, बजाय केवल उन्हें भुलाने को पढ़ते रहने के लिए। इसी प्रकार अवकाश के समय दर्शन चिन्तन या गणित की समस्याओं या किसी सिद्धान्त के बारे में सोच-विचार भी मानव-समाज की एक श्रेष्ठ परिणति है। दैनिक जीवन के शुद्ध एवं अमहत्त्वपूर्ण यथार्थ से महत्त्वपूर्ण यथार्थ की ओर हम साहित्य में आते हैं एवं तुच्छ यथार्थ से महत्त्वपूर्ण दिशा सिद्धान्त के क्षेत्र में मिलती है।

परन्तु क्या साहित्य यह महत्त्वपूर्ण यथार्थ मात्र ही उपस्थित करता है? इस प्रश्न का उत्तर एक दूसरे प्रश्न के माध्यम से मिलेगा। आज का पाठक किस उद्देश्य से पढ़ना प्रारम्भ करता है, यह देखने के लिए इस बात पर ध्यान देना होगा कि पाठक सजग मस्तिष्क से पढ़ता हुआ कृति के मन्तव्यों को आगे बढ़कर लेता है या मूक आत्मसमर्पण कर देता है। बहुधा पाठक चाहता है कि लेखक ही सब कुछ कर दे, उसे अपनी ओर से कोई प्रयास न करना पड़े। पर यह स्थिति किसी प्रकार भी स्वस्थ नहीं होती क्योंकि बड़ी से बड़ी रचना में शक्ति, उत्तेजना, अन्तर्दृष्टि या आलोक देने की सम्भावना मात्र रहती है। कलात्मक आस्वाद इस प्रकार दुहरी प्रक्रिया होती है, कृति का कलात्मक मूल और प्रमाता का सजग बोध। पाठक कभी आत्मसमर्पण न

करे पर सहयोग सदैव करे; साथ ही उसको कल्पना का एक ऐसा प्रकार विकसित करना चाहिए कि जैसे ही पुस्तक का मस्तिष्क पर प्रभाव पड़े वैसे ही एक महत्त्व को वह जन्म दे सके।

परन्तु जब यह दुहरी प्रक्रिया न घटित हो सके तब दोष किसका माना जाय, पुस्तक का या पाठक का? यह वह बड़ा जटिल प्रश्न है जिसका उत्तर खोजने में प्रजातन्त्र के भीतर जनशिक्षा की तमाम समस्याओं को देखना पड़ेगा। पुस्तक और पाठक दोनों ही एक-दूसरे के पूरक होते हैं और उनको अलग-अलग ढंग से देखना असम्भव है। जब हम इन समस्याओं से उलझते हैं तो फिर साहित्यिक मूल्य हाथ से छँटते प्रतीत होते हैं। इसलिए पुनः प्रयोजन वाले प्रश्न की ओर लौट चलना समीचीन होगा। कैसा मनोरंजन है—आनन्द कैसा है, या कृति में किस प्रकार के पलायन को तृप्ति मिलती है, यह बहुत महत्त्वपूर्ण सिद्ध होगा। इस प्रकार के परिणामस्वरूप एकदम नये उत्तेजक साहित्यिक साँचों एवं धारणाओं के बदलाव एवं पुनर्संगठन सामने आ सकते हैं अथवा पुरानी ही धारणाओं या पूर्वाग्रहों का उत्तेजक समर्थन भी हो सकता है। यहीं हमें यह भी ध्यान में रखना चाहिए कि सरस साहित्य जितना भ्रष्ट कर सकता है समाज को, उतना विज्ञान भी नहीं। साहित्य में भी सबसे अधिक खतरा उपन्यास से है। इन काल्पनिक गप्पों का हमारी संस्कृति से क्या योग है, इस पर बहुधा हम ध्यान नहीं देते। पर वास्तव में इनका महत्त्व आकलित होना चाहिए। इन्हीं सब कारणों से या यदि वर्तमान समीक्षक इस प्रश्न से प्रारम्भ करें कि यह अथवा कोई किताब क्यों पढ़ी जाय? तो उसे अधिक मौलिक और गहरे प्रश्नों की ओर जाने में सहायता मिलेगी।

हमारे वर्तमान साहित्य-पाठक-वर्ग में साहित्यिक प्रश्नों के प्रति जड़ता आ गयी है। हम अब साहित्यिक महत्त्व एवं मूल्यों को विवाद का विषय नहीं बनाते। उसका परिणाम है कि साहित्यिक मूल्यों के बारे में प्रबुद्ध पाठक भी अनजान मिलेगा। ऊपर जिन प्रश्नों को उठाया गया है, उनके उत्तर शायद पाठकों के पूर्वाग्रह पर चोट कर सकेंगे; और उन्हें अपने पूर्वाग्रहों के समर्थन में कुछ कहने के लिए उत्तेजित भी कर सकेंगे। यह उत्तेजना पाठक-वर्ग की जड़ता दूर करने में सहायक होगी तथा अत्यधिक सजग एवं सचेष्ट साहित्यिक चिन्तन ही हमारी समसामयिक साहित्यिक समीक्षा को सही दिशा दे सकेगा।

रचना और आलोचना

रचना और आलोचना का पारस्परिक सम्बन्ध क्या है अथवा क्या हो—यह एक पुराना सवाल है। इसे भिन्न-भिन्न शब्दों में अनेक बार दुहराया गया है। सच पूछो तो इसके मूल में भी समीक्षा की उपयोगिता सम्बन्धी प्रश्न छिपा हुआ है। मैं कहना चाहूँगा कि समीक्षा कृति एवं कृतिकार के लिए उपयोगी है, सामान्य पाठक के लिए उपयोगी है एवं ज्ञान की एक विशिष्ट शाखा के रूप में अपने-आप में भी उपयोगी है; उसकी इस रूप में अपनी स्वतन्त्र सत्ता भी है। परन्तु इन सभी उपयोगिताओं के मूल में आधारभूत या उपजीव्य सामग्री वह रचना विशेष ही होती है। वह रचना की जटिल संकुलता एवं अर्थस्तरों को स्पष्ट करके पाठकों को रचना का जो जीवन्त बोध देकर ज्ञान के एक आयाम का विस्तार करती है—यही उसकी चरम सार्थकता है। इस सार्थकता के मूल में रचना और आलोचना की गहरी सम्पृक्ति स्पष्ट है। चाहे सिद्धान्त का निर्माण हो, चाहे इन स्थापित मापदण्डों के व्यवहार का प्रश्न हो, रचनाओं का अद्यावधि और नजदीकी ज्ञान आवश्यक होता है। रचना के सभी पक्षों एवं स्तरों पर इस सम्पृक्ति की विद्यमानता काम्य है।

काव्य की सृजन-प्रक्रिया अनेकमुखी होती है। कवि एक साथ ही काल के एक ही मुहूर्त में रचना की प्रेरणा एवं भाव-सूत्र का ग्रहण करता, विचार के अंकुश से काटता-छाँटता, कल्पना के माध्यम से आवश्यक बिम्ब-विधान की आयोजना करता तथा भाषा के स्थापित स्टैण्डर्ड रूप के निकट अपनी अभिव्यक्ति को लाकर पूरी रचना को सम्प्रेषणीय बनाने का प्रयास करता है। समीक्षक को भी रचना की विविक्ति के समय इस अनेकमुखता के साथ विविध स्तरों पर द्रुत-गति से संचरण करना पड़ेगा—दोनों के मध्य गहन सम्पृक्ति के लिए। यदि केवल बिम्बों की मोहकता का ही वह ध्यान रखे या मात्र भाषा की विशिष्टताओं का ही अनुशीलन करे अथवा केवल विचारों या दृष्टिकोण की ही विवेचना समीक्षक करे तो रचना पूर्ण रूप से उजागर न हो सकेगी। इस एकांगी समीक्षण में कभी उसका कोई पक्ष उभर आवेगा और कभी कोई। हिन्दी में हम सम्प्रति ऐसी एकांगी समीक्षाओं के प्रभूत मात्रा में दर्शन कर सकते हैं। अलंकार पर थीसिस लिखी जायेगी, छन्द-योजना अनुसन्धान का विषय बनेगी,

भक्ति-सिद्धान्त विवेच्य होंगे—अलग-अलग व्यक्तियों द्वारा भिन्न-भिन्न पुस्तकों में भी और एक ही व्यक्ति की एक ही लेखक पर लिखी गयी पुस्तक में भी इनके लिए भिन्न-भिन्न अध्याय निर्धारित होंगे। अनुसन्धान के लिए लिखी जाने वाली किसी पुस्तक को उठा लीजिए : पहला अध्याय—पृष्ठभूमि, दूसरा अध्याय—जीवनी, तीसरा अध्याय—रचनाएँ, चौथा अध्याय—काव्य-सौन्दर्य : इसके अलंकार, छन्द, रस आदि अनेक उपविभाग, पाँचवाँ अध्याय—भाषा, छठा अध्याय—जीवन-दर्शन एवं सातवाँ अध्याय—उपसंहार तथा निष्कर्ष का मिलेगा। स्पष्ट है कि ऐसे अध्ययनों में रचना के समकालिक वैविध्य को ग्रहण नहीं किया जाता और रचना तथा आलोचना के मध्य जो भी सम्पृक्ति होनी चाहिए, वह खण्डित हो जाती है। मनुष्य का स्नायविक संगठन कैसे काम कर रहा है, इसका सघन आत्मसातीकरण कवि पहले करता है एवं अपनी सृजन-प्रक्रिया के दौरान इस स्नायविक प्रतिक्रिया के लय या साँचे को पकड़ने का प्रयास करता है, अथवा यों कहें कि अनुभूति विशेष या विविध अनुभूतियों के लिए वह एक साँचा (पैटर्न) खोजता है और जब एक बार यह साँचा पकड़ में आ जाता है तब वह उससे बाहर की ओर भी यदा-कदा संचरण करके भीतर की ओर लौटता है। अर्थात् लिखता भीतर से है और उसमें संशोधन और परिष्कार बाहर से करता है। समीक्षक बाहर की ओर से प्रभाव ग्रहण करता है एवं भीतर की ओर से महत्त्व का आकलन करता है। पर यह होता एक ही समय और साथ-साथ है।

रचनाकार के लिए वातावरण का बोध अत्यधिक आवश्यक है। एक प्रकार से वह वातावरण की भाषा बोलता है—यह भाषा समझ में आने वाली रूप और लय की होती है। इसे हम उसी प्रकार से समझें जैसे कि एक विशेषज्ञ के अपने क्षेत्र के वातावरण को सहज (अभ्यास के कारण प्रवृत्तिमूलक) भाव से पहचान कर उसकी अभिव्यक्ति उस वातावरण की भाषा में करता है। कवि में काव्य के वातावरण की विशेषज्ञ जैसी ही पहचान होती है। वह उसके विविध तत्त्वों को सोद्देश्य ढंग से संयोजित करता है और सफलता का आदर्श है कि कृति में ऐसा कुछ न हो जो उसमें किसी न किसी विशिष्टता की स्थापना न करता हो। जो उसकी समग्रता के लिए अनुपयोगी हो, उसे चेखव के शब्दों में निर्मम भाव से फेंक देना चाहिए। जहाँ रचनाकार इस निर्ममता को नहीं अपना पाता, वहाँ समीक्षक निर्ममतापूर्वक उसकी ओर संकेत करता है। अस्तु, कभी-कभी तो एक ही तत्त्व, घटना, परिस्थिति या पात्र दुहरा, तिहरा कार्य करता है। ऐसा भी होता है कि एक सफल रचना में लेखक सदैव नये निश्चय या निर्णय करता चलता है और हर नया निश्चय एक नयी सम्भावना का द्वार उन्मुक्त करता है। इसके अतिरिक्त कोई भी तत्त्व अपने-आप में स्वतन्त्र एवं पूर्ण न होकर अन्य तत्त्वों के सन्दर्भ में ही अर्थवान बनता है तथा इन विविध तत्त्वों की अन्योन्य क्रीड़ा ही वस्तुओं को ध्वनित करती रहती है। इस क्रीड़ा में उन्हें वह छोड़ देता है जो उसके समग्र प्रभाव के लिए उपयोगी नहीं प्रतीत होते।

उसके भीतर वातावरण अनिवार्यता आदि का बोध ही आवश्यक नहीं, बल्कि संगठनाकार का भी ऐसा बोध (Sense of structure) आवश्यक है जिसमें यह सारी बातें ढल सकें और प्रवेश, विकास एवं चरम सीमा भी स्पष्ट रहे।

नाटक और कथा-साहित्य में यह कार्य घटनाओं एवं पात्रों के माध्यम से होता है, तथा कविता में बिम्बों या रूपकों द्वारा। कविता को ही लीजिए—अपने सारे निर्माण के दौरान वह व्यंजनाओं के अनेक शरों का सन्धान करती है—एक बिम्ब के निहितार्थ प्रथम पंक्ति में, तीसरी पंक्ति में दूसरी को पार कर आती हुई एक आवाज, चौथी पंक्ति में एक व्यंग्यात्मक संकेत, आठवीं पंक्ति में ऊपर की पंक्तियों में व्यंजित सारे वातावरण की प्रतिक्रिया आदि विविध शर हमें एक ही कविता में उपलब्ध होते हैं। इतना ही नहीं, अनायास ही फिर ये सारे सन्धानिक शर एक ही लक्ष्य को एक ही समय में बेधते हैं। आते ये भिन्न-भिन्न दिशाओं से हैं परन्तु लक्ष्य का केन्द्र एवं बेधने का समय एक ही क्षण और बिन्दु होता है। काव्य की यही समग्रता होती है।

विस्तार से इस सृजन-प्रक्रिया को देने का तात्पर्य है कि काव्य-रचना की जटिलता और विविधता का परिचय देकर समीक्षक के उत्तरदायित्व की गुरुता को संकेतित कर उसके द्वारा अपनाने योग्य प्रणाली को भी समझने की चेष्टा की जाय। ऊपर के विवेचन से यह भी स्पष्ट है कि ये विभिन्न तत्त्व हर सफल कृति में परस्पर अन्योन्याश्रित रूप से अनुस्यूत रहते हैं। सारे तत्त्व रचना के साँचे में ढल जाते हैं, उनका पृथक्-पृथक् विश्लेषण सम्भव भी नहीं और उचित भी नहीं।

अगर हम यहाँ प्रश्न पूछें कि साहित्य के इस समग्र स्वरूप का विश्लेषण और आकलन कैसे किया जाय? स्पष्ट उत्तर है कि साहित्य की प्रकृति प्रयोजना एवं मूल्यांकन में अनिवार्य रूप से एक समीपी, पारस्परिक सम्बन्ध होना चाहिए। किसी वस्तु का उपयोग वही है जो उसकी प्रकृति के लिए उद्दिष्ट है एवं उसकी प्रकृति वही होगी जो उसका प्रयोजन या कार्य (Function) होगा। कृति को वही करना चाहिए जो कर सकती है एवं उसी क्षमता को मूल्य प्रदान करना चाहिए। वह जो है और जो कर सकती है उसी को मूल्य देना उपयुक्त होगा। उसी की जैसी प्रकृति एवं प्रयोजन (स्वभाव और कार्य) वाली वस्तुओं की तुलना में उसका मूल्यांकन होना चाहिए। पर इस मूल्यांकन के पूर्व रचना जो कर रही है और जो है उसको जानने के लिए उसकी समग्रता का समीपी अध्ययन आवश्यक है।

बहुधा कृति की अनेकमुखता एवं स्तर की विविधता के कारण समीक्षकों का ध्यान कृति की अपेक्षा अन्य बाह्य विशिष्टताओं की ओर आकर्षित हो जाता है। ऐसी स्थिति में कृति मात्र साधन बनकर रह जाती है। जब ऐसा नहीं भी होता, तब भी अध्येता बहुधा उसे भाव-पक्ष और कला-पक्ष (या विषयवस्तु और रूप-विधान) के कृत्रिम द्वैत में विभाजित कर देता है। यह द्वैत विभाजन हमें आचार्य शुक्ल में तो मिलता ही है, आगरा शैली के आलोचक महारथियों, प्राध्यापकों एवं अनुसन्धायकों ने

इस विभाजन को हास्यास्पद सीमा तक हमारे साहित्य में पहुँचा दिया है। साधारणतः विषयवस्तु से हमारा तात्पर्य भावों एवं विचारों से होता है एवं उन समस्त भाषिक विशेषताओं को 'रूप-विधान' के नाम से समझा जाता है जो उन भावों और विचारों को सम्प्रेषित करती हैं। परन्तु ध्यानपूर्वक देखने पर ज्ञात होगा कि विषयवस्तु में रूप के तत्त्व भी निहित रहते हैं। एक उपन्यास या नाटक की घटनाएँ विषयवस्तु के अन्तर्गत गिनी जाती हैं, परन्तु कथानक में उनका क्रम 'रूप-विधान' का अंग बन जाता है और इस क्रम से विच्छिन्न हो जाने पर उनका कलागत प्रभाव भी नष्ट हो जाता है। ऐसे ही रूप-विधान के अन्तर्गत भाषा में शब्द स्वतन्त्र रूप से कलात्मक प्रभाव के प्रति उदासीन रहते हैं; परन्तु एक सन्दर्भ विशेष में संयोजन ऐसा हो जाता है कि उनकी ध्वनि और अर्थ की इकाइयाँ विशेष अर्थों (भाव-पक्ष) से भास्वर हो उठती हैं। वास्तव में यदि विभाजन किसी सुविधा के लिए करना ही है तो उपादान और संगठनाकार (Material & Structure) का होना चाहिए, जैसा कि वेलेक और वॉरेन ने सुझाया है। उपादान के अन्दर तथाकथित भाव-पक्ष और रूप-पक्ष के वे सारे तत्त्व आ जाते हैं जो स्वतन्त्र रूप से कलात्मक प्रभाव से हीन होते हैं एवं संगठनाकार के अन्तर्गत इन्हीं तत्त्वों का संयोजित स्वरूप आवेगा जो कि कलात्मक आनन्द की सृष्टि करता है। समीक्षा करते समय इस संगठन-संयोजन एवं कृति के कार्य (Function) से प्रारम्भ करना अधिक समीचीन होगा। कौन-से तत्त्वों की अपेक्षा यह बात जाननी अधिक आवश्यक है कि कैसे और किस इष्ट से वे उपादान क्रमबद्ध किये गये हैं जिससे कि वह संगठित रचना एक कलाकृति बन सकी है। परन्तु यहीं यह कह देना आवश्यक है कि जब हम रचना पर केन्द्रित होने के लिए कहते हैं तो 'शुद्ध काव्यवादियों' की बात नहीं दुहरा रहे हैं। हम कहना चाहते हैं कि किसी कलाकृति में विचार या उद्देश्य का आ जाना कोई खतरा नहीं उत्पन्न करता—बशर्ते कि वह रचना में उसका उपजीव्य 'उपादान' बनकर आवे, उसी प्रकार से जैसे घटनाएँ, पात्र या वातावरण आते हैं। इस सम्बन्ध में यह भी याद रखना चाहिए कि नितान्त तथाकथित 'शुद्ध' कविताएँ या उपन्यास भी अशुद्ध ढंग से पढ़े जाकर किसी न किसी अभिप्राय से सम्बन्धित किये जा सकते हैं। इस प्रकार विशुद्धता पर अत्यधिक बल देने की आवश्यकता नहीं—हाँ, प्रत्यक्ष प्रचार या सूचनावाही अभिप्रायों से बचने की आवश्यकता अवश्य होती है।

अस्तु, इस संगठनाकार के विश्लेषण में अनेक ऐसे प्रश्न उठते हैं कि काव्य क्या है? उसका अस्तित्व कहाँ है? संगठनाकार की समग्रता का तात्पर्य क्या है एवं उसे कैसे विश्लेषित किया जा सकता है?

यह तो जाहिर है कि सफेद कागज पर रंगीन निशान बनाना (यानी कि लिखना) कविता नहीं है—यह बात दूसरी है कि लिखने एवं छपने की विधियों ने उसके रूप को कुछ न कुछ प्रभावित अवश्य किया है। कुछ लोग उसे पाठकों के पठन में

मानते हैं, पर पढ़ने वाला अपनी ओर से बहुत कुछ जोड़ता-घटाता रहता है, अतः वास्तविक कविता को काव्य-पठन नहीं माना जा सकता। कुछ उसे वर्णों या ध्वनियों में सीमित कर देना चाहेंगे, पर हमारा विचार है कि 'वर्ण योजना' साहित्य का एक तत्त्व है, उसी में काव्य का अन्यतम अस्तित्व स्वीकार नहीं किया जा सकता, अन्यथा काव्य, चित्र-काव्य, प्रहेलिका, बिन्दुमती या अक्षर-च्युतक के खिलवाड़ के स्तर पर पहुँच जायगा। इसी प्रकार उसे पाठक या सामाजिक अनुभूति के हाथों सौंप देना भी अराजकता को प्रश्रय देना है। प्रत्येक प्रमाता के संस्कार, शिक्षा, रुचियाँ इतनी भिन्न होती हैं कि उन्हें किसी प्रकार का प्रमापक नहीं माना जा सकता। वास्तव में पाठक के मनोविज्ञान का अध्ययन शैक्षिक योजनाओं के लिए चाहे कितना ही उपयोगी क्यों न हो, पर साहित्यिक अध्ययन की सीमाओं के वह बाहर ही रहेगा। हर मनोवैज्ञानिक सिद्धान्त का परिणाम अराजकता, संशय एवं मूल्य सम्बन्धी भ्रम है, क्योंकि यह काव्य के सम्पूर्ण साँचे एवं गुणों से असम्पृक्त है।

इस मनोवैज्ञानिक अध्ययन सिद्धान्त का ही एक रूप है, जब उसे लेखक की अनुभूति के साथ एकात्म कर दिया जाता है। इस बात से इनकार नहीं किया जा सकता कि रचनाकाल में कोई कृति कर्ता का अनुभव ही है, पर रच जाने के बाद उसका एक स्वतन्त्र अस्तित्व हो जाता है और उस समय स्वयं रचनाकार एक विशिष्ट पाठक मात्र बन जाता है। बहरहाल इस अनुभव का अध्ययन करते हुए पण्डितों ने उसे लेखक का सचेत अनुभव या अभिप्राय समझा है और उसी के सन्दर्भ में रचना को पढ़ना चाहा है। पर वास्तव में उस रचित कृति को छोड़कर हमारे पास ऐसा कोई साधन नहीं होता जिसके आधार पर उस सचेत अनुभव या अभिप्राय को हम प्रामाणिक रूप से जान सकें। उसके पत्र, डायरियाँ आदि भी लेखक के तोड़े-मरोड़े या रेशनलाइज्ड विचार हो सकते हैं, अथवा सृजन के दौरान उनका रूप परिवर्तित हो गया होगा, जैसा कि रचना-प्रक्रिया की चर्चा करते हुए हमने संकेत किया है। वास्तव में कृति लेखक द्वारा पाठकों को दिया गया कोई सन्देश विशेष न होकर एक स्वतन्त्र सत्ता है जिसकी सापेक्षता एक सीमा तक ही होती है। पर कृति और कृतिकार के मध्य किसी सम्बन्ध के आत्यन्तिक अभाव को हम प्रतिपादित नहीं करना चाहते। बिम्साट और बियर्डसले ने बताया कि किसी कृति के बारे में तीन प्रकार के ज्ञान हमें प्राप्त होते हैं—1. आन्तरिक यानी कि स्वयं कविता द्वारा प्राप्त अर्थ, 2. बाह्य-लेखक की डायरी, पत्र-जर्नल्स आदि जो हमें यह बताते हैं कि क्यों, कब और किसके प्रति वह कृति विशेष लिखी गयी, 3. मध्यवर्ती-कवि के निजी और अर्धनिजी अनेक अर्थ, जो वह बाद को करता है।

वास्तव में काव्य को उसके प्रथम अर्थ में ही पढ़ा जाना चाहिए, अन्य अर्थों से कुछ सहायता मात्र ली जा सकती है। जीवनीपरक अध्ययन दो दृष्टियों से कुछ उपयोगी भी है, एक तो नितान्त निजी प्रसंग या अभिप्राय सामान्य अर्थों को प्रभावित

करने लगते हैं। (बिहारी का 'नहिं पराग' वाला दोहा उस प्रसंग से सम्बन्धित करके ही पढ़ा और समझा जाता है।) दूसरे जीवनीपरक अध्ययन कुछ अनुत्तरदायी पाठकों की सनकों एवं लालबुझक्कड़ी प्रयासों या व्याख्याओं को सन्तुलित भी करता है। वास्तव में इस प्रकार के अध्ययन की यही सबसे बड़ी उपयोगिता है; परन्तु इसका तात्पर्य यह नहीं कि लेखक की सृजन-प्रक्रिया की कलाविधि और उस समय की सम्पूर्ण चेतन-अचेतन क्रियाशीलता या मानसिक स्थिति के बारे में रहस्यवादी अनुमान लगाए जायें।

रचनाकार के वैयक्तिक मनोविज्ञान से आगे बढ़कर जुंग जैसे लोग इस अनुभव की व्याख्या सामूहिक-सामाजिक शब्दावली में करने लगते हैं। पर कविता में मात्र सामूहिक अनुभव ही नहीं होते और न मात्र आद्यबिम्ब ही प्रयुक्त होते हैं। आद्यबिम्बों (Archtypal Images) के साथ ही अनेक अत्यन्त निजी बिम्ब एवं अनुभव उसमें गुम्फित रहते हैं। वास्तव में सामूहिक अनुभव, जातिगत स्मृतियाँ एवं अनेक आद्यबिम्बों की स्थिति कविता की संकुलता की ओर ही संकेत करती है, विभिन्न स्तरों में से एक स्तर इनका भी होता है और उनका अध्ययन भी उसी पूर्वकथित समग्रता की ही दृष्टि से होना चाहिए। ये तत्त्व भी तभी मूल्यवान हैं जब कृति के लिए उपादान (मेटीरियल) बन जायें।

सामाजिक मनोविज्ञान से आगे बढ़कर रचना के समाजशास्त्रीय अध्ययन की ओर रुचि बढ़ी है। प्रगतिवाद के बाद से साहित्य के सामाजिक पक्ष पर अत्यधिक जोर दिया जाने लगा है। "साहित्य समाज का दर्पण, प्रतिबिम्ब या अभिव्यक्ति होता है" ऐसे कथन हिन्दी साहित्य के विद्यार्थियों को खूब रटा दिये जाते हैं। इन कथनों का स्वाभाविक परिणाम है कि कृति को सामाजिक अध्ययन के लिए उपजीव्य सामग्री मान लिया जाता है। यह तो निर्विवाद है कि साहित्य किसी न किसी प्रकार का सामाजिक चित्र अवश्य होता है एवं व्यवस्थित ढंग से अध्ययन करने वाले का सबसे अधिक सरल उपयोग उसका सामाजिक इतिहास की सामग्री के रूप में अनुशीलन ही है। परन्तु साहित्यिक अध्ययन या समीक्षा की दृष्टि से इस प्रकार के अध्ययन का कोई सीधा सम्बन्ध नहीं होता। तुलसीदास ने उत्तरकाण्ड में कलि वर्णन में अपने युग को ही अभिव्यक्त किया है, यह ज्ञान मानस के समग्र प्रभाव या अर्थ को किसी प्रकार विवर्धित नहीं करता। ऐसे अध्ययनों का उपयोग तभी है जब निश्चित शब्दावली में यह बताया जा सके कि लेखक द्वारा चित्रित सामाजिक चित्र तथा वास्तविक सामाजिक यथार्थ परस्पर किस सीमा तक सम्बन्धित हैं। क्या वह चित्रित रूप अभिप्राय की दृष्टि से यथार्थवादी है? अथवा सामाजिक जीवन का व्यंग्य, विरूप चित्र या रोमैण्टिक आदर्शीकरण मात्र है? स्पष्ट है कि ऐसे अध्ययन के लिए यह अनिवार्य है कि अध्येता साहित्य के अतिरिक्त अन्य स्रोतों से भी सामाजिक जीवन की अवगति प्राप्त करे; तभी वह ऊपर पूछे गये प्रश्नों का उत्तर दे सकेगा।

हर आलोचनात्मक पुस्तक में पृष्ठभूमि का अध्याय (बहुधा असम्पृक्त असम्बद्ध रूप से) रखने वाले समीक्षा-साहित्य में साहित्य की सामाजिक परिस्थिति विशेष के महत्त्व को संकेत करने की तनिक भी आवश्यकता हम महसूस नहीं करते। वास्तव में साहित्य की सबसे अधिक तात्कालिक पृष्ठभूमि भाषा एवं साहित्य की परम्पराओं की होती है, ये परम्पराएँ एक सामान्य सांस्कृतिक वातावरण से घिरी होती हैं जो कि अपनी पाली में व्यापक सामाजिक जीवन से उद्भूत होता है। इस प्रकार किसी कृति को अपेक्षाकृत कम प्रत्यक्ष एवं ठोस तरीके से ही आर्थिक, राजनीतिक या सामाजिक परिस्थितियों से सम्बन्धित किया जा सकता है। सम्बन्ध होते अवश्य हैं (प्रत्येक मानवीय कार्यवाही एक-दूसरे से कमोबेश सम्बन्धित रहती है) पर बहुधा वे अत्यधिक सूक्ष्म, वायवीय एवं दूर के होते हैं। इनके मध्य 'शार्टकट' नहीं खोजे जा सकते। जहाँ पर शार्टकट होते हैं वहाँ जिन भ्रमों की सृष्टि होती है वे रामविलास शर्मा, रांगेय राघव, यशपाल, भदन्त आनन्द कौसल्यायन जैसे लोगों के तुलसी सम्बन्धी विचारों में देखे जा सकते हैं। स्वयं मार्क्स ने इन सम्बन्धों की वायवीयता का अनुभव करते हुए कहा था कि कला के चरम विकास के बहुत से युग समाज के विकास से मेल नहीं खाते। हमें ऐसा लगता है कि सामाजिक परिस्थिति विशेष का अध्ययन कलात्मक मूल्यों के बोध की सम्भावना तो निश्चित करता है, पर स्वयं उन मूल्यों को नहीं। यों इस दिशा में अध्ययन का एक बड़ा क्षेत्र अनस्पर्शित पड़ा है जो अधिक प्रयत्न एवं प्रतिभा-साध्य है। साहित्य और समाज के बीच जब निर्भरता की मात्रा का, समाजशास्त्री, मानव-तत्त्व-शास्त्री, मनोतत्त्ववेत्ता एवं साहित्यिक अध्येता मिल-जुलकर अन्वेषण कर सकते हैं। इसी प्रकार शैलियों, साहित्य-रूपों, छन्दों और साहित्यिक विचारधाराओं आदि की समाज-सापेक्षता का अध्ययन किया जा सकता है। परन्तु ये अध्ययन साहित्येतर ही अधिक होंगे। साहित्य तो दर्शनशास्त्र है न समाजशास्त्र। उसके अध्ययन की भी अपनी प्रकृति और प्रणाली है। मनोवैज्ञानिक, दार्शनिक या सामाजिक सत्य रचना के भीतर तभी मूल्यवान होते हैं जब वे उसकी समग्रता, संकुलता एवं कलात्मकता की रक्षा करते हैं। यह तनिक खेद की बात है कि हमारे साहित्यिक इतिहासों में सामाजिक, दार्शनिक, राजनीतिक या धार्मिक पीठिका की चर्चा अधिक मिलती है, साहित्यिक परम्पराओं का उल्लेख अपेक्षाकृत कम होता है। यद्यपि इस प्रकार की खानेबन्द, रूढ़ समीक्षा-पद्धति के प्रति यत्र-तत्र असन्तोष प्रकट किया गया है। कुछ लोगों ने नयी दिशाओं की ओर छिटपुट प्रयास भी किया है या कमी का अनुभव किया है।

आवश्यकता आज इस बात की है कि समीक्षा अधिक सन्तुलित हो—यानी कि रचना के साथ उसकी गहरी सम्पृक्ति हो, रचना के सभी स्तरों के साथ। प्रत्येक रचना स्व-निर्भर, एकतान एवं अत्यधिक जटिल-संकुल स्तरों वाली होती है और युग तथा रचयिता से अलग होकर उसका अपना एक स्वतन्त्र अस्तित्व भी होता है।

उसका इसी रूप में अध्ययन प्रारम्भ होना चाहिए। लेखक के व्यक्तित्व या अतीत के अर्थ हमारे आड़े न आवें। किसी रचना के समसामयिक अर्थों से ही हमारा अधिक सम्बन्ध होता है। वे रचनाएँ जो विभिन्न युगों में आदृत एवं सम्मानित रहती हैं, वे भी बहुधा भिन्न-भिन्न कारणों से प्रिय और सम्मान्य प्रतीत होती हैं। आज का अर्थ अधिक मूल्यवान है, आलोचना में। पर इसका तात्पर्य यह नहीं है कि उसे हम इतिहास के परिप्रेक्ष्य से अलग करके देखने की बात प्रतिपादित कर रहे हैं। रचनाकार तथा इतिहास से नितान्त असम्पृक्त कर देने के तात्पर्य होंगे कि उसे समाज के सामान्य ज्ञान (General core of knowledge) के सन्दर्भ से अलग करके एकदम समझ से परे बना दिया जाय। परन्तु उसका इतिहास का परिदृश्य उसके समीपी अध्ययन का बाधक या अपने-आप में साध्य न बन बैठे, यह हमारा आग्रह अवश्य है। रचना के संकुल स्तरों एवं अनेकमुखता का विश्लेषण अब अवश्य होना चाहिए। पोलिश दार्शनिक रोमन इनगार्डेन (Roman Ingarden) ने इन स्तरों की अवस्थिति की ओर बड़े स्पष्ट एवं सार्थक संकेत किये हैं। उनके अनुसार सबसे पहला स्तर किसी रचना में, वर्ण-संयोजना का होता है। इस वर्ण-संयोजना को वर्णों या ध्वनियों के वास्तविक उच्चारण या गायन के साथ एक करके देखने का भ्रम न होना चाहिए। इसी प्रथम स्तर के ऊपर अर्थ की इकाइयों का दूसरा स्तर उदित होता है। हर शब्द का एक अर्थ होता है और प्रसंगानुसार वे अर्थवान शब्द इस प्रकार मिलते हैं कि उनसे वाक्य का संगठन खड़ा हो जाता है। इस वाक्य-संगठन पर वस्तु रूपी तीसरे स्तर का विकास होता है अर्थात दृश्य, घटना, पात्र, वातावरण आदि। फिर ये घटनाएँ, पात्रादि एक विशेष दृष्टि-बिन्दु से देखे जाते हैं। यही इनगार्डेन के अनुसार चतुर्थ स्तर है; उसने अन्तिम स्तर पर दार्शनिक गुणों (Metaphysical qualities) की चर्चा की है। एक रचना पवित्र है या उदात्त, भयावनी है या त्रासद—ये बातें इस अन्तिम स्तर की हैं। इस प्रकार एक रचना के अनेक स्तर, उपस्तर एवं इनमें जटिल पारस्परिक सम्बन्ध होते हैं। इनके स्पष्टीकरण के बिना रचना के वास्तविक महत्त्व को जानना सम्भव नहीं है और इनके जानने के लिए, जैसा कि पीछे कहा जा चुका है, रचना का समीपी अध्ययन आवश्यक है। यहीं यह याद दिला देना आवश्यक है कि भारतीय काव्यशास्त्र के ग्रन्थों में इस प्रकार के समीपी अध्ययन के प्रचुर प्रमाण मिलते हैं। उनकी मुख्य कमी यह है कि अधिकांश आचार्यों ने अपने-अपने सम्प्रदाय से सम्बन्धित बात का ही अधिक अध्ययन किया है तथा रचयिता एवं युग को भी नितान्त उपेक्षित कर दिया है। हम जब निरपेक्ष एवं सापेक्ष दोनों अध्ययन परम्पराओं की अतिवादिता से बचकर साहित्यिक अध्ययन करेंगे तो एक बार फिर से इस देश की काव्यचिन्तन परम्परा से जीवन्त भाव से जुड़ेंगे ही नहीं, उसे अधिक विशद भी बनावेंगे। इस अध्ययन में हमें भारतीय साहित्यशास्त्र से उपयुक्त शब्दावली भी प्राप्त हो सकती है। पश्चिम में भाषाविज्ञान की सहायता से शैलीशास्त्र (Stylistics) का

विशेष अध्ययन प्रारम्भ हुआ है—कहना न होगा कि इस दिशा में भारतीय शब्दशक्ति, वक्रोक्ति, रीति एवं ध्वनि आदि के सिद्धान्त महत्त्वपूर्ण देन दे सकने में समर्थ हैं।

मूल्यांकन के प्रश्न पर हम यहाँ विस्तार से विचार नहीं कर रहे हैं। फिर भी जैसा कि पीछे संकेत किया जा चुका है कि कलाकृति जो है, जैसा कार्य कर रही है एवं उसका जो प्रयोजन है, उसी के अनुरूप उसे मूल्य दिया जाता है एवं मूल्य आँकने के लिए उसी प्रकार की अन्य वस्तुओं से उसकी तुलना की जाती है। अतः पहले इस समीपी अध्ययन के द्वारा रचना की प्रकृति एवं उसी प्रकार की अन्य रचनाओं का विश्लेषण कर लेना आवश्यक है। प्रयोजन की दृष्टि से होने वाले अनेक विवादों में यहाँ न फँसकर हम केवल इतना ही कहना चाहते हैं कि साहित्य आनन्द भी है और ज्ञान भी। नटों की कलाबाजी या क्रिकेट मैच की अपेक्षा गुणात्मक रूप से भिन्न एक श्रेष्ठ प्रकार का गम्भीर आनन्द एवं कुछ सूचनाओं या आज अपने मत के लिए दी जाने वाली दलीलों की अपेक्षा वह भिन्न प्रकार का ज्ञान है। साहित्य मनुष्य को उसके चतुर्दिक विकीर्ण जीवन एवं स्वयं उसके अपने व्यक्तित्व का एक जाग्रत विवेक देता है। पाठक उसके माध्यम से जीवन के अनेक अज्ञात पक्षों के ताजे, गहरे एवं निकट सम्पर्क में आता है। यह ज्ञान ही है और अन्य प्रकार के ज्ञान की अपेक्षा न तो श्रेष्ठ है और न निकृष्ट, अधिक नजदीकी अवश्य है भाव की दृष्टि से। अतः मूल्यांकन के समय उसके प्रयोजन के इस विशिष्ट रूप के महत्त्व को आँकने की आवश्यकता होती है और यह आकलन साहित्यिक ही हो, उसकी अपनी प्रकृति एवं प्रयोजन के अनुकूल हो, यह अनिवार्य है। इसके लिए आवश्यक है कि सम्पूर्ण कृति का वैसा समीपी अध्ययन किया जाय, जैसा कि ऊपर कहा जा चुका है। कृति की स्वतन्त्र सत्ता, उसकी सापेक्षता दोनों का एक गत्यात्मक मानदण्ड पर सन्तुलन अपेक्षित है। हिन्दी में अब ऐसे प्रयत्न अधिक व्यवस्थित एवं संगठित रूप से होने चाहिए यानी कि रचना और आलोचना के मध्य एक गहरी सम्पृक्ति स्थापित होनी ही चाहिए जिसका कि फिलहाल हमारे यहाँ अभाव है।

रचना और आलोचना : अन्तराल के प्रश्न पर पुनर्विचार

यह आलेख देवीशंकर अवस्थी की मृत्यु के बाद 'कल्पना' में प्रकाशित हुआ। उन्होंने स्वयं प्रकाशन के लिए भेजा था पर प्रकाशित रूप में देख न सके।

एक बार काशी की एक गोष्ठी में रचना और आलोचना के मध्य कहे जाने वाले अन्तराल का प्रश्न मैंने उठाया था। उस गोष्ठी का विवरण 'कल्पना' में कृष्णनाथ ने उपस्थित करते हुए कुछ अपनी बातें भी कही थीं। उस समय 'कल्पना' सम्पादकों ने इस सम्बन्ध में मुझसे लिखने के लिए कहा था पर वह न हो सका। पर इसी बीच कुछ और बातें भी सामने आती रहीं। स्वयं 'कल्पना' में भी इस विषय पर कुछ टिप्पणियाँ आयीं और यत्र-तत्र भी आलोचना को लेकर कुछ न कुछ कहा जाता रहा। 1964 का वर्ष 'विवेचना' (इलाहाबाद) जैसी संस्था की स्थापना के लिए हिन्दी आलोचना के इतिहास में महत्त्वपूर्ण माना जायेगा। इस संस्था के माध्यम से व्यावहारिक समीक्षा को एक विशिष्ट गरिमा मिली है।

यों, सब मिला कर आलोचना को गालियाँ ही दी जाती रहीं। इस सम्बन्ध में कुछ रोचक बातें ज्ञात हुईं। पता लगा कि हिन्दी में नाट्य रचना इसलिए क्षीण रही कि नाटक की वास्तविक आलोचना नहीं थी; कि कथासाहित्य की सारी गड़बड़ी आलोचना के कारण है; कवियों की शिकायत तो बहुत पुरानी है। जब रचनाकार आलोचना की शिकायतें करते हैं तब बात कुछ समझ में आती है। उनमें से हर एक को मेधावी क्यों नहीं घोषित कर दिया गया, यह पीड़ा कुछ-कुछ स्वाभाविक मानी जा सकती है। पर अब तो तमाम अध्यापक आलोचक भी शिकायती पत्र भेजने लगे हैं कि हिन्दी आलोचना की बड़ी दुर्दशा है—यहाँ तो अवमूल्यन होता है या अधिमूल्यन। जाहिर है कि यह चिन्ता की बात है। इस पर तनिक विचार किया जाना चाहिए।

इस सम्बन्ध में एक रोचक और महत्त्वपूर्ण तथ्य यह है कि ये सारे शिकवे-शिकायत समसामयिक साहित्य को लेकर हैं। यह कोई नहीं कहता कि अतीत के साहित्य की आलोचना में कोई गड़बड़ी है, गोया कि वहाँ सब ठीकठाक और दुरुस्त है। चलिए, मैं भी माने लेता हूँ कि हिन्दी के पुराने साहित्य के बारे में सब

कहा जा चुका है अब अधिक गुंजाइश नहीं है। और चर्चा की बात नये साहित्य की आलोचना है।

इस सम्बन्ध में विचार करते समय समसामयिक आलोचना के सन्दर्भ और दायित्व दोनों को ध्यान में रखना होगा। सन्दर्भ है नया साहित्य। यह कहने की शायद अब आवश्यकता नहीं है (और 'आवश्यकता नहीं' वाली यह बात नयी आलोचना के कारण ही सम्भव हो सकी है) कि नया साहित्य प्रारम्भ से ही भयंकर उपेक्षा, आक्षेप एवं तिरस्कार का विषय रहा है। हमारी संस्कृति के तमाम ठेकेदारों के लिए वह अगम्य था और उस पर दलबन्दी, अनास्था, पतनशीलता के ही नहीं, अभारतीयता एवं विदेशी अनुकरणशीलता आदि के भी आरोप तमाम प्रगतिवादी आलोचकों द्वारा ही नहीं, छायावादी कवियों और अध्यापक आलोचकों आदि द्वारा भी लगाये जा रहे थे (और आज भी लगाये जा रहे हैं)। इनमें से अनेक आत्माभिव्यक्तिवादी थे पर आत्मान्वेषणवादी अज्ञेय के काव्य को अहंवादी कह कर उपेक्षित करते समय अपनी ही सैद्धान्तिक विसंगति को देख सकने में असमर्थ थे और जो अपने को यथार्थवादी घोषित करते थे, वे भी इस साहित्य के नितान्त जीवित यथार्थ को देख नहीं सके। यह आकस्मिक नहीं है कि हजारी प्रसाद द्विवेदी, नगेन्द्र, नन्ददुलारे वाजपेयी और रामविलास शर्मा जैसे नितान्त भिन्न आलोचक नये साहित्य की चर्चा करते समय अपनी प्रशंसा अधिक से अधिक गिरिजाकुमार माथुर को दे पाते हैं जो कि नये साहित्य के सबसे पुराने भावबोध वाले कवि हैं। वस्तुतः इन सबके लिए यह पहचानना असम्भव हो गया कि नया साहित्य श्रेताओं को यों ही परेशान नहीं कर रहा—उसके पीछे गहरे सामाजिक, नैतिक और मनोवैज्ञानिक कारण हैं। हमारे बौद्धिक-सांस्कृतिक विकास की इस अवस्था में आकर लेखक के लिए यह कठिन हो गया कि समाज के तमाम विधिनिषेधों एवं परम्पराश्रित माँगों को स्वीकार करे। नैतिकता की तमाम धारणाएँ, चाहे वे स्त्री-पुरुष सम्बन्धों की हों या सामाजिक व्यवस्था की, उसके लिए जाली सिक्का बनती गयीं, यह बात दूसरी है कि पुराने कवि के लिए 'सिक्का तो टकसाली है, नजर तुम्हारी जाली है' ही सच बना रहा। पर यही तो अन्तराल है दो दृष्टियों, भावबोध के दो स्तरों का। बहरहाल, नवलेखन के रचनाकारों के लिए जन अभिरुचि या परम्परा का प्रश्न महत्त्वपूर्ण नहीं रहा। उनके लिए परम्परा एक जंजीर के रूप में थी और अभिरुचि का प्रश्न पुराने लेखकों की सुविधाजनक उपयोगिता भर रह गया। जनरुचि को तृप्त करना है, यह विचार ही उनके लिए अग्राह्य हो गया। ऐसी मनःस्थिति में लिखा जाने वाला साहित्य जनप्रिय तो नहीं रहा, ऊपर से श्रोताओं, पाठकों के लिए परेशानी पैदा करने वाला भी हो गया। लेखक और पाठक के मध्य के इस द्वन्द्व की स्थिति में ही आलोचना का दायित्व अत्यन्त प्रखर रूप से सामने आया। यह दायित्व था नये साहित्य की पहचान का। नये साहित्य के प्रति जब तमाम बड़े लेखक, आलोचक, संस्कृति के ठेकेदार

और सामान्य पाठक सन्देहालु ही नहीं, प्रतिकूल दिखाई दिये, तब इस साहित्य की प्रतिश्रुति में एक प्रबुद्ध आलोचनात्मक चेतना इसे स्वीकारती है, उसे पहचान देती है। इस सम्बन्ध में यह तथ्य काफी मजेदार है कि अकसर पुराने लेखक नवलेखन पर (रचना और आलोचना दोनों पर) दलबन्दी का आरोप करते हैं। वे यह नहीं देख पाते कि यह 'दल' भावबोध के स्तर पर है, किसी प्रकार के अर्जन के लिए इसका नियोजन नहीं हुआ है। एक पूरी की पूरी पीढ़ी जिस नये भावबोध के साथ पुराने मूल्यों के खँडहर पर हिन्दी में उठ खड़ी हुई, वही एक हल मालूम पड़ती है—जब कि सचाई यह है कि वैयक्तिक ही नहीं वैचारिक स्तर पर इस पीढ़ी के मध्य आपसी संघर्ष कम नहीं है। पर, इसके बावजूद ये सभी नये साहित्य को स्वीकारते हैं। और इस स्वीकरण से ही नयी आलोचना जन्म लेती है।

वस्तुतः आज जब हम पीछे निहारते हैं तो यह देख कर सुखद आश्चर्य होता है कि तमाम आक्षेप, उपेक्षा और अस्वीकृति के बावजूद 'नवलेखन' दृढ़तापूर्वक स्थापित हो चुका है। जिन अध्यापकों, आलोचकों ने एक जमाने में उसे अभारतीय कह कर ठुकराया था वे ही अब उसे पाठ्यक्रमों में रखने के लिए लालायित ही नहीं हैं, उसमें छन्द, अलंकार, रस और प्रकृतिचित्रण के विविध रूप भी खोज रहे हैं। जिन रचनाकारों ने उसे हेय समझा था, वे आज अपनी रचनाओं की स्वीकृति के लिए नये लेखकों की ओर ललचाई निगाहों से देख रहे हैं। पन्त हों या बच्चन, या दिनकर, अब वे अपने समसामयिकों की स्वीकृति के भूखे नहीं हैं—उनकी प्रत्याशा नयी पीढ़ी के लेखकों से है और वहाँ से अवहेलना होने पर अपमानित अनुभव करते हैं। पिछले पन्द्रह वर्षों में स्थिति तो यह आ गयी है कि 'नया' स्वयं एक संस्थान बन गया है और स्वयं उसके प्रति असन्तोष लेकर एक और पीढ़ी सामने आ रही है। इस स्थिति तक पहुँचने में आलोचना ने अपना दायित्व निभाया है, यह मैं तनिक जोर देकर कहना चाहता हूँ। 'हरी घास पर क्षण भर', 'नदी के द्वीप', 'मैला आँचल', 'बूँद और समुद्र', 'अन्धा युग', 'शह और मात', 'परिन्दे' आदि पुस्तकों की पहचान में तनिक भी विलम्ब नहीं हुआ। पुस्तकों को जाने दीजिए, एक कहानी, दो कविताएँ, एक निबन्ध ने इस बीच लेखकों को स्वीकृति दिला दी है। क्या बिना एक सजग आलोचनात्मक कार्यवाही के यह सम्भव था? इसका तात्पर्य यह नहीं कि सबका यथोचित मूल्यांकन कर दिया गया था। एक तो यथोचित मूल्यांकन की बात नितान्त सापेक्षिक है। लेखकों की कीर्ति में निरन्तर घटती-बढ़ती होती रहती है। इसीलिए एक युग का मूल्यांकन दूसरे युग में अवमूल्यन या अधिमूल्यन लगने लगता है। फिर क्या यह कहना उचित न होगा कि समसामयिक साहित्य की आलोचना में पूरे ऐतिहासिक परिदृश्य में मूल्यांकित करने का प्रश्न प्रधान नहीं होता है, प्रधान बात होती है उस साहित्य की तात्कालिक पहचान की। और कहना चाहूँगा कि इस

दायित्व को निभाने में नयी आलोचना से कोई चूक नहीं हुई। इधर, जब-जब एक ओर बढ़ती हुई साक्षरता के दबाव के तले जनप्रियता की माँग पर तमाम कविता न केवल सार्वजनिक कविता बन कर रह गयी थी, बल्कि एक निहायत कृत्रिम काव्य सामने आ रहा था, उस समय वैयक्तिक कल्पनाशीलता एवं रचनात्मक आकांक्षा को पहचानने के अपने कर्तव्य को आलोचना ने पूरी तरह निभाया है। प्रमाणस्वरूप अलग-अलग उद्धरणों की राशि न जमा कर केवल आलोचना के कुछ शब्दों या प्रवृत्तियों की ओर इंगित करना चाहूँगा। रचना की साहित्यिक मूल्यवत्ता, रचना की अन्विति एवं सांगिक एकता, रचना की भाषा के सृजनात्मक रूप की जाँच आदि जो प्रवृत्तियाँ आलोचना में दिखाई देती हैं वे उसी दायित्व को पूरा करने के प्रयास हैं। इसी प्रकार प्रामाणिक अनुभूति, रचनात्मक ईमानदारी जैसे शब्द जब आलोचना के नियम बन कर आये तब वास्तविक यथार्थ को ही नहीं, वास्तविक अनुभूति यथार्थ की रचनागत उपलब्धि की बात को ये सामने लाये। वस्तुतः इस अर्थ में नयी आलोचना अत्यन्त सशक्त रही है। कहा जा सकता है कि एक प्रकार का साहित्यिक पन्थ ही पिछले दशक में विद्यमान रहा है और जो तमाम विश्वविद्यालयों, सरकारी-गैरसरकारी संस्थानों आदि के निहित एवं शक्तिशाली स्वार्थों के समानान्तर अपने अस्तित्व को दृढ़ करता गया। इस घोषित-अघोषित युद्ध में नया आलोचक आज के युग की तमाम सांस्कृतिक च्युति के प्रति सजग होकर ही नये साहित्य के साथ रहा है। जब सारे विश्वास ढह रहे थे, सारे मानदण्ड एवं मान्यताएँ झूठी पड़ रही थीं तब साहित्य के नये भावबोध को, उसकी समकालीनता के प्रति सम्पृक्ति को ही एक मूल्य मान कर उसकी रक्षा का प्रयत्न इस सारी आलोचनात्मक हलचल के मूल में काम करता रहा है। जब तमाम प्रतिबद्धताएँ धोखा साबित हुई हैं, तब मानव और उसके विवेक का बोध केवल साहित्य में ही प्रामाणिक रूप से शेष रह गया है। असाहित्यिक युग में साहित्यिक की रक्षा का यह जोरदार प्रयत्न कहा जा सकता है। मानो इन आलोचनाओं में (चाहे वे पुस्तक-समीक्षाओं के रूप में हों या स्वतन्त्र लेखों-टिप्पणियों आदि के) यह घोषित किया जा रहा था कि सब कुछ भले ही झूठा पड़ गया हो, और किसी चीज ने भले ही विश्वासघात किया हो, पर साहित्य ने, कविता ने विश्वासघात नहीं किया। 'तमाम मूल्य टूट गये हैं और अच्छी कविताएँ लिखी जा रही हैं', यह कहने का निहितार्थ यही था कि कविता ने विश्वासघात नहीं किया। और यह कहने का स्पष्ट अर्थ था कि व्यक्ति की रचनाशीलता का बचाव आलोचना कर रही थी।

जब निर्मल या रघुवीर सहाय या शमशेर का बचाव इसी वैयक्तिक रचनाशीलता के आधार पर किया जाता है तब वह वस्तुतः उस परम्परा का भी बचाव है जो 'दी' हुई नहीं है और आधुनिक जीवन की तमाम उद्‌भावनाओं के श्रेष्ठतम के साथ अर्जित की गयी है।

वस्तुतः आलोचना पर जब आक्षेप किये जाते हैं तब आक्षेप करने वाले (मैं केवल नवलेखन के रचनाकारों के ही आरोपों को गम्भीरतापूर्वक लेना चाहूँगा।) स्वयं आलोचना के क्षेत्र में उस अन्तर को भूल जाते हैं, जो नये आलोचकों ने रचना के क्षेत्र में भलीभाँति किया है। हम सभी जानते हैं कि रचना के क्षेत्र में नवलेखन के समानान्तर ही बच्चन, पन्त, नरेन्द्र शर्मा, दिनकर, अंचल, सुमन आदि भी लिखते रहे हैं और नयी उम्र का लेखक भी 'साप्ताहिक हिन्दुस्तान' छाप तमाम साहित्य छपाता रहा है, पर साहित्य की इस समय की मुख्य धारा कौनसी है इसको पहचानने में नयी आलोचना ने कब भूल की? पर आलोचना के ऊपर आक्षेप करने वाले तमाम नये लेखक यह भूल जाते हैं कि नवलेखन के समानान्तर ही आलोचना की पद्धति और एक हलचल बराबर विकसित होती गयी है। पर वे इसे अलग पहचान सकने का विवेक छोड़ कर ज्यादातर अकादमिक आलोचना (जिसके लिखने वाले विश्वविद्यालयों में भी हैं और बाहर भी) अथवा व्यापारी आलोचना के साथ इसे एकमेक कर देते हैं।

तनिक भी ध्यान से देखने वाला व्यक्ति जान सकता है कि विश्वविद्यालयों में आलोचना के नाम पर जो कुछ हो रहा है उसका अच्छा वाला अंश साहित्यिक पाण्डित्य के अन्तर्गत रखा जायेगा और बाकी जो बहुत-सी तमाम शोधपरक तथा समस्त छात्रोपयोगी रचनाएँ न आलोचना है और न पाण्डित्य। वे तो घर जोड़ने (या बनाने) की माया ही हैं। ऐसे भी उदाहरण मिल जायेंगे जो शहर में घर बनवाने के चक्कर में साहित्य में अपनी जमीन भी खो बैठे। सचमुच ही यह दुर्भाग्य की बात हुई कि कुछ पैने विश्लेषणपरक समीक्षक पाण्डित्य की ओर चले गये। काव्यशास्त्र, सौन्दर्यशास्त्र, भाषाविज्ञान आदि पर इन लोगों के कार्य पाण्डित्य के अन्तर्गत ही आयेंगे। पाण्डित्य के क्षेत्र में गये ये लोग ही नये साहित्य के प्रति उपेक्षाशील हुए या फिर आधारहीन खानेदार आलोचनाएँ प्रस्तुत कीं। ऐसे लोगों में वे लोग हैं जिनके लिए कक्षा से बाहर साहित्य अस्तित्व ही नहीं रखता।

आलोचना का एक और विकृत रूप व्यवसायोन्मुख आलोचना का है। इधर विभिन्न व्यावसायिक पत्रों के माध्यम से इस तरह की आलोचना प्रारम्भ हुई है। इस तरह के पत्र रचना में नहीं, रचनाकार में दिलचस्पी पैदा करते हैं—कभी फोटो छापकर और कभी चुटकुले या अविस्मरणीय घटनाएँ प्रकाशित कर। वे लोग आलोचना में भी शीर्षकों के कमाल पैदा करते हैं—एक प्रकार का साहित्यिक तीसमारखाँपन इनके साथ लगा हुआ है। साथ ही इन आलोचनाओं का सम्बन्ध प्रकाशन जगत से जुड़ा होता है। इधर बहुत से प्रकाशक हमारे यहाँ साहित्यिक बाद-विवाद में दिलचस्पी लेने लगे हैं—साहित्यिक नहीं व्यावसायिक कारणों से। इतना अवश्य है कि व्यापारी आलोचना का रूप अभी हिन्दी में बहुत स्पष्ट नहीं हुआ है पर वर्तमान पूँजीवादी व्यवस्था में यह रूप अधिक शक्तिशाली बनेगा और इसके प्रति तनिक सावधान रहने की आवश्यकता है। अस्तु, इस प्रकार की आलोचनाओं से वास्तविक आलोचनात्मक

हलचल को अलग देखने की जरूरत है—इससे आलोचना को ही नहीं, रचना को भी बल मिलेगा।

इसका तात्पर्य यह नहीं कि नयी आलोचना में कहीं कोई कमी नहीं है या कि उसने अपनी अपेक्षाओं को ठीक तरह से पूरा किया है। वस्तुतः समसामयिक साहित्य के प्रति अपने दायित्व को उसने लगभग पूरा किया है, पर उसका एक दूसरा दायित्व था कि तमाम नये साहित्य के अनुकूल पुराने साहित्य को भी पुनर्व्यवस्था दे, उसका पुनर्मूल्यांकन करे। इस क्षेत्र में केवल छायावाद सम्बन्धी कुछ उदाहरणों को छोड़ कर कोई महत्त्व का काम नहीं हो सका है। सारी शक्ति समसामयिक साहित्य की स्थापना में ही लगी रही। पुराने साहित्य की ओर उसने ध्यान दिया ही नहीं। कहना तो यों चाहिए कि नये साहित्य की पहचान की गयी और छायावाद का मूल्यांकन! और पुनर्मूल्यांकन सम्बन्धी दायित्व एकदम उपेक्षित रहा।

नयी आलोचना को लेकर एक और भ्रम उत्पन्न किया जाता है—आलोचकों द्वारा लिखी गयी आलोचना और रचनाकारों द्वारा लिखी गयी आलोचना अलग-अलग हैं। इस सम्बन्ध में मुख्य रूप से दो बातें कहना चाहूँगा : रचना के क्षणों को छोड़ कर रचनाकार भी पाठक या आलोचक ही होता है और रचनाकारों द्वारा लिखी गयी आलोचनाएँ भी उसी एक आलोचनात्मक क्रियाकलाप का अंग होती हैं, उनको अलगाने की चेष्टा केवल दृष्टिभ्रम है। केवल आलोचना में ही अपनी आत्मिक, बौद्धिक तृप्ति प्राप्त करने वाले आलोचक का उदय हमारे सांस्कृतिक इतिहास में भी अभी हाल की ही घटना है। पश्चिमी देशों में भी इस प्रकार के आलोचक का उदय अभी बहुत नजदीक का तथ्य है। इसलिए केवल आलोचना लिखने वाले आलोचक को लेकर बहुत शोर नहीं मचाना चाहिए। स्वयं मेरे जानते केवल आलोचना लिखने वाले व्यक्ति हिन्दी में मुश्किल से दो या तीन हैं। अतः इस आधार पर भी आरोप समुचित प्रतीत नहीं होते।

आलोचना की कमी या कमजोरी के सम्बन्ध में अन्तिम बात यह कि आलोचना मुख्यतः बौद्धिक व्यवसाय है और हमारे पूरे देश का बौद्धिक स्तर कैसा है, शायद यह कहने की आवश्यकता नहीं है। और जब तक अंग्रेजी के माध्यम से शिक्षा दी जाती रहेगी तब तक बहुत सुधार होगा, इसकी आशा भी नहीं है। इस बौद्धिक तैयारी की कमी का प्रभाव आलोचना पर भी पड़ता है और रचना पर भी—पर आलोचना में वह बहुत प्रत्यक्ष होता है और रचना में तनिक भीतरी—जिसका कि उद्‍घाटन करना पड़ता है।

कल्पना : अप्रैल, 1966

हिन्दी शोध : कुछ प्रतिक्रियाएँ

हिन्दी में इधर 'विचार' पर शोध होने के बजाय 'शोध' पर विचार अधिक होता रहा है। इस 'विचार' में शोधसरिता में डूबे हुओं, पार किये हुओं एवं उसके प्रवाह से पतित लोगों ने तो विचार किया ही है—और कभी-कभी तो आसपास से गुजरते हुए दर्शकों (यानी कि अन्य विद्याक्षेत्रों में लगे व्यक्तियों) ने भी कुछ कहना अपना कर्तव्य समझा है। पर हालत यह है कि 'मर्ज बढ़ता गया ज्यों-ज्यों दवा की'। इसी प्रसंग में यह भी ध्यान देने योग्य बात है कि सभी 'विचारक' (या भिषगूरत्न) इस बात पर सहमत हैं कि 'व्याधि' है अवश्य—उसकी मात्रा के सम्बन्ध में मतभेद अवश्य हो सकता है। यों इंग्लैण्ड अथवा अमरीका के दर्जनों लेखकों-अध्यापकों के ऐसे कथन उद्धृत किये जा सकते हैं जिन्हें यदि उद्धरण चिह्नों के भीतर न रखा जाये तो सहज ही हिन्दी शोध के ऊपर आक्षेप मान लिया जायेगा। पर यह सब कहकर मैं समस्या की गम्भीरता को कम नहीं करूँगा।

अस्तु, इस रोग के विचार-उपचार की बात करते समय मेरे मन में मुख्य रूप से दो बातें उठती हैं। पहली बात तो यह कि जब तक शोधकार्य को जीविका के प्रश्न से अलग नहीं कर दिया जाता तब तक उपाधिपरक तिकड़म को समाप्त नहीं किया जा सकता। आखिर अध्यापन के लिए एक मोटा (छिछला ही क्यों न हो) शोधग्रन्थ क्यों अनिवार्य है? सृजनात्मक लेखन, आलोचना की दृष्टि या लेखन से अलग गहन अध्ययन मात्र क्या सफल अध्यापन के लिए शोध से कहीं अधिक उपयोगी नहीं है? पिछले दस-बारह वर्षों में विश्वविद्यालयों में नियुक्ति के लिए जो प्रार्थनापत्र भेजे गये हैं, अगर उन्हें इकट्ठा किया जा सके तो मेरा विश्वास है कि निश्चित रूप से यह सिद्ध हो जायेगा कि अधिकांशतः साहित्यिक समझ की दृष्टि से हीनकोटि के व्यक्ति नियुक्त किये गये हैं। इस हीनता को बहुधा शोधकार्य या 'ब्यूरोक्रेटिक सीनियारिटी' के नाम पर छिपाने की चेष्टा की गयी है। शोधकार्य के इस जीविकापरक आधार के दोषों पर विस्तार से विचार किया जा सकता है। पर मैं चाहूँगा कि इस पर वे लोग विचार करें जो इस प्रकार की नियुक्तियों के कर्ता-धर्ता हैं।

मैं इससे भी अधिक गहरी दूसरी समस्या को यहाँ उठाना चाहता हूँ—क्योंकि यदि जीविकापरक आधार समाप्त भी कर दिया जाये तो संख्या कम भले ही हो जाये शोध की मूल प्रकृति में कोई बड़ा परिवर्तन हो जायेगा, ऐसा नहीं लगता। शोध की समस्या को हम लोग पूरी अध्ययन-अध्यापन विधि से काट कर देखने के अभ्यस्त हो गये हैं। सारी समस्या जैसे एम.ए. पास कर लेने के बाद ही खड़ी होती है, उसके पहले सब ठीक ही है। पर मूल त्रुटि इसी स्थल पर है। शोध की समस्या हमारे समूचे उच्चतर अध्ययन-अध्यापन के अन्तर्गत है। अगर हमारे शोधप्रबन्ध हीनतर हैं तो हमारे एम.ए. के अधिकांश शीर्षस्थान या श्रेणी प्राप्त करने वाले विद्यार्थी भी बहुत बेहतर नहीं होते। बहुधा 'शीर्षस्थ' विद्यार्थी साहित्यिक समझ में हीनतर हुआ करता है। मुझे लगता है कि समस्या को वहीं पर देखना और सुधारना होगा।

प्रारम्भिक प्रश्न है : एक विशिष्ट विद्यानुष्ठान की समाप्ति पर हम किस प्रकार के विद्यार्थी चाहते हैं? वे श्रेष्ठतम विधियाँ (टेकनीक्स) क्या हैं जिनके द्वारा उसे उचित ढंग से पढ़ना सिखाया जा सकता है? वह कार्यक्रम (पाठ्यक्रम) क्या हो जो माध्यमिक स्तर से प्रारम्भ हो और पीएच.डी. तक ले जाया जा सके।

पहले प्रश्न का स्पष्ट और निर्भ्रान्त उत्तर है कि हम ऐसा विद्यार्थी चाहते हैं जिसमें 'साहित्यानुराग' सचमुच ही बना रहे। उसकी चेतना ऐसी भोथरी न हो जाये कि उसका अध्ययन लचीला, तत्पर, संवेदनशील एवं पुनर्रचनात्मक न रह जाये। (हमारी वर्तमान शिक्षा विधि का प्रमुख दोष यही है कि साहित्य के अध्ययन-अध्यापन में रत अधिकांश जन उसके प्रति न तो ऐसी गहरी सम्पृक्ति या लगाव रखते हैं कि साहित्य मूल्यों को गर्व के साथ अनुभव कर सकें और उनमें स्वभावगत वह संवेदना शेष रहती है कि नयी या पुरानी किसी भी रचना का अपने भीतर 'पुनः सृजन' कर सकें। बहुत से विद्यार्थी साहित्य के विद्यार्थी इसीलिए हैं क्योंकि वे विद्यार्थी हो सकते हैं और बहुत से अध्यापक भी इसीलिए हैं कि वे हो गये।)

माध्यमिक स्कूलों के बारे में अधिकृत रूप से कह सकना मेरे लिए सम्भव नहीं है पर जो थोड़ा-बहुत मैं अनुभव कर सका हूँ उससे लगता है कि वहाँ पर 'उद्देश्यों' की इतनी अधिक 'अनेकता' है कि विद्यार्थी उन अनेकताओं में विखण्डित हो जाता है, उसकी शक्ति बिखरा ही नहीं दी जाती बल्कि प्रभावहीन भी कर दी जाती है। माध्यमिक कक्षाओं के विद्यार्थी के लिए 'सूचना' का हर टुकड़ा महत्त्वपूर्ण होता है, क्योंकि स्थापित मानदण्ड परिमाणपरक है न कि गुणपरक। ऐसी अवस्था में साहित्य जैसी भावविद्या का वैयक्तिक, मानवीय, जीवन्त संस्पर्श विजड़ित हो जाता है। अतः यदि साहित्य के प्रति एक गुणात्मक रुचि जाग्रत करनी है तो ऐसी शिक्षा-पद्धति की व्यवस्था करनी होगी जो छात्र में विद्यमान सहज कलारुचि को बना ही न रहने दे, बल्कि अधिक पैनी, दायित्वपूर्ण एवं समग्र बना दे। इस पद्धति के बारे में कोई ठोस कार्यक्रम बताना मेरे लिए कठिन है।

परन्तु स्नातक कक्षाओं में जो विद्यार्थी कम से कम आजकल आते हैं उनकी साहित्यिकता के लिए सबसे महत्त्वपूर्ण काम है कि 'क्या-क्या अधिक सीखें' की अपेक्षा 'क्या क्या भूल जायें।' यानी कि माध्यमिक स्तर पर प्रतिष्ठापित उद्देश्यों की अनेकरूपता के अनुरूप प्राप्त शिक्षा को कुछ विशिष्ट धार देनी होगी। इस सम्बन्ध में यह भी कहा जा सकता है कि विभिन्न विषयों का बहुमुखी ज्ञान विद्यार्थी में उस समीक्षादृष्टि को जन्म दे सकता है जिससे रचना की अर्थसंकुलता को ग्रहण किया जा सकेगा। पर यह बात ऊपर से देखने में जैसी अच्छी लगती है, वैसी व्यवहार में है नहीं। दर्शन, मनोविज्ञान, समाजशास्त्र, काव्यशास्त्र, इतिहास आदि सभी साहित्यिक अध्ययन के साधन हैं। इनका यदि साधनरूप में उपयोग ही सिखाया जाये तब तो आपत्ति न होगी अन्यथा उपयोग विरहित काव्यशास्त्र भी साहित्यिक अभिरुचि को नष्ट करने वाला सिद्ध हो सकता है। सभी सिद्धान्तों की सिद्धि भी और साक्षी भी उनके उपयोग में ही है। हिन्दी में ऐसे अध्यापकों की कमी नहीं है जो काव्यशास्त्र के गहरे पण्डित हैं पर व्यवहार में एक भी कविता का वे ठीक से सराहन या मूल्यांकन नहीं कर सकते। इसलिए केवल काव्यप्रकाश, रस-मीमांसा, ऐस्थेटिक्स या दर्शन के ग्रन्थों का अध्ययन ही पर्याप्त नहीं है। विविध विद्याक्षेत्रों (डिसीप्लिंस) के अध्ययन की सबसे बड़ी उपयोगिता यही है कि ताजी से ताजी रचना की व्यावहारिक समीक्षा प्रस्तुत की जा सके और यह समीक्षा कुछ दिनों तक टिक सके। इस प्रकार साहित्य मूल्यों की ठीक से रक्षा की जा सकेगी। अतः हिन्दी-विभागों में साहित्येतर ज्ञानसम्पन्न व्यक्तियों की उपयोगिता तो है पर 'केन्द्र' साहित्य पर ही रहना चाहिए। 'कामायनी' की मनोवैज्ञानिकता या दार्शनिक पृष्ठभूमि, 'रामचरितमानस' का दर्शन, 'साकेत' का गाँधीवाद या 'पृथ्वीराज रासो' की ऐतिहासिकता साहित्यिक अध्ययन की दिशा नहीं सूचित करते, बल्कि साहित्य का अन्य शास्त्रों के लिए साक्षी रूप में उपयोग सूचित करते हैं। एम.ए. हिन्दी के प्रश्नपत्रों का यदि विश्लेषण किया जाये तो यही साहित्येतर दृष्टि हमारे विश्वविद्यालयों में बलवती मिलेगी। इस पद्धति से ढलकर आने वाले विद्यार्थी से हम किस प्रकार 'साहित्यिक अध्ययन' की आशा कर सकते हैं? अगर हिन्दी के शोधग्रन्थों में ऐतिहासिक पृष्ठभूमि, दार्शनिकता, पात्रों की मनोवैज्ञानिकता, जीवनदर्शन आदि पर लम्बे-लम्बे अध्याय मिलते हैं या साहित्यिक विश्लेषण के नाम पर रसों, अलंकारों, छन्दों के बँधे-बँधाये साँचों में भरे हुए साहित्यद्रव के दर्शन होते हैं तो आश्चर्य ही क्या? यह क्या आकस्मिक है? कहना न होगा उच्चतर अध्ययन के क्षेत्र में जिस असाहित्यिक दृष्टिकोण की हमने प्रतिष्ठा कर दी है उसी का यह प्रस्तार है। इसी का परिणाम यह भी है कि विश्वविद्यालयों में ऐसे अध्यापक विरल नहीं हैं जो भरतमुनि से लेकर रामचन्द्र शुक्ल तक के सिद्धान्तों से परिचित हैं, जिन्हें भारतीय दर्शन हस्तामलक है, जो संस्कृत, पाली, अपभ्रंश के पण्डित हैं, इतिहास-पुराणादि में भी जिनकी गति है पर जो यह नहीं कह सकते कि निराला अच्छे कवि हैं

या नहीं और चतुरसेन और अज्ञेय में कौन अच्छा कहानीकार है? और अगर ये लोग बताने की चेष्टा भी करेंगे तो दूसरे के लिखे हुए उद्धरणों को जुटा कर ही कुछ कह सकने में समर्थ होंगे। सम्भवतः इन्हीं खामियों के कारण ही कुमारी तूव ने 'दि सेवानी रिव्यू' के एक परिसंवाद में जो बात कही थी, उसे मैंने विद्यार्थियों से बात करते हुए बराबर महसूस किया है कि जिसकी उन्हें आवश्यकता है वह नहीं पढ़ाया जाता और जिसकी उन्हें न तो आवश्यकता है और न जिसमें उनकी दिलचस्पी है वही उनके ऊपर लादा जाता है ('दि सेवानी रिव्यू', आटम, 1947, 571)।

इसका तात्पर्य यह नहीं है कि इन साहित्येतर दृष्टियों का कोई उपयोग नहीं है। वस्तुतः एक प्रबुद्ध पाठक में यह क्षमता होनी चाहिए कि वह इनको उपयुक्त 'सन्दर्भ' में रख सके। यानी कि उसमें यह ज्ञान हो कि किस लेखक का अध्ययन करते समय इनका कैसे उपयोग करे। मुख्य बात वह कलाभिरुचि है जिससे कि स्वतन्त्र रूप से अपने प्रत्यक्ष अनुभव (अध्ययन) के द्वारा वह किसी लेखक के मूल्य और महत्त्व को पहचान सके एवं तर्कपूर्ण ढंग से अपने विश्वास में आ सकने योग्य शब्दावली में अभिव्यक्त कर सके। कलात्मक अभिरुचि से तात्पर्य ही यही है कि प्रज्ञा का एक क्रियाशील मूल्यबोध के भीतर प्रयोग किया जा सके। ध्यान रहे कि इस प्रयोग का हमारे दैनिक जीवन के विविध चयनों एवं महत्त्वपूर्ण निर्णयों पर भी प्रभाव पड़ता है। इसी प्रकार की अभिरुचि के निर्माण से साहित्य को विद्यापीठों की जड़ता से निकाल सामान्य जीवन के भीतर प्रतिष्ठित किया जा सकेगा। मैं समझता हूँ कि एम.ए. तक हमारी शिक्षणविधि ऐसी हो कि उससे ऐसे ही अभिरुचिसम्पन्न, संवेदनशील पर अविशेषज्ञ पाठक विद्यार्थी तैयार हो सकें।

अनुसन्धान के क्षेत्र में पहुँचते ही विद्यार्थी को दो विपरीत दिशाओं में काम करना पड़ सकता है : एक ओर तो वह विशेषीकरण की ओर जायेगा और दूसरी ओर अन्य भाषाएँ पढ़ेगा; मूल पाण्डुलिपियों का पाठ करेगा एवं सम्बद्ध विद्याओं—इतिहास, समाजशास्त्र, विज्ञान, दर्शन, मनोविज्ञान, अर्थशास्त्र आदि—का परिश्रमपूर्वक अध्ययन करके उस ज्ञान का इस प्रकार उपयोग करेगा कि उसकी परख अधिक दायित्वपूर्ण हो सके, रचना के सभी स्तरों की अन्तर्योजना का समुचित विश्लेषण हो सके और उस लेखक से सम्बद्ध प्रश्नों का मूल्यांकन या पुनर्मूल्यांकन भी सम्भव हो सके। पर अनुसन्धान के क्षेत्र में घुसने के पूर्व ही उसे कम से कम इतना 'जान' लेना होगा कि 'लेखक' प्रभावित कर रहा है—उस लेखक के अभिप्रायों के माध्यम से उसे जान लेना होगा, एक परम्परा के भीतर उसे 'रखकर' जानना होगा तथा अन्य सम्बद्ध लेखकों की समता-विषमता के माध्यम से उसकी शक्ति एवं सीमाओं को भी तौलकर 'समझ' लेना होगा।

इस प्रकार के पाठकनिर्माण के लिए पाठन (अध्ययन) की श्रेष्ठतम विधियाँ क्या हैं—यह प्रश्न और अधिक जटिल है। इस प्रकार के अध्ययन (जिसमें कि समीक्षा

चेतना जाग्रत रहती है) में रचना के साथ एक वैयक्तिक रागबोध का नाता जुड़ा रहने के साथ एक प्रकार की तटस्थता का बना रहना भी आवश्यक है। यह तटस्थता तो इस समय के हमारे अध्ययन-अध्यापन में मिल जाती है पर अध्यापक-आलोचक अपनी व्याख्या पद्धति को ऐसा रूप कम ही दे पाते हैं कि वह गहरे रूप से प्रभावित करता हुआ विद्यार्थी में एक वैयक्तिक सम्बन्ध की चेतना जगा दे। उसे वह आन्तरिक रूप से प्राप्त कर ले। 'सेवानी रिव्यू' के उसी परिसंवाद में एफ.आर. लीविस ने विश्लेषण की परिभाषा करते हुए कहा था, हम 'जिसे विश्लेषण कहते हैं, सचमुच ही, वह एक निर्माण या सृजन की प्रक्रिया है। यह कवि के शब्दपाठ की प्रतिक्रिया (रेस्पांस) में उस सृजनप्रक्रिया के मध्य से अधिक सचेष्ट अनुगमन है। यह पुनःसृजन है जिसमें कि एक सावधान उन्मुखता (अटेंटिवनेस) के द्वारा हम सामान्य से अधिक विश्वस्तता एवं समग्रता निर्धारित करते हैं। प्रथमतः उद्देश्य है कविता के परिपूर्ण अध्ययन को प्राप्त करना—अध्ययन जो कि सम्पूर्ण आदर्श अध्ययन के निकट पहुँच सके।' यानी कि अपने सहज बोध के आधार पर सहयोगी मस्तिष्कों (अध्यापक और विद्यार्थी) के साथ मिलकर पारस्परिक विमर्श से उस रचना को जैसी है वैसी ही उसके पूर्ण अभिप्रायों के साथ समझने की चेष्टा करें। रचना के जो अर्थ कवि-अभिप्रेत अर्थों से अलग निकलते हों, उनका भी संकलन किया जाना चाहिए और इसी स्थल पर इतिहास, मनोविज्ञान, समाजशास्त्र आदि का कवि की सामाजिक-बौद्धिक पीठिका के सन्दर्भ में किया गया अध्ययन काम में आता है। ('दि सेवानी रिव्यू', आटम, 1947, पृ. 595-7)

जब कविता पर कविता या उपन्यास पर उपन्यास की भाँति जोर दिया जाता है तब तटस्थता को अपने आप प्रोत्साहन मिलता है। कविता को अर्थ, अभिप्राय, शब्दचयन, अलंकार, रस-योजना आदि में टुकड़े-टुकड़े कर देने से उसकी पूरी सत्ता तिरोहित हो जाती है। वस्तुतः उसे उसकी समग्रता में लेकर पूरी गठन और अन्तर्योजना (जिसके अन्तर्गत पूरे अर्थ को ऊपर गिनाये गये विविध तत्त्व बार-बार पुनर्पुष्ट करते हैं) का विश्लेषण जब किया जायेगा तभी वैयक्तिक सम्पृक्ति और तटस्थता का आदर्श निभ सकेगा। मैंने अकसर एम.ए. में पढ़ाते समय यह अनुभव किया है कि यदि कविता के अन्त में अलंकार का नाम न गिना दीजिए तो सामान्य विद्यार्थी कुछ असन्तुष्ट दिखने लगेगा जैसे कि अलंकार की अर्थप्रक्रिया उसके लिए महत्त्वपूर्ण नहीं है—महत्ता केवल नाम की है। जाहिर है कि यह परिपाटी भी वैसी ही असाहित्यिक है जैसी कि तुलसीदास की रचना में अद्वैत या विशिष्टाद्वैत मात्र की ओर इंगित।

इसी प्रकार सांस्कृतिक पृष्ठभूमि या बौद्धिक पीठिका की चर्चा तब तक बेकार है जब तक कि छपे हुए अक्षरों के साथ उसकी प्रसंगानुकूलता न दिखा दी जाये। मुख्य चीज वे शब्द हैं जो पृष्ठ पर छपे हैं और सारी व्याख्या, आकलन उन्हीं पर निर्भर होना चाहिए। फिर अध्यापक जब एक कविता की व्याख्या विद्यार्थी को सम्बोधित

करता है तब वस्तुतः वह सहयोगी प्रयास की भी अपील होती है और तब लीविस के शब्दों में उसका रूप कुछ इस प्रकार होगा : 'कविता इस भाँति निर्मित हुई है, क्या ऐसा नहीं है? यह उस ओर उस वस्तु के साथ ऐसा सम्बन्ध वहन करती है, क्या तुम इससे सहमत नहीं हो?' (वही)। दूसरे शब्दों में प्रत्यक्ष मूल्यांकन की यह सारी प्रक्रिया अन्तिम रूप ग्रहण करने के पूर्व बार-बार दूसरों को प्रेषित की जाती है, आलोचित होती है और परिवर्तित की जाती है। लीविस की इस धारणा के नीचे यह विश्वास विद्यमान है कि एक संकुल रचना की परिपूर्ण समझ और सराहन के लिए एक व्यक्ति का एक या अनेक बार का अध्ययन ही पर्याप्त नहीं है। यह क्रिया एक 'कोलेबोरेशन' है, 'कामन परसूट' है। इस 'सहकारी प्रयास' में विशेषज्ञ भी योग देता है, सामान्य अध्ययन वाला अभिरुचिसम्पन्न पाठक भी।

एक लेखक की विशिष्टताओं को निश्चित करने में भी तटस्थता का भाव बढ़ता है। अन्य सम्बद्ध लेखकों से निश्चित तुलनाएँ इस कार्य को गति देती हैं। पर यह कार्य शुद्ध आलोचना की पारिभाषिक शब्दावली की माँग करता है और सम्भवतः हिन्दीशोध (एवं हिन्दी आलोचना) का सबसे कमजोर बिन्दु यही है। प्रांजल भाषा, गहरी संवेदना, काव्यात्मक अनुभूति, प्रबन्धकाव्य, मुक्तक, रसात्मकता, भावुकता आदि शब्द हमारे यहाँ इतने अस्पष्ट ढंग से प्रयुक्त होते हैं जिसकी कोई सीमा नहीं है। आलोचना और शोध के क्षेत्र में निश्चित, ठोस अर्थों वाली भाषा ही ग्रहणीय है। दूसरे तुलनादि के समय भी लेखकों की जीवनी आदि पर ध्यान देने की अपेक्षा मुख्यतः लेखकों के 'टेक्स्ट' पर ही ध्यान केन्द्रित करना चाहिए। तभी हम कह सकेंगे कि मैथिलीशरण, प्रसाद और अज्ञेय के परम्पराबोध के मुख्य अन्तर क्या हैं? यानी कि टेक्स्ट का अध्ययन शब्दावली की समस्या को भी हल करता है। अगर केवल यह कह दिया जाये कि ऊपर गिनाये गये तीनों लेखकों में परम्पराबोध है तो बात उलझी ही रह जाती है। स्पष्टता के लिए तीनों के परम्पराबोध की विशिष्टता का उद्घाटन करना होगा।

इस प्रकार के अध्ययन का प्रभाव अध्येता (या अनुसन्धाता) के मूल्यबोध पर भी पड़ता है। वह विवश हो जाता है कि बार-बार एक विशिष्ट या निश्चित प्रकार के हास्य, भावुकता, प्रेम, पारिवारिक-सामाजिक सम्बन्धों पर अपने रुख को परिभाषित करता है। और अन्ततः वह अपने स्थान को भी परिभाषित करता है। इस प्रकार लेखक को अनेक परम्पराओं में स्थान देते-देते वह स्वयं अपना मूल्यांकन कर सकने की निर्वैयक्तिकता ग्रहण कर लेता है। तटस्थता का इससे बड़ा प्रमाण और क्या हो सकता है।

पर इन सारी विधियों से कहीं अधिक महत्त्वपूर्ण बात है कि विद्यार्थियों में एक जागरूक श्रोताभाव (अलर्ट सेंस ऑफ ऑडिएंस) पैदा किया जाये। अर्थात् उन्हें समसामयिक साहित्य का श्रेष्ठतम सबसे पहले पढ़ाया जाये। मेरे विचार से एम.ए. में ही एक पूरा प्रश्नपत्र समसामयिक साहित्य का होना चाहिए। अगर किसी कारणवश

एम.ए. में यह सम्भव न भी हो सके तो अनुसन्धान करने के पूर्व उसे यह प्रश्नपत्र अनिवार्य कर दिया जाये। इसकी रूपरेखा पर अलग से विचार हो सकता है। समसामयिक साहित्य पर जोर देने के अनेक कारण हैं :

1. वर्तमान समाज में सबसे बड़ी समस्या यही होती जा रही है कि कैसे व्यक्ति को उसके समाज के साथ सावयविक रूप से पुनर्संघटित किया जाये! समसामयिक साहित्य का बोध उसे अपनी जीवनचेतना के साथ अधिक सम्बद्ध करेगा। आधुनिक जीवनबोध उसे भयावह न लगेगा।

2. अतीत के सारे साहित्य का महत्त्व तभी होता है जब उसे हमारे वर्तमान के लिए प्रसंगानुकूल (रेलेवेंट) बनाया जा सके। यही पुनर्मूल्यांकन की प्रक्रिया होती है जो हर संवेदनशील पीढ़ी करती आयी है। अपने अतीत को अपने समसामयिक बोध में हमें पुनः खोजना होता है। आलोचना और शोध की सबसे महत्त्वपूर्ण उपलब्धि यही होती है। कहना न होगा कि इस उपलब्धि के लिए उपर्युक्त चेतना तब तक नहीं मिल सकती जब तक समसामयिक साहित्य के साथ पाठक या विद्यार्थी की सम्पृक्ति न होगी। मुझे लगता है कि हिन्दी के शोधप्रबन्धों (आधुनिक साहित्य पर लिखे गये भी) की सबसे बड़ी कमी इस आधुनिकताबोध का अभाव ही है। यही वह कारण है जिससे आचार्य शुक्ल द्वारा स्थापित मान्यताओं, मानदण्डों या आकलनों से हम अब तक आगे नहीं बढ़ पाये हैं।

3. इस अध्ययन के द्वारा एक ऐसी आकांक्षा उत्पन्न होगी कि उन गम्भीर लेखकों को ढूँढ़ निकाला जाये और समर्थन किया जाये जो तात्कालिक लाभ के लिए हीनरुचि के श्रोताओं-पाठकों के शिकार न बन कर अपने व्यक्तित्व एवं दायित्व को सुरक्षित रख सके हैं। इस प्रकार एक अधिक ईमानदार मूल्यबोध उभरता है।

4. इसके द्वारा समसामयिक साहित्य के लिए अधिक पाठक भी उपलब्ध हो सकेंगे जो कि सांस्कृतिक गतिशीलता के लिए नितान्त आवश्यक है। ऊपर दिखाई गयी विधि पर विचार करने से ज्ञात होगा कि यह पद्धति हवाई दर्शन मात्र नहीं है। यह मुख्यतः अध्यापनक्षम है। इसके अन्तर्गत मतों एवं रुचियों के वैभिन्य के लिए पर्याप्त अवकाश है—इसलिए कि इसके अन्तर्गत एक ही शर्त है कि अपनी बात को ठोस उदाहरण द्वारा समर्थित कीजिए। इसके अन्तर्गत शायद समय की बचत भी सम्भव हो सकेगी, क्योंकि यह स्पष्ट एवं पैने ढंग से विशिष्ट उद्देश्य को सामने रखकर आगे बढ़ती है और इस बढ़ाव का एक समीक्षात्मक ढाँचा बराबर उसे मिलता जाता है। अन्ततः यह विद्यार्थी के ध्यान को मूल्यांकनपरक निर्णयों एवं मानदण्डों के स्थापन की ओर प्रेरित करती है।

इस प्रकार की शिक्षणविधि और कार्यक्रम को सुविधा के साथ स्वीकार नहीं किया जायेगा—यह मैं जानता हूँ। वॉरेन और वेलेक ने जो बात इंग्लैण्ड के लिए कही थी कि

'प्रमुख स्थानों पर अब भी ऐसे व्यक्ति हैं जो हर प्रकार के सिद्धान्तों एवं व्यवस्था (थियरी ऐंड सिस्टम) के प्रति घृणा करते हैं, हर चीज जो आधुनिक और समसामयिक है...' वह हिन्दी पर कहीं अधिक लागू होती है। ऐसे व्यक्ति बहुत अधिक शक्तिशाली हैं जिनसे यदि समसामयिक साहित्य के बारे में कुछ पूछा जाये तो एक नाराज दृष्टि के अतिरिक्त कुछ न मिलेगा, इतना ही नहीं अतीत के साहित्य के बारे में भी दर्जनों लेखकों, आलोचकों को बीच में लाये बगैर वे कुछ न कह सकेंगे। ये लोग एक ऐसे पाण्डित्य पर विश्वास करते हैं जो सुरक्षित रहे, जिसमें किसी प्रकार की जवाबदेही न हो, विस्फोटों की कम से कम गुंजाइश हो और छपे पन्नों का बल लेकर पेशे में उन्नति की जा सके। विद्यार्थी विश्वविद्यालय में पहुँचते ही इन शक्तिमानों से परिचित हो जाता है। वह जान जाता है कि महाशय 'क' और 'घ' कैरियर, उपाधि आदि के लिए अधिक महत्त्वपूर्ण हैं बजाय 'ख' और 'ग' के—साहित्यिक समझ से रहित भले क्यों न हों। वह यह भी जान लेता है कि किसके विचारों को लिखने से अधिक अंक मिलते हैं और किसके विचार कम नम्बर दिलाते हैं। शोधकर्ता भी जानता है कि उसके सम्भावित परीक्षकों के विरुद्ध जाना घातक होगा और परिणामस्वरूप अज्ञेय को शोध और हिन्दीशोध का अन्तर करना पड़ता है। अज्ञेय केवल इतना भूल जाते हैं कि यह अन्तर शोध और हिन्दीशोध का नहीं, शोध और एकेडेमिक शोध का है जो इंग्लैण्ड और अमरीका में भी देखा जा सकता है। डिपार्टमेण्ट के चेयरमैन के मत के विरुद्ध राय रखने वाले कितने व्यक्ति वहाँ पर 'प्रमोशन' प्राप्त कर पाते हैं? ऐसे लोगों की शक्ति कैसे कम की जाये? यह प्रश्न महत्त्वपूर्ण तो है पर इसके सिवा हम कुछ नहीं कह सकते हैं कि इन शीर्षस्थ व्यक्तियों के लेखन की मूल धारणाओं, प्रतिपत्तियों तथा उपयोगिताओं को निर्भीकतापूर्वक चुनौती दी जानी चाहिए। यह चुनौती तरुण अध्यापक देने का साहस कर सकें तो बहुत अच्छा; पर यदि वे यह साहस नहीं कर पाते तो विश्वविद्यालयों से पृथक लिखने-पढ़ने वाले लोगों को इस 'दुष्चक्र' को तोड़ना होगा।

जिन सिद्धान्तों की हमने ऊपर चर्चा की है उनके आधार पर विश्वविद्यालयों के लिए चार या पाँच वर्षों (बी.ए. और एम.ए.) का एक पाठ्यक्रम बनाया जा सकता है। इस प्रकार के एक पाठ्यक्रम की एक रूपरेखा मैंने सोची भी है (जो बहुत कुछ एफ.आर. लीविस द्वारा सुझाये गये कार्यक्रम का यहाँ की परिस्थितियों के अनुसार स्वीकरण है) पर इस स्थान पर उसकी चर्चा करना बहुत उचित न होगा। यहाँ पर केवल इतना कहना है कि इस पाठ्यक्रम के अन्त में जो विद्यार्थी निकलेंगे वे यह जानते होंगे कि अपने समसामयिकों को कैसे पढ़ा जाना चाहिए तथा परम्परा के श्रेष्ठतम लेखकों के श्रेष्ठतम से परिचित होकर उसे अभिव्यक्त कैसे किया जाये! इनमें से जो लोग माध्यमिक कक्षाओं में अध्यापन के लिए जावेंगे उनसे केवल यह प्रत्याशा

की जाये कि इस अभिरुचि और ज्ञान को वे अपने अपेक्षाकृत अप्रौढ़ विद्यार्थियों तक प्रेषित कर सकें। परन्तु जो लोग अधिक ऊँची वस्तु अर्जित करना चाहते हैं वे इन्हीं दिशाओं में अधिक दूरव्यापी कार्य कर सकते हैं : महत्त्वपूर्ण व्यक्तियों के बारे में कहीं अधिक जानना, महत्त्वपूर्ण पर अपेक्षाकृत गौण लेखकों का अधिक अध्ययन, तथा साथ ही इतिहास, दर्शन, मनोविज्ञान, समाजशास्त्र, युगीन विज्ञान आदि का अध्ययन करते हुए अपनी स्वतन्त्र अभिरुचि का प्रयोग—विशेषतः अपने समसामयिकों पर। हिन्दी भाषा और भाषाविज्ञान पर पाठ्यक्रम, पाठानुसन्धान विधियों का अध्ययन, साहित्यिक अध्ययन के लिए भिन्न-भिन्न दृष्टियों (जीवनीपरक, मनोविज्ञानपरक, ऐतिहासिक, समाजशास्त्रीय, दार्शनिक आदि) को प्रत्यक्ष या परोक्ष ढंग से पढ़ने-पढ़ाने की व्यवस्था भी हो सकती है।

पीएच.डी. के प्रबन्ध मुख्यतः दो प्रकार के होंगे। कुछ विद्यार्थी अपनी प्रतिभा से अनुसन्धाता होते हैं। सन्, सम्वतों की छानबीन, पाण्डुलिपियों की प्रामाणिकता, भिन्न-भिन्न पाठ, पुराने ग्रन्थागारों में उपलब्ध पुस्तकराशि आदि कृच्छसाध्य विषयों पर ये लोग कार्य करते रहेंगे और उनके कार्य का मूल्य-महत्त्व भी है। परन्तु इनके इर्द-गिर्द हिन्दी अध्ययन पीठ बनाना बहुत बड़ी गलती होगी। ऐसा काम अपने आप में महत्त्वपूर्ण भले ही हो पर सामान्य विद्यार्थियों की रुचि को निहायत गोठिल कर देने वाला होता है।

अन्य बहुत से विद्यार्थियों को पीएच.डी. मिल जानी चाहिए यदि वे निश्चित रूप से विस्तार के साथ प्रबुद्ध शब्दावली में यह सिद्ध कर सकें कि एक अच्छे लेखक—नया या पुराना—की उपलब्धियों को वे आत्मसात कर सके हैं और गृहीत वस्तु को कागज पर प्रभावकारी ढंग से अनूदित कर सके हैं। अगर इस प्रकार का कार्य पहले भी हो चुका है तो उससे घबराने की बात नहीं है क्योंकि एक तो हर एक अपने विशिष्ट व्यक्तित्व को रखेगा ही, दूसरे हम साहित्य से प्रेम करते हैं, उसके श्रेष्ठ लेखकों से परिचित हैं या होना चाहते हैं और यह भी इच्छा करते हैं कि यह प्रेम और ज्ञान दूसरों को भी सिखा सकें न कि तुलसीदास या सूरदास के विशेषज्ञों के पीछे घूमना चाहते हैं।

समकालीनता का सन्दर्भ और आन्तरिक अध्ययनविधि

एक शब्द लीजिए 'समयबोध' : शब्द अस्पष्ट है और तरल। साहित्य के सन्दर्भ में इसका या इसके पर्यायवाची शब्दों का प्रयोग बहुधा किया जाता है। यह तरल-व्यापक शब्द अपने वृत्त में रचनाकार को भी समेट लेता है और पाठक-आलोचक को भी। समसामयिक साहित्य के मूल्यांकन में तो यह प्रयुक्त होता ही है, पुराने साहित्य के सन्दर्भ में भी यह उतना ही अधिक महत्त्वपूर्ण है।

मेरे सामने समस्या है कि यह समय या समकालीनता का बोध साहित्यिक आलोचना का शब्द है या नहीं? यह कहना शायद एक शब्दाडम्बर माना जाये कि लेखक की प्रथम प्रतिबद्धता समकालीन के प्रति होती है—विशेष रूप से इसलिए कि कलानुभव का क्षेत्र नहीं है और यदि किसी के प्रति प्रकट या निहित दायित्व सम्भव है तो वह भी समसामयिक जीवन के प्रति ही है। एक तात्कालिक तर्क प्रस्तुत किया जा सकता है कि लेखक अपने युग को अतिक्रान्त कर भिन्न युगों में पहुँच सकता है, अतः उसकी प्रारम्भिक प्रतिबद्धता की बात कह कर अनुभूति की 'प्रामाणिकता' पर सन्देह नहीं प्रकट किया जा सकता। हम स्वीकार करेंगे—इसलिए कि जैसे एक कविता (आधुनिक या प्राचीन) पाठक के 'काव्यानुभव' का एक ठोस और जीवन्त कारण होती है वैसे ही अतीत का एक विशिष्ट साक्षात्कार रचनाकार में कला अनुभव का एक ठोस कारण हो सकता है। लेकिन इस स्वीकरण के साथ एक शर्त है कि यह साक्षात्कार प्रामाणिक, अर्थवान एवं गणनीय तभी हो सकता है जब समकालीनता के साँचे में उसको स्वीकार किया जाये। समकालीन और अतीत या भविष्य के मध्य रूपान्तरण अथवा परकायप्रवेश अनिवार्य हो जाता है। यह बात किसी अतीत इतिहास की घटना या गाथा को लेकर लिखी जाने वाली रचना के सन्दर्भ में बराबर देखी जानी चाहिए। 'उर्वशी' की अपेक्षा 'साकेत' इसीलिए मुझे महानतर रचना लगती है कि 'उर्वशी' कार उस कारण को समकालीन जीवन की प्रसंगानुकूलता नहीं दे सका; जबकि 'साकेत' कार ने काव्य को संयुक्त परिवार के जिस घटन-विघटन के आधार पर अर्थवान बनाया है, वह उसे 'मानस' कार से एकदम भिन्न भूमि पर खड़ा करता है। यानी इस लेख की शब्दावली में 'उर्वशी' की

अनुभूति अपेक्षाकृत अप्रामाणिक है। समकालीनता की इस पड़ताल में इस प्रकार अनुभव की प्रामाणिकता ही नहीं, अनुभव की अद्वितीयता भी एक अंश तक निहित होती है। पर इस अद्वितीयता की चर्चा तनिक आगे; फिलहाल, हम समकालीनता और अनुभव की प्रामाणिकता पर ही विचार करें।

बहुधा समसामयिक रचनाकार अतीत में एक प्रकार के परम्पराबोध के लिए जाते हैं। परम्परा का यह रूप सामान्यतः पैतृकानुवर्ती (अटाविस्टिक) होता है लेकिन यह पलायन नहीं है, स्थिति की दृढ़ता है और आधुनिक हिन्दी साहित्य भारतेन्दु के समय से ही परम्परा के इसी रूप को स्वीकारता आया है। भारतेन्दुमंडल के लेखकों ने रीतिकाल को पार कर भक्तिकाल से अपने को जोड़ा था। साथ ही यह भी ध्यान में रहे कि 'समकालीनता' एक कटा हुआ टुकड़ा नहीं है; वह भी परम्परा यानी इतिहासबोध का अंग होती है और जब हम अनुभव की प्रामाणिकता की बात उठाते हुए समकालीनता को उसकी एक कसौटी मानते हैं तब यह निहित होता है कि परम्परा की प्रत्यक्ष या परोक्ष अविच्छिन्नता को भी कहीं स्वीकार करते हैं। यहीं यह भी कहना शायद प्रासंगिक होगा कि 'समकालीनता' से हमारा तात्पर्य समय की वर्ष, दिवस, मास जैसी इकाइयों से न होकर, उस रुख से है जो तमाम समसामयिक जीवन की प्रक्रियाओं के प्रति हमें उन्मुख रखता है, उससे प्रतिबद्ध करता है और जिसके कारण हम उन तमाम असंगतियों या दबावों का अनुभव करते हैं जो इस जीवनप्रक्रिया से उद्भूत होते हैं।

बहरहाल, रचना की अनुभूति की प्रामाणिकता एवं अर्थवत्ता ही नहीं, मेरा विश्वास है कि आलोचना की प्रामाणिकता और महत्ता की नाप भी यही है। समसामयिक साहित्य की आलोचना की दुरूहता को छोड़ भी दिया जाये तो अतीत के तमाम साहित्य की आलोचना में भी समकालीनता ही वह सन्दर्भसाँचा बनती है जिस पर पुरानी रचना को नयी अर्थवत्ता दी जाती है। महावीरप्रसाद द्विवेदी, रामचन्द्र शुक्ल, निराला एवं रामविलास शर्मा ने तुलसी सम्बन्धी धारणाओं में इस सन्दर्भसाँचे में कैसे बदलाव किये हैं, यह अधिक शोध की अपेक्षा नहीं रखना। हम यह भी जानते हैं कि कितने ही लेखकों का यश उठता-गिरता रहता है और जिनका यश बना भी रहता है उनके भी यश के सन्दर्भ बराबर बदलते रहते हैं।

परन्तु समकालीनता पर जोर का एक सबसे बड़ा खतरा है कि समकालीन को फैशन की रूढ़ियों से अलगाना कठिन होता है। कितने ही लेखक ऐसे होते हैं कि साहित्यिक आन्दोलन के एक युग में बड़े ही प्रसिद्ध एवं महत्त्वपूर्ण माने जाते हैं—यहाँ तक कि वास्तविक प्रतिभाएँ भी दबी रहती हैं, पर शीघ्र ही, उनके यश के गुब्बारे फट जाते हैं। काव्य के क्षेत्र में द्विवेदीयुग में रामचरित उपाध्याय, सनेही; छायावादियों में रामकुमार वर्मा; प्रगतिवादियों में अंचल, सुमन, नेपाली आदि ऐसे ही फटे हुए गुब्बारों के उदाहरण हैं। कथासाहित्य में भी इसी प्रकार आंचलिकता के फैशन के कितने ही

शिकार हुए और अब लगता है कि वह समाप्त है। इस बीच 'एक्सपीरिएंसकल्ट' के कहानीलेखकों का फैशन भी बढ़ा है। हम कह सकते हैं कि प्रत्येक युग में मूल्यों का एक दिग्भ्रम होता है। दूसरी ओर, कला के कुछ स्वीकृत अभिसमय (कन्वेंशन) एवं कतिपय नैतिक या धार्मिक या सामाजिक पूर्वग्रह होते हैं जो उस युग की अभिरुचि को संघटित करते हैं और अपने समकालीन ही नहीं अतीत के साहित्य को भी हर युग अपने इस स्तर पर ही देखता है। सब मिला कर वे कारण अस्पष्ट से हैं जिनके कारण कुछ रचनाएँ जनप्रियता, आदर एवं यश के शिखरों तक कुछ समय के लिए पहुँच जाती हैं और उस युग के श्रेष्ठतम मस्तिष्क भी उनसे धोखा खा जाते हैं। लगता है कि कुछ ऐसी शक्तियाँ हैं जो उत्कंठा एवं उत्तेजना के विशिष्ट मिश्रण को उद्दीप्त कर देती हैं और परिणामस्वरूप कुछ समसामयिक रचनाओं पर अन्ध एवं असन्तुलित निर्णय दिये जाने लगते हैं। यह एक जटिल समस्या है और शायद एक प्रकार के समुदायविश्लेषण के बिना इसका समाधान सन्देहास्पद है। अवचेतन में स्थित सामूहिक अभिप्रायों के ज्ञान से ही इस सम्बन्ध में कुछ उजाला शायद मिल सकता है। पर इतना तो निश्चित है कि एक युग में समसामयिक 'चतुर' कलाकारों एवं 'प्रतिभाशाली कलाकारों' में अन्तर कर सकना तनिक कठिन होता है। बहुत से लोग शायद यह कहना चाहें कि इसीलिए, 'शाश्वत मूल्यों' की खोज होनी चाहिए, न कि समकालीनता की। पर एक दिये हुए ऐतिहासिक क्षण में इन शाश्वत मूल्यों का निर्णय भी उतना ही कठिन है, और यह निर्णय भी समकालीन पूर्वग्रहों से रंग कर ही सामने आ सकता है।

समकालीनता के सन्दर्भ में जब हम अनुभव की 'प्रामाणिकता' की बात कहते हैं तब एक समस्या और उठती है कि रचना में व्यक्त समकालीनता तथा पाठक-आलोचक की समकालीनता की संगति किस प्रकार बिठाई जाये? इस सम्बन्ध में तमाम इतिहासवादी पाण्डित्य अकसर कुछ विषयों (आइटमों) के युग्मों को एक-दूसरे के परिपार्श्व में रखकर देखता आया है; जैसे कि इस प्रविधि से 'उर्वशी' की अनुभूति की समकालीनता (यानी कि प्रामाणिकता) जाँचने वाले लोग आधुनिक व्यक्ति की प्रेमसम्बन्धी अतृप्ति के परिपार्श्व में पुरुरवा की प्रेमसम्बन्धी अतृप्ति रख कर स्वयं तृप्त हो जायेंगे। पर इस प्रकार किसी रचना की स्फुट चर्चा ही सम्भव है और सम्भवतः हर रचना में इस प्रकार की प्रामाणिकता दिखाई जा सकती है। मुझे लगता है कि तुलना हमारे समग्र अनुभव के साथ प्रेमचन्द, अज्ञेय या दिनकर की कृतियों से रचित समग्र संसार के मध्य हो सकती है। और इन दोनों संसारों के मध्य का यह व्यापार कुछ साहित्यिक समीक्षा के शब्दों—संगति, एकता, विन्यस्त प्रतिकूलता, गहनता, विशदता आदि के माध्यम से ही होना चाहिए। 'जीवनानुरूप' का 'कलानुरूप' के रूप में लगभग अन्वय किया जा सकता है। अगर 'कलानुरूप' के आन्तरिक सन्दर्भसाँचे में उसे न देखा गया तो फिर 'समाजेतिहास' या 'जीवनी'

के बाह्य सन्दर्भसाँचे में रख कर उसे देखना पड़ेगा। और इस बाह्य सन्दर्भ-साँचे में साहित्य एक दस्तावेज़ मात्र बन कर रह जाता है। उससे बहुधा अनुभव की प्रामाणिकता की जगह 'इतिहास' या 'व्यक्ति' की प्रामाणिकता लक्षित होती है। इसलिए इस साँचे को अन्ततः आन्तरिक सन्दर्भसाँचे में घुलाकर समीक्षा के मार्ग में बढ़ा जा सकेगा। यह इसलिए और भी कि तात्कालिक फैशन एवं अभिरुचि की रूढ़ियों के चमचमाते छलावे को पहचानने में ही नहीं, रचना की समग्र सत्ता और अर्थवत्ता को समझने में भी रचनाविन्यास के आन्तरिक विश्लेषण का ही सहारा लिया जा सकता है। रचना का समीपी अध्ययन ही बता सकेगा कि रचनाकार तमाम तात्कालिक फैशन से ऊपर उठ कर अपनी अद्वितीयता में संवेदनाओं की नयी बारीकियों को कितना अनुभव कर सका है, क्योंकि अनुभवगत इन बारीकियों के साथ ही उनका विन्यासशिल्प भी बदलना चाहिए एवं परस्पर संघटित होना चाहिए। बल्कि यों कहें कि प्रामाणिक रचनाकार स्वयं अपने को एक नयी तरह देखने लगते हैं और इस प्रक्रिया में वे इसी के उपयुक्त शिल्प ढूँढ़ते हैं। शब्दचयन, बिम्बयोजना, आन्तरिक तुकें, अन्त्यानुप्रास, व्यंग्य एवं विरोधाभास, तनाव एवं ढीलापन, एक खण्ड से दूसरे खण्ड में संक्रमण आदि विविध उपकरणों का विश्लेषण करते हुए ही यह जाना जा सकता है कि रचना के स्तर पर प्रामाणिकता कितनी और कैसी है।

इस प्रकार विश्लेषण की प्रक्रिया एवं निर्णय की प्रक्रिया अलग-अलग मंजिलें नहीं बनतीं। विश्लेषण या अध्ययन के साथ ही साथ निर्णय भी होता चलता है। और यह निर्णय होता है अद्वितीयता एवं ईमानदारी का, पर कविता की समझ और सराहना के साथ ही अधिक विस्तार में रचना के तमाम निहितार्थों, आशयों, व्यंग्यों को उनके संगठन के सन्दर्भ में अलग लिया जायेगा। तभी हम कह सकते हैं कि दो दिये गये लेखकों (यहाँ तक कि एक ही कवि की दो कविताओं) में अपना 'अप्रतिमत्व' कितना है। आज की यान्त्रिक जिन्दगी की वेदना या तल्खी दिखानेवाली पंक्तियाँ अज्ञेय, भारतभूषण, रघुवीर सहाय, श्रीकान्त या कैलाश वाजपेयी में एक साथ एक ही लेख में दिखाई जा सकती हैं पर इस 'वेदनाबोध' या इनके प्रति विद्रोह के गुणात्मक अन्तर मात्र आन्तरिक सन्दर्भसाँचे से स्पष्ट किये जा सकते हैं।

ईमानदारी शब्द को दो अर्थों में प्रयुक्त किया जा सकता है। एक तो कवि के उस दृष्टिकोण के लिए जो वह अपने काव्यविषय के प्रति अपने निजी जीवन में रखता है। पर मुझे लगता है कि यह अर्थ समीक्षात्मक विश्लेषण के लिए अप्रासंगिक है, क्योंकि रचनाकार अपने निजी जीवन में उस विषय के प्रति बहुत ईमानदार होते हुए भी एक बुरी, अपर्याप्त रचना या भावुकतापूर्ण खण्ड की रचना कर सकता है। मैं ईमानदारी का प्रयोग इस मूल्यनिर्णय के लिए करना चाहूँगा कि रचनाकार कविता के विविध तत्त्वों को संघटित करने में कितना सफल हो सका है। भावुक कवि बहुधा इस संघटन में ही असफल होता है। अतः जब इस ईमानदारी की हम बात

करते हैं तब तात्पर्य मात्र इतना होता है कि यह कविता अपने आप को स्फीत नहीं करती या कि यह अत्यधिक भावुक नहीं है। स्पष्ट होना चाहिए कि इस ईमानदारी का निर्णय भी आन्तरिक अध्ययनविधि से ही सम्भव है।

यों एक पंक्ति में समस्या यों भी रखी जा सकती है कि प्रामाणिकता, समकालीनता, अद्वितीयता एवं ईमानदारी जैसे शब्द साहित्यिक समालोचना के लिए प्रसंगानुकूल हैं या नहीं और यदि हैं तो किस अर्थ में? यह भी, कि इनकी पहचान की प्रक्रिया क्या हो?

आधुनिकता और भारतीयता

इस सन्दर्भ में भारतीयता से तात्पर्य 'परम्परा' से रहा है क्योंकि आधुनिकता और पश्चिमीपन भी अविरोधी नहीं है और 'आधुनिकतावादी' दृष्टि को पश्चिम में कम विरोध नहीं सहना पड़ा है। चार्ल्स बोदवाँ की किताब 'मिथ ऑफ माडर्निटी' पढ़ जाइए—देखिए उसने आधुनिकता का कैसा मजाक उड़ाया है। उसने आधुनिकता का सम्बन्ध तानाशाही से तो जोड़ा ही है, उसे ही बढ़ती हुई कीमतों, मुद्रास्फीति, बेईमानी आदि के लिए जिम्मेदार ठहराते हुए कहा है कि 'अब विशिष्ट जन अपने को आधुनिक कहलाने में अपमान का अनुभव करते हैं।' और यह अपवादस्वरूप उदाहरण नहीं है। पश्चिम के कला-इतिहास में इनसे भी अधिक तीखे उदाहरण आसानी से मिल जाते हैं। अतः पुनः दोहराना चाहूँगा कि इनको परस्पर विरोधी बना कर न खड़ा करना चाहिए। इसलिए भी कि मार्क्स के अनुसार आपकी सारी मोर्चेबन्दी और तैयारी इस पर निर्भर करती है कि विरोधी कौन है? अब अगर भारतीयता को आधुनिकता के विरोध में खड़ा कर दिया जायेगा तो बहस के नुक्तों में बल का आग्रह बदल जायेगा और विपथगा बन जाने की पूरी सम्भावना रहेगी। भारतीयता माने प्राचीनतावाद नहीं ही है।

इसलिए प्रश्न परम्परा का है—उसी के सन्दर्भ में आधुनिकता के औचित्य-अनौचित्य का है। इस सम्बन्ध में एक बात की ओर ध्यान दिलाना आकर्षक भी है और महत्त्वपूर्ण भी कि आधुनिक युग के पूर्व परम्परा के प्रति ऐसी सप्रश्नता कभी नहीं दिखी। वस्तुतः परम्परा के प्रति सप्रश्नता का, लगाव का, सम्बन्ध का यह भाव स्वयं अपने आपमें आधुनिक है। पर परम्परा के प्रति यह सरोकार जागा क्यों? क्या इसलिए नहीं कि अतीत से अलगाव का एक बोध सहज ही हमें महसूस होता है, क्या हम यह महसूस नहीं करते कि इतिहास से हम भिन्न हैं या कि इतिहास के प्रति एक वैशिष्ट्य का अनुभव नहीं करते? इसके पहले इतिहास के प्रति विशिष्टता का यह बोध कभी नहीं जागा। कहना चाहूँगा कि धीरे-धीरे मन से यह मनवा लिया गया है कि परम्परा खो चुकी है और अब नूतनता में ही उसे पुनरुपलब्ध किया जा सकता है। क्या इसी बिन्दु से कलाओं में आधुनिकता के साथ सरोकार का सवाल नहीं उठता?

अगर इस कथन में सच्चाई है, तो आधुनिक कलाकार मात्र परम्परा के प्रसंग में ही आधुनिक होगा, पुराने से भिन्न हो जाने के अर्थ में। उसके कलारूप, नमूने, विषय, उसके रुख अपने पाठकों के नीतिबद्ध या प्रथाप्राप्त एवं प्रत्याशित कलारूपों, नमूनों, विषयों या रुखों से भिन्न और विरोधी होते हैं। परिणामस्वरूप आधुनिक होने के लिए उस एक परम्परा का आधार होना आवश्यक है, जिसकी रीतिपरक प्रत्याशाओं को निराश करना या अपर्याप्त सिद्ध करना होता है। जिस समय पाठक एक प्रथानुसारी कृति के प्रति रूढ़ प्रतिक्रिया करता है और कवि से माँग करता है कि उसकी इन प्रथानुसारी प्रत्याशाओं के अनुरूप ही लिखे, जब सामान्यता में वैशिष्ट्य खो जाता है, तब क्या कला में आधुनिक की आवश्यकता नहीं पड़ती? यह बात दूसरी है कि ऐसे समयों में कभी-कभी 'भिन्नता' को ही विशिष्ट समझने का भ्रम हो जाया करता है—पर पाठक को एक सचेत-विवेकी संस्कार देने के लिए इस भिन्नता के महत्त्व को भी भुलाया नहीं जा सकता।

क्या परम्परा और प्रथा परस्पर विरोधी है?

यह बात तो तात्कालिक परम्परा (या कि परम्परा न कह कर 'प्रथा' कहें) के सन्दर्भ में आधुनिकता की आवश्यकता की हुई। छायावादी भावुकता और कविसम्मेलनी संस्कारों में पली हमारी पाठकजनता के सामने क्या फिर उसी प्रकार आधुनिकता के इस रूप की समस्या नहीं उठी थी जिस प्रकार की आन्तरिक रचनाधर्मी माँग के नीचे भारतेन्दु युग का साहित्य बदलना शुरू हुआ था।

यह तो प्रथारूपिणी परम्परा की बात हुई। पर अभी यह भी कहा जा चुका है कि अपने से अलग इतिहास के वैशिष्ट्य का जो बोध है, वह 'नवीनता' के मध्य ही पुनः उपलब्धक्षम है। इस उलटबांसी का तात्पर्य क्या है? साफ है कि यहाँ पर परम्परा और प्रथा को परस्पर विरोधी माना जा रहा है। प्रथा (या तात्कालिक परम्परा) का उल्लंघन से इतिहास या परम्परा के वैशिष्ट्य को पुनः प्राप्त किया जा सकता है। यों कहें कि पुत्र पिता के अनुरूप न होकर पितामह या प्रपितामह के चरित्रांश को ग्रहण कर सकता है। पैतृकानुवृत्ति की धारणा की यह अनुकूलता बराबर देखी जा सकती है। उदाहरणार्थ यह आकस्मिक नहीं है कि स्वच्छन्दतावाद के प्रारम्भिक कवि श्रीधर पाठक कालिदास को अपने लिए खोज निकालते हैं और तब से छायावादियों तक बराबर उनके साथ एक गहन सम्पृक्ति बनी रहती है और अचानक ही फिर महाभारत और उसके पात्र गहरी प्रसंगानुकूलता से आलोकित हो उठते हैं। वस्तुतः अतीत को परम्परा की इस पुनरुपलब्धि द्वारा ही वर्तमान के लिए प्रसंगानुकूल बनाया जाता है। इसीलिए जब यह कहा जाता है कि 'नयी कविता' की आधुनिकता के अन्तर्गत एक प्रकार की आदिमवृत्ति भी है या आदिम आवेगों का ग्रहण है, तो आश्चर्य न होना चाहिए।

प्रसंगानुकूलता की यह माँग लेखक को कभी भी अपने ही देश तक सीमित नहीं कर सकी है। (अब तो यह और भी असम्भव है)। यदि हम आज पश्चिम के साहित्य, दर्शन, पुराणगाथा एवं कलाभिप्रायों से कुछ ग्रहण करते हैं, तो वह अनुचित कैसे हो गया? क्या इस देश की जीवन्त मेधा ने इसके पूर्व अन्यत्र कहीं से ग्रहण नहीं किया? शर्त आप केवल इतनी लगा सकते हैं कि वह कलासृजन की आन्तरिक माँग के अनुकूल हो। पर इसी आन्तरिक माँग की अनुकूलता का ही दबाव तो है कि छायावादी जिन पश्चिमी कवियों को पढ़ते थे उनके स्थान पर आज दूसरे आ विराजे हैं। पुराने और नये कवियों के वैयक्तिक संग्रह देख जाइए, यह बदलाव साफ जाहिर हो जाता है। इसीलिए निर्मल वर्मा के इस कथन कि 'आज हमें पश्चिमी ज्ञान-विज्ञान से होकर गुजरना पड़ेगा' पर राकेश का यह मन्तव्य मुझे नितान्त निस्सार (प्लैटीट्यूड) लगा कि "अन्तर इतना ही है कि मैं हमें शब्द को रेखांकित करना चाहूँगा। यानी 'हमें' गुजरना होगा। यह नहीं कि यूरोप वाले जिस तरह गुजरे, हम भी उसी लोक से गुजरेंगे।" यह बात तो इतनी स्वयंसिद्ध है कि इसे 'मेरा' मन्तव्य कहने की आवश्यकता ही नहीं होती। बिना अपने को, अपने संस्कारों एवं शताब्दियों से जातीय अवचेतन में विद्यमान विश्वासों को लिए कौन गुजरेगा? कोई और चाहे गुजर भी जाये, पर कलाकार कैसे गुजरेगा? मुख्य बात तो रविशंकर के शब्दों में 'कलाकार का आन्तरिक आग्रह' ही है। पर इस आग्रह को मुखर बनाने वाले तत्त्वों में सचेत बौद्धिकता अनिवार्य है, जो कि कलानुभव के प्रथम क्षण से लेकर कलाकृति के अन्तिम रूपायन क्षण तक सक्रिय रहती है। यही और यहीं बौद्धिकता प्रसंगानुकूलताओं की खोज करती है और इस खोज में यूरोप के परिवेश में भी मानवीय परिस्थिति उकेरी जा सकती है। और प्रमथ्युगाथा भारतीय लेखक को भी आदिम अग्नि का जीवन्त स्पर्श दे सकती है। अगर हमारे देश में सामन्तवाद-साम्राज्यवाद के साथ ही समाजवाद का प्रयोग भी शुरू हो गया, तो उद्योग-धन्धों की अमानवीयता भी आ गयी है और इसे यूरोप की नकल क्यों कहा जाये? यूरोप में व्यक्ति अकेला हो गया है, तो कितने जन कह सकते हैं कि हमारे देश में भी परिवार (खासकर संयुक्त परिवार) की जड़ें खोखली नहीं हुई हैं? फिर सामन्तवाद, साम्राज्यवाद या समाजवाद की कटी-छँटी समयश्रेणियाँ वहाँ भी नहीं पायी जातीं—यह कलाकारों को भले ही बताने की जरूरत हो, इतिहास के अध्येताओं के लिए सामान्य बात है।

आधुनिकता से बचाव का कोई रास्ता नहीं है!

रहा प्रश्न यह कि पश्चिमी देश अब पूर्वी देशों की ओर निर्देशन के लिए देखने लगे हैं, अतः हम लोग क्यों पश्चिम से कुछ लें? तो इस सम्बन्ध में एक ही प्रश्न पूछना चाहूँगा।

मान लीजिए कि एक व्यक्ति पहाड़ की तलहटी में खड़ा होकर ही यह कहता है कि पहाड़ के उस ओर भी ऐसी ही तलहटी है और एक व्यक्ति तमाम ऊँचाई को चढ़कर, भागकर उस ओर की तलहटी को देखता है। क्या दोनों व्यक्तियों का अनुभव एक ही होगा—निष्कर्ष भले ही एक ही हो! मेरा अनुमान है कि कम से कम कोई कलाकार तो अनुभव की इस समानता को नहीं ही स्वीकार करेगा—चाहे हेब्बार हों, रविशंकर हों या राकेश। इसी प्रकार आधुनिकता के, आधुनिक सभ्यता के पूरे दर्द और हर्ष को भोगे बिना ही जो लोग भारतीयता, भारतीय परम्परा या अपनी आध्यात्मिकता का ढोल पीटते हैं, वे या तो स्वयं गैरईमानदार हैं या इस भारतीयता-आध्यात्मिकता को भी हल्का बनाते हैं। मेरे लिए यह 'च्यूइंग गम' नहीं है, प्रखर बौद्धिकता एवं गहरी संवेदनशील यात्रा और खोज द्वारा आयत्त करने की साधना है और इसका कोई 'शार्टकट' नहीं है। इसका रास्ता आधुनिकता के जंगल से होकर ही है। मुझे नहीं लगता कि कलाकार और बुद्धिजीवी के लिए आधुनिकता से बचाव का कोई रास्ता है। वस्तुतः अनुभव की इन स्थितियों से गुजरने पर ही उसे 'मौलिकता' या 'अद्वितीयता' की प्राप्ति सम्भव हो सकती है, जिसकी ओर हेब्बार ने बार-बार इशारा करना चाहा है। इस मौलिकता या अद्वितीयता की बात ही 'प्रथा' को तोड़ने की ओर इंगित करती है—मैं नहीं समझता इसे नाना प्रकार के परदों में छिपाने की चेष्टा क्यों की जाती है। दूसरी बात यह भी कि मौलिकता एवं अद्वितीयता के साथ आधारवत पहली शर्त समकालीनता का बोध है। स्पष्ट रूप से पहचान में आ सकने योग्य प्रमाणित सत्य 'समकालीनता' के प्रति प्रतिबद्धता ही है। (स्टीफेन स्पेंडर वाले अर्थ में 'समकालीन' और 'आधुनिक' का विभाजन—यहाँ उद्दिष्ट नहीं है। हमारी आधुनिकता में अभी इस प्रकार के अन्तर नहीं किये जा सकते—और पश्चिम में भी इन अन्तरों की खासी आलोचना की गयी है।) इस जगह फैशन के खतरे की समस्या उठाई जा सकती है, पर कम से कम साहित्य के बारे में तो यह कहा जा सकता है कि विवेकी पाठक के लिए फैशनेबुल और प्रामाणिक को अलगा लेना इतना कठिन नहीं है। पर दूसरी समस्या इससे अधिक गहरी है, जिसकी ओर गजानन माधव मुक्तिबोध ने अपनी डायरी में इंगित किया है कि भक्तिकाल, रीतिकाल या छायावादयुग की भाँति ही—

> *'आधुनिक भाव-बोध के अन्तर्गत कुछ विशेष प्रकार के भाव-समुदाय आते हैं, कुछ विशेष प्रकार की सौन्दर्य परिकल्पनाएँ आती हैं, एक खास काट और एक खास किस्म की अभिरुचि का ही सन्निवेश होता है...एक विशेष प्रकार के भाव-समुदायों को ही मान्यता प्राप्त है, अन्यों को नहीं।'*

वस्तुतः इस समस्या में प्रामाणिक अनुभवों के फैशनगत अनुकूलन एवं दबावों की बात निहित है। ऐसी कृतियाँ अप्रामाणिक तो नहीं होतीं, पर साथ ही अन्य बहुतेरे अनुभवबिम्बों का सचेत रूप से दमन, इन कृतियों के लेखक करते रहते हैं

और धीरे-धीरे उनकी अनुभूतिक्षमता एक प्रकार के 'कण्डीशंड रिफलेक्स' के अन्तर्गत एकांगी और पक्षाघात पीड़ित हो जाती है। पूरी मानवीय सृजनात्मकता की दृष्टि से आधुनिकता या अन्य किसी ऐसे फैशन का यह रूप विचारणीय है और इसकी सावधानीपूर्वक छानबीन की जानी चाहिए।

आधुनिकता के तत्त्व भारतीयता के विरोधी नहीं हैं

आधुनिकता की अनिवार्यता और आशंकाओं की चर्चा करते हुए भी उसके तत्त्वों की बात जान-बूझकर नहीं उठाई गयी। इसलिए कि तत्त्वों का परिगणन अधूरा भी होगा और 'क्लासरूमीय' भी। इसलिए कतिपय मूल स्थितियों की ओर यहाँ संकेत ही किया जा सकता है। आधुनिकता के भाव के मूल में मूलतः प्रगति का भाव लगा हुआ है। 'प्रगति' की धारणा चूँकि आशा से आलोकित भविष्य पर आधारित है, अतः उस आशालोक तक पहुँचने की एक त्वरा भी उसमें निहित है। इस त्वरा ने 'गति' को महत्त्व दिया, उसके प्रति आकर्षण और आदर बढ़ा। गति का सहायक यन्त्र है। परन्तु गति और यन्त्र जिस सर्वव्यापी नाश या ट्रेजेडी के कगार तक ले आते हैं (अन्तर्राष्ट्रीय सम्बन्धों के विद्यार्थी के लिए यह बताना तनिक भी कठिन न होगा कि इस क्षेत्र में 'शीतयुद्ध' के क्षेत्रों की व्यर्थता कितनी प्रमाणित हो गयी है। जंगबाज कौन है—इसका निर्धारण आज किसी विचारधारा के आधार पर नहीं किया जा सकता।) वे आधुनिक लेखक को इस 'ट्रेजेडी' की समग्रता में ग्रहण कराते हैं। परिणाम यह कि मूल उपादानों या तत्त्वों के एक रहते हुए भी 'प्रगति' और 'आधुनिकता' की अवधारणाओं में एक बड़ा अन्तर हो जाता है। प्रथम की प्रकृति मूलतः आशापरक है, दूसरे की मूलतः ट्रैजिक और विनाशभयाक्रान्त गोकि ये आत्यन्तिक स्थितियाँ हैं और इन छोरों के बीच अनुभवों की बहुरंगी दुनिया बसती है।

भारतीयता को प्राचीनतावाद से एकात्म करने की जरूरत नहीं

अस्तु, इस प्रकार गति, यन्त्र और आधुनिकता एक ही पेंच में सघन रूप से गुम्फित हैं। और यह पेंच अतीत और भविष्य को आमने-सामने रखकर वर्तमान की नियति को आँकता है। इस सम्मुखीकरण में ही परम्परा के विविध पक्षों या रेशों का ग्रहण, अस्वीकार या निन्दा निहित है। यह अवश्य है कि 'आधुनिकता' की अवधारणा के पूर्व भी वर्तमान को इतना महिमामण्डित करके और इतनी समाधि से देखने की चेष्टा नहीं की गयी थी। वर्तमान को आँकने की प्रक्रिया में ही आधुनिक कला की तमाम प्रविधियाँ और शिल्प प्रयुक्त होते हैं—या यों कहें कि इन कलाशिल्पों

द्वारा इस यथार्थ की खोज की चेष्टा की जाती है। अनुभव की तरफ से शिल्प की ओर आना और शिल्प की ओर से अनुभव की ओर जाना—'आधुनिकता' के प्रभाव के तले ये दोनों ही प्रक्रियाएँ एक में समाहित हो गयी हैं।

'आधुनिकता' की जिस नियति का संकेत ऊपर किया जा चुका है उसी के कारण आधुनिक कलाओं का मूल स्वर 'विडम्बना' (आयरनी) का हो गया है—ठीक उसी प्रकार जैसे कि मध्ययुग की कलाओं का मूल स्वर धार्मिक था। मध्ययुग का पवित्रताबोध विशिष्ट महत्त्वगर्भित पृष्ठभूमि और आनुषंगिकता देकर यथार्थ के संसार के परे तक की दृष्टि दे देता था; कुछ-कुछ उसी तरह 'विडम्बना' भी व्यक्ति की बौद्धिक क्रीड़ा और व्यवहार के कल्पनाशील स्पन्दित वातावरण को खोजकर वस्तुओं को कहीं अधिक 'सिग्नीफिकेंट' वास्तविकता के प्रतीकों में प्रस्तुत करती है। किसी वस्तु का ऐसा 'विडम्बित' प्रयोग उसका मजाक उड़ाना ही नहीं होता, वह ऐसी कल्पनाशील कलादृष्टि भी देता है, जो तमाम मानदण्डों को नियन्त्रित या संक्रमित करती है—वह 'अतिमा दृष्टि' भी होती है।

जहाँ तक भारतीयता के तत्त्वों का प्रश्न है—पहले ही कहा जा चुका है कि भारतीयता को प्राचीनतावाद (ऐंटी क्वैरियनिज्म) से एकात्मक करने की जरूरत नहीं है। उसे 'परम्परा' के अर्थ में ही स्वीकार किया जा सकता है। और साहित्य के क्षेत्र में 'परम्परा' का सबसे प्रभावशाली प्रयोग माध्यम के लिए प्राप्त 'भाषा' है। इस सम्बन्ध में यहाँ केवल एक उदाहरण देना पर्याप्त होगा। भारतीय चिन्तन की प्रकृति पर विचार करते हुए कहा गया है कि वह निषेधात्मक ढंग से निरपेक्ष सत्ता को ग्रहण करती है (निगेटिवली ग्रास्पिंग दि ट्रुथ) और 'नयी कविता' के सबसे अधिक विदेशी लगने वाले कवि कुँवर नारायण की भाषा में निषेधात्मक शब्दों की भरमार है। 'सुख की अनंग पुनरावृत्तियाँ', 'आकाश की निस्सीम नीली सतह', 'असंख्य सीपियों', 'एक असम्भव बूँद के लिए', 'उन अनन्त ज्योति-संकेतों को' ये पाँच प्रयोग एक अचानक खुल गयी छोटी कविता 'नीली सतह पर' (चक्रव्यूह) से हैं। 'अशरीर सम्भोग', 'निष्काम स्मृति-जगमगाहट', 'अजनबी विदाओं', 'अजानी दिशाओं', 'असम्भव ऊँचाइयों', 'अपार अन्धकार', 'अनपुरे घाव', 'अविलोकित', 'अयाचित नागमणि', 'मृत्यु के निष्पक्ष, समयातीत घेरे में' आदि इसी प्रकार सहज ही चुन लिए गये प्रयोग हैं। क्या ये प्रयोग भारतीय चिन्तन परम्परा में नहीं हैं? यही नहीं, इन्हीं प्रयोगों में बहुवचनों के प्रयोग की बहुलता भी भारतीय चिन्तन की उसी विशेषता को सूचित करती है, जिसे **हाजिमे नाकामुरा** ने साधारण के लिए विशिष्ट का त्याग तथा अरूप सिद्धान्तों का अतिरेक (प्रिपांडरेन्स ऑफ ऐब्स्ट्रैक्ट्स नोशंस) कहा है।

अगर भारतीयता से तात्पर्य सोचने-विचारने के भारतीय ढंग से है, तो कहना चाहूँगा कि नये साहित्य में इस ढंग का रचनात्मक उपयोग हुआ है। पर यदि भारतीय परम्परा का अर्थ मात्र कुछ शैलीगत रूढ़ियों (अधिकांश लोग परम्परा को शैली के अर्थ में ही देखते हैं) से है, तो निश्चय ही उनका त्याग किया गया है। नये साहित्य ने आगे बढ़कर ऐसे दायित्वों को भी स्वीकार किया है जिनकी कभी माँग नहीं की गयी थी—यथा आत्मजिज्ञासा, आत्मान्वेषण या अस्तित्व की समस्या आदि को दर्शन या तत्त्वचिन्तन के लिए न छोड़कर साहित्य में स्वीकारने का अर्थ छोटा नहीं है और क्या कोई भारतीयता का दावेदार यह कहने का साहस कर सकता है कि यह दायित्व भारतीयता का अविरोधी नहीं है?

कविता समीक्षा

नयी कविता और बोधगम्यता का प्रश्न

नयी कविता और बोधगम्यता की बात उठते ही मुझे एक घटना याद आ जाती है। बात बहुत पुरानी नहीं हुई, यही कोई तीनेक वर्ष हुए हैं, एक प्रतिष्ठित विश्वविद्यालय के सीनियर हिन्दी अध्यापक ने मुझसे अत्यन्त ईमानदारी और आग्रह के साथ पूछा कि क्या कतिपय नयी कविताओं का अर्थ मैं उनको बता दूँगा? वह महाशय 'नयी कविता' के समर्थक नहीं थे पर यह भी निश्चित है कि उनका यह वाक्य विद्रूप में नहीं कहा गया था। वह हिन्दी के बड़े प्रोफेसरों की प्रकृति के विरुद्ध कभी न कभी कुछ नयी कविताएँ पढ़ने की चेष्टा करते थे और वे उन्हें साधारणतः दुरूह प्रतीत होती थीं (इसी कारण बहुधा नीरस भी)। यह तो हुई अध्यापक-आलोचक की बात। मेरा छोटा भाई है जिसे मैं एक सामान्य पाठक मानता हूँ; उसके अनुसार 'भाई साहब, ये कविताएँ कुछ विचित्र सी हैं, समझ में नहीं आतीं। मुझको तो इनके पढ़ने में मजा नहीं आता।' रचनाकारों से भी मैंने सुना है कि फलाँ महाशय की इस कविता का तात्पर्य समझ में नहीं आया। इस तरह हम देखते हैं कि रचनाकार, अध्यापक, आलोचक एवं सामान्य पाठक, लेखन से सम्बन्धित ये विविध प्राणी नयी कविता के प्रसंग में बोधगम्यता का प्रश्न उठाते रहे हैं। परन्तु इन विविध स्तरों पर होनेवाली इस सामान्य प्रतिक्रिया की अधिक छानबीन की जाये, इसके पूर्व मेरा मन होता है कि बोधगम्यता के इस सवाल को काल की दृष्टि से भी देख लिया जाये। इसी प्रसंग में स्वयं अपनी प्रतिक्रियाएँ याद आती हैं कि एम.ए. की कक्षाओं तक छायावाद की स्पष्ट धारणा हमारे मन में नहीं बन पायी थी। छायावाद के बारे में यह प्रचलित मजाक था कि जो समझ में न आवे, अस्पष्ट हो, वह छायावाद है। पुराने अध्यापकों को छायावादी कविताएँ पढ़ाना अब भी अटपटा लगता है और फिर अपनी या अपने छोटे भाई या अपने छात्रों की गवाही दूँ तो सूर, तुलसी, बिहारी और रत्नाकर जैसी स्पष्टता या रस इन कविताओं में प्रारम्भ में उपलब्ध नहीं होता। प्रसाद के बारे में तो यह प्रसिद्ध है कि बाद को अपनी किसी कविता का अर्थ वह स्वयं नहीं बता पाये थे। इस तरह आधुनिक हिन्दी काव्य के प्रसंग में बोधगम्यता का सवाल छायावादकाल से माना जा सकता है।

यह बात एक सहज साहित्यिक स्तर पर उठने वाले सामान्य प्रश्न के लिए कही जा रही है। यों उलटबाँसियाँ, दृष्टकूट एवं मुकरियों तथा जानबूझकर लिखे गये दुरूह काव्य को छोड़ भी दिया जाये तो भी बोधगम्यता का प्रश्न कलाओं के क्षेत्र में बराबर बना रहा है। ये जो सहस्रों टीकाएँ, वार्तिक, भाष्य, तिलक रचे गये, लक्षणग्रन्थों को लिखा गया तथा कवि समयों, काव्यरूढ़ियों की चर्चा हुई है वह आखिर किसलिए? क्या सारा आलोचनाशास्त्र एवं व्यावहारिक समीक्षा की राशि, रचना को अधिकाधिक बोधगम्य बनाने का प्रयास नहीं है? क्या पुराने काव्य का इतने दिन तक अध्ययन हो चुकने के बाद भी, एक अंश ऐसा नहीं है जो हमें आज भी दुरूह लगता है? बात साफ है कि बोधगम्यता का सवाल कलाओं के साथ सदैव रहा है, परन्तु आधुनिक काल में वह बिन्दु परिवर्तित हो गया है—जिस पर बल दिया जाता है। पहले सहृदय, प्रमाता या रसज्ञ की शिक्षा और संस्कारों पर बल दिया जाता था—रचना दुरूह है यह कोई नहीं कहता था, रसज्ञ असंस्कारी है यह कहा जाता था। संस्कृत के आचार्य ने बता दिया था, 'येषां काव्यानुशीलनाभ्यासवशाद् विशदीभूते मनोमुकुरे वर्णनीयतन्मयीभवनयोग्यता ते स्वहृदयसंवादभाजः सहृदयाः।' पर आज का पण्डित इस संस्कारशीलता पर जोर नहीं देता। वह तो सीधे-सीधे रचना को ही पाठ के स्तर पर ले आना बोधगम्यता मानता है। इस प्रकार बोधगम्यता की बात पाठक से रचना पर आधुनिक काल में आरोपित कर दी गयी है। ऐसा शायद इसलिए हुआ है कि लोग सोचते हैं कि शिक्षा के व्यापक प्रसारी रूप से पाठक तो संस्कारी रसज्ञ हो ही जाता है, पर वास्तव में यह बहुत बड़ी मिथ्या धारणा है। यह सहज ही दिखाया जा सकता है कि शिक्षा का आधुनिक रूप सर्वत्र संस्कारी नागरिकों को ही जन्म नहीं देता और उसकी कलात्मक अभिरुचि का सम्यक् निर्माण या परिष्करण भी नहीं करता। इसके अतिरिक्त अन्य अनेक ऐसे प्रभाव हैं जो 'मनोमुकुर के विशदीभूत' होने में बाधक सिद्ध होते हैं। ऐसी स्थिति में सामान्य पाठक को यदि नयी कविता (या छायावादी भी) दुरूह प्रतीत हो तो कुछ आश्चर्यजनक नहीं है और इसका वास्तविक समाधान अभिनवगुप्त द्वारा बताया गया 'विशदीभूत मनोमुकुर' ही है न कि नयी कविता को गाली देना।

यहीं पर एक प्रश्न यह पूछा जा सकता है कि पढ़े-लिखे काव्यानुशीलन में अभ्यस्त प्रोफेसर साहब को क्यों नयी कविता दुरूह लगती है? इसका पहला उत्तर तो यही है कि प्राध्यापक बन जाने के साथ ही कोई संस्कारी भी वैसा ही हो जाये, कम से कम आजकल यह आवश्यक नहीं है। दूसरी बात यह है कि शिक्षा के जो पाठ्यक्रम हमारे यहाँ निर्धारित हैं ये उस शिक्षित अध्यापक को पहले से ही एक प्रकार से 'कण्डीशण्ड' कर देते हैं। स्पष्ट है कि ऐसे व्यक्ति की प्रतिक्रियाएँ 'विशदीभूत' न होकर मनोविज्ञान की भाषा में 'कण्डीशण्ड रेफलेक्सेज' की हो जाती हैं। तीसरी महत्त्वपूर्ण बात यह है कि पहले विकास की गति इतनी धीमी थी कि कोई भी काव्यान्दोलन या प्रवृत्ति

सैकड़ों वर्षों तक चलती रहती थी और जब उसमें परिवर्तन भी होता था तो इतने धीमे कि पाठक उसे जान ही नहीं पाता था। अतः उस समय के काव्यानुशीलन से जो चित्त का संस्कार होता था उसमें समसामयिक काव्य के लिए पीठिका बनी रहती थी, परन्तु आधुनिक काल में ऐसा नहीं है। विकास की प्रक्रिया इतनी तीव्र है और इसी कारण परिवर्तन इतनी तेजी से घटित होते हैं कि कोई भी प्रवृत्ति अधिक दिन नहीं चल पाती। भक्तिकाल 300 वर्ष से अधिक रहा और रीतिकाल 200 वर्ष—पर छायावाद की आयु 20 वर्ष की ही रही, प्रगतिवाद-प्रयोगवाद 14 वर्ष और अब दस वर्ष के भीतर ही नयी कविता के निष्प्रभ होने की चर्चा होने लगी है। इसके अतिरिक्त अब पृष्ठभूमि में कोई एक काव्यपरम्परा या कलाप्रवृत्ति न होकर अनेक देशों एवं युगों की प्रवृत्तियाँ हैं। इनके कारण किसी एक ही परम्परा का अनुशीलन करने वाला व्यक्ति इन विविध प्रभावों या परिवर्तनों को दुरूह समझने लगता है। यह बात हिन्दी के अध्यापक पर भी पूरी तरह सही उतरती है। यदि एक बात कहने के लिए क्षमा किया जाये तो मैं एक तथ्य की ओर इंगित करना चाहूँगा : नयी कविता का कवि अधिक बहुपठित, बहुश्रुत एवं शिक्षित (एकेडेमिक दृष्टि से भी) है बजाय अपने पूर्ववर्तियों के। छायावादी कवि का अध्ययन जहाँ कुछ दार्शनिक-साहित्यिक ग्रन्थों एवं अंग्रेजी के रोमैण्टिक काव्य तक सीमित था, वहीं आज का कवि विविध देशों के साहित्य, विविध विचारधाराओं, दर्शनों आदि से परिचित या अनुप्रेरित है। अपने सृजन के इस अन्तर्राष्ट्रीय स्वभाव या प्रभाव के कारण यह काव्य बहुतों को दुरूह प्रतीत होता है। पर मैं नहीं जानता कि इस कारण कोई व्यक्ति यह कहना चाहेगा कि आधुनिक कवि पढ़ना बन्द कर दें।

रचनाकारों को भी तमाम रचनाएँ जब दुरूह लगती हैं तब ध्यान यही रखना चाहिए कि ऐसे समय वे भी सामान्य पाठक के स्तर पर रहते हैं; अथवा आज के कवि की जटिल रचनाप्रक्रिया के उस स्तर पर नहीं पहुँच पा रहे जहाँ से कि उसने लिखा है। वास्तव में बोधगम्यता में ही बुद्धि का प्रश्न लगा है और जब बुद्धि की बात है तो सप्रयास अर्जित करने का भाव अपने आप आ जाता है। अर्जित करने की इस बात को एक उदाहरण के द्वारा समझाया जा सकता है। यह एक स्वीकृत एवं मान्य बात है कि सामाजिक-आर्थिक परिवर्तनों के कारण साहित्य में चित्रित मानवमूर्ति का रूप भी बदलता रहता है। अब यदि इस परिवर्तन करने वाले आधार एवं परिवर्तनमान आधेय को बुद्धिपूर्वक ग्रहण न करें तो उस रचना के निहितार्थ स्पष्ट न हो सकेंगे। हिन्दी से उदाहरण लें : भारतेन्दुकाल के साहित्य में राष्ट्रीय भावना का जो स्वर है वह स्पष्ट और पैना न होकर द्विविधाग्रस्त है पर द्विवेदीयुग में वह पुनरुत्थानवादी हिन्दू राष्ट्रीयता में अधिक आकार ग्रहण करता है। राष्ट्रीय आन्दोलन के प्रभाव तले बढ़ने वाले छायावादी काव्य में राष्ट्रीयता का हिन्दूवादी स्वरूप कमजोर पड़ता है और विश्वमानव की हलकी सी स्वीकृति मिलने लगती है।

प्रगतिवादी साहित्य में राष्ट्रीयता की धारणा में और बड़ा परिवर्तन मिलने लगता है। अब संघर्ष केवल विदेशी शासन के ही नहीं शोषक के भी विरुद्ध हो जाता है। मानवता की धारणा व्यापक होती है; वर्गों को स्वीकृति मिलती है। प्रगतिवाद के समानान्तर प्रयोगवाद में समुदाय एवं वर्ग के स्थान पर वैयक्तिक मनुष्य की अपनी नियति को ढूँढ़ने का प्रयास मिलता है। नयी कविता में आकर वैयक्तिक एवं सामाजिक दायित्वों का सन्तुलन भी हमें मिलता है तथा मानवता की धारणा अधिक गहरी होती है। एक प्रकार की सार्वदेशिक (कॉस्मोपालिटन) गन्ध इस साहित्य में विशिष्ट रूप में उपलब्ध होने लगती है। विकास की 'डाइलेक्टिक्स' को जो भी व्यक्ति (चाहे वह प्रोफेसर हो या पाठक) अपने मन में नहीं रखेगा वह आधुनिक काव्य के प्रति दुरूहता का आरोप लगाएगा। इस प्रक्रिया का अर्जन प्रयासपूर्वक ही किया जा सकता है। अतः मैं कहना चाहता हूँ कि बोधगम्यता का प्रश्न कविता से अधिक भावक का है।

यहीं पर एक सवाल यह भी हो सकता है कि क्या बोधगम्यता और सरलता समानार्थी है? अथवा बोधगम्यता का विलोम दुरूहता है? अथवा यह कि काव्य का यथार्थ निकाल लेना ही बोधगम्य होने का प्रमाण है? एंपसन द्वारा गिनाई गयी सात प्रकार की अस्पष्टताओं (सेवेन टाइप्स ऑफ एंबिग्युटीज) की शास्त्रीय चर्चा में पड़ना इस निबन्ध के स्वर के विपरीत होगा; अतः उसे छोड़कर अगर विश्व के तमाम पुराने साहित्य को हम साक्षी बनावें तो यह बात अत्यन्त सरलता के साथ देखी जा सकती है कि श्रेष्ठ काव्य की कसौटी सरलता कहीं नहीं है। काव्य के जटिल स्तर ही उसकी महानता के प्रमाण होते हैं। जटिल स्तरों वाली इस प्रक्रिया का ही परिणाम होता है कि कविता के गद्यार्थ (या विविध कलाकृतियों के गद्यार्थ) सदैव ढूँढ़े नहीं निकलते। इस कठिनाई को अध्यापक से अधिक कोई नहीं जानता कि पुराने कवियों का गद्यार्थ कभी-कभी कितना बड़ा सरदर्द बन जाता है। अर्थ ढूँढ़ने की यह प्रक्रिया बहुधा अनर्थों की या गलत अर्थों की सृष्टि करती है। सामान्य जीवन में कितनी ही बार लोगों को मैंने ऐसे गीत गाते सुना है जिनमें कि नितान्त भिन्न शब्द उन्होंने स्थानान्तरित कर लिए हैं और ये स्थानान्तरित शब्द भी उनके मन में संवेगात्मक प्रतिक्रिया (रेस्पांस) जगा देते हैं। इससे यह सिद्ध होता है कि लोग अपनी-अपनी मनःक्षमता के अनुसार प्रतिक्रियाएँ करते हैं—कलाकृतियों के प्रति। खजुराहो की मूर्तियों के प्रति भिन्न-भिन्न प्रतिक्रियाएँ आप बखूबी देख सकते हैं। अतः गद्यार्थ जानने की अपेक्षा कलाकृति में यह देखना अधिक आवश्यक है कि उसमें संवेग जगा सकने की क्षमता है या नहीं। राग-रागिनियों के पुराने चित्र हम सभी ने देखे होंगे पर अधिकांश उन चित्रों को देखकर यह नहीं बता सकते कि कौन-सा चित्र किस रागिनी का है। इस गद्यार्थ को न जानते हुए भी वे चित्र हमें प्रीतिकर लगते हैं। यदि एक रचना समान अनुभूतियों को जगाने के स्थान पर भिन्न-भिन्न

मनःस्थितियों में विद्यमान शतधा वर्गों में विभक्त पाठकसमाज में विभिन्न संवेग या प्रतिक्रियाएँ जगा सकती है तो उसे दुरूह या अबोधगम्य क्यों माना जाये? वस्तुतः साधारणीकरण की धारणा में इस मौलिक बदलाव के कारण आज की तमाम कविता बिम्बबहुल हो गयी है और इसीलिए अधिक दुरूह भी।

अगर आज की कविता दुरूह या बोधगम्य है ही, तो क्या उसकी शब्दावली कहीं अन्यत्र से आयात कर ली गयी है? आखिरकार शब्द तो वही हैं, कोष में उनके अर्थ भी मिल जाते हैं। तब यही हो सकता है कि उनका प्रयोग कुछ ऐसा विशिष्ट होता है कि उसमें अस्पष्टता आ जाती है। वास्तव में यह सारी समस्या भाव और भाषा के सम्पुंजन एवं समायोजन की है। इस बात को अब बराबर कहने की कोई आवश्यकता नहीं कि आधुनिककाल में देश, काल और ज्ञान-विज्ञान के इतने आयाम उद्घाटित हुए हैं कि वे मनुष्य को चमत्कृत भी करते हैं और कलाकार पर एक अतिरिक्त दायित्व भी डालते हैं। आज इतनी नयी, गहन और विचित्र समस्याएँ, प्रश्न या समाधान सामने आते हैं कि अब तक चली आती भाषा उन सबको ठीक से कह सकने में अक्षम हो जाती है। युद्ध और शान्ति जैसे शब्दों को ही लिया जाये; आज से दो सौ वर्ष पूर्व इन शब्दों द्वारा जो संकेतित होता है क्या वही आज भी संकेतित होता है? जिस युग ने हाइड्रोजन बम की विभीषिका नहीं जानी वह शान्ति की ऐसी तीव्र आवश्यकता का अनुभव भी नहीं कर सकता और युद्ध के भय से इतना आक्रान्त भी नहीं हो सकता। ऐसी स्थिति में जिस समय आज का कवि इन नयी चित्तवृत्तियों को वाणी देना चाहता है तब वह नये शब्द गढ़े (नयी कविता में गिरिजाकुमार माथुर ने अनेक नये शब्द गढ़े हैं और उनकी व्याख्याएँ दी हैं) जो कि स्पष्टतः एकदम दुरूह हो जावेंगे, क्योंकि शब्द सामाजिक स्वीकृति के बिना नहीं चलता; अथवा वह युद्ध और शान्ति के लिए ऐसे बिम्बों, वाक्यों को लावे जो इस विभीषिका या आवश्यकता को प्रकट कर सके—इस कार्य में भी भाव की नवीनता के आग्रह से प्रयोग की जो नवीनता आती है वह भी अपेक्षाकृत उतनी स्पष्ट नहीं हो पाती। ऐसे ही जिन क्षेत्रों से उपमान चुन कर आते हैं वे बहुधा विशेषीकरण की शिक्षा वाले युग में लेखक और पाठक के लिए समान परिचित नहीं होते, परिणामस्वरूप दुरूहता का आरोप सहज ही लगने लगता है। शब्दों या उनके मन्तव्यों को कभी-कभी तोड़कर विरूप (डिस्टार्ट) कर सामने लाया जाता है और कभी-कभी नितान्त अजाने प्रतीक भी आ जाते हैं। तत्काल ये सभी अपरिचित लगते हैं पर धीरे-धीरे सांस्कृतिक वातावरण में घुलमिल कर बोधगम्य बन जाते हैं। अतः बोधगम्यता की समस्या का अधिकांश तात्कालिक भी हुआ करता है—विशेष रूप से उसका आशंका और आपत्ति वाला पहलू। पर कलाओं का पुनर्नवीकरण भी होता है और अनदेखा विकास भी। बोधगम्यता का प्रश्न उठा कर न तो उसे बाधित करना उचित होता है और न हतोत्साहित।

पर इतना अवश्य है कि जहाँ पर जानबूझ कर दुरूहता की स्थापना की जाये, टूटे-खण्डित वाक्य या बिम्ब ही रखे जायें, बौद्धिक पाठक को झुठलाने के लिए एकदम अचम्भे के बच्चे को जन्म दिया जाये; जहाँ न लय पर ध्यान हो न संवेग जगा सकने की क्षमता—उस सबका खण्डन और तिरस्कार अवश्य होना चाहिए। पर इस खण्डन के पूर्व यह आवश्यक है कि पहले इसकी जाँच कर ली जाये कि कहीं ऊपर बताई गयी स्थितियों के कारण तो ऐसा प्रतीत नहीं हो रहा। यह चेतावनी इसलिए अधिक आवश्यक है, क्योंकि मुझे लगता है कि हिन्दी में बोधगम्यता का प्रश्न उठाकर जो निन्दा 'नयी कविता' की हुई है उसके पीछे पूर्वग्रह अधिक है तथ्य कम। अन्यथा हिन्दी की नयी कविता में दुरूह अंश बहुत कम हैं (उसे बहुत से लोग कमजोरी भी मानने की दलीलें दे सकते हैं), बड़ी संख्या ऐसी कविताओं की है जिनके गद्यार्थ भी ढूँढ़े जा सकते हैं।

नयी कविता और काव्यविषयों का अभाव

आधुनिक कविता में यथार्थ के प्रसार के साथ-साथ यह धारणा व्यापक होती गयी कि कविता के लिए कोई भी विषय अकाव्यात्मक नहीं होता है। मध्यकाल की काव्यविषयों वाली धारणा से यह नितान्त पृथक् भूमि है। पर नयी कविता तक पहुँचते-पहुँचते ऐसा लगा कि सभी कुछ को काव्यात्मक मानने वाली यह धारणा मात्र क्षुद्र, उपेक्षित, गलित या कुण्ठित के चित्रण में ही सीमित हो गयी है। और इस दिशा में भी ऐसा आभासित होता है कि मध्यवर्ग की वेदना-कुण्ठा पीड़ित व्यक्ति के गलितांशों को ही चित्रणीय मान लिया गया है। बहुसंख्यक कवि विद्यमान परिस्थितियों के इन्द्रजाल के भीतर ऐसी ही स्थितियों के चित्रण को यथार्थ मानकर सन्तोष का अनुभव करते रहे। आलोचकों ने भी इन क्षुद्र (विषयोंवाली) कविताओं की तथाकथित सामाजिक संगति दिखाकर उन्हें मान्यता प्रदान की। अधिकांश प्रकाशित होनेवाली कविताओं को ध्यान से देख जाइए तो प्रणय सम्बन्धी असफलताओं, आर्थिक कष्टों एवं कुछेक प्रकृतिचित्रों तक ही उनका बहुलांश सम्बन्धित दीखता है। अधिकांश हर महीने प्रकाशित होनेवाली साम्प्रतिक कविताओं में इसी कारण एक विचित्र सी एकरसता और ऊब मिलती है। लगता है कि यथार्थ के प्रसार के साथ जिस विषयभूमि का प्रस्तार हुआ था वह पुनः समाप्त हो गया है और पुनः काव्यविषयों के एक छोटे से दायरे में हम बँध गये हैं। कभी-कभी लगता है कि कविता के पाठकों की कमी उतनी नहीं है जितनी कि उन विषयों की कमी हो गयी है जिन पर कविताएँ लिखी जायें।

सवाल यह है कि भारतवर्ष के जीवन में क्या ऐसा कुछ नहीं रहा है जिसकी प्रशंसा की जा सके? याकि जीवन के एक श्रेष्ठ पहलू के रूप में स्वीकारा जा सके? मैं जानता हूँ कि तमाम टुटपुँजिए राजनेता, मिनिस्टर एवं भारतवर्ष के अरूप अतीत के साथ भावाभास को महसूस करने वाले इस कथन का विरोध करेंगे। कोई निहायत सामान्य बौद्धिक स्तर का मिनिस्टर किसी बाँध, कारखाने या बिजलीघर की महानता की ओर इंगित करेगा तो कोई शस्य-श्यामला भूमि की नैसर्गिक सुषमा का द्विवेदीयुगीन मनोवृत्ति वाला इतिवृत्त बताना चाहेगा। एक नागरिक के नाते कवि भले ही इन चीजों की प्रशंसा करे पर एक कलाकार के उत्तरदायित्वों के साथ

आने वाला व्यक्ति यह भी महसूस कर सकता है कि हमारी तथाकथित सहिष्णुता, उदारता, सामाजिक स्थितिशीलता, मानवतावाद या अहिंसा आदि एक टुटपुँजिया मनोवृत्ति एवं कायर वाणी के प्रकाश हैं। इसके साथ ही तथाकथित यथार्थपरक लेखक जब तमाम कुण्ठित, पीड़ित या वमनशील स्थितियों का चितेरा बन जाता है (और आज की अधिकांश महत्त्वपूर्ण कविता इसी प्रकार की आ रही है) तब लगता है कि, कविता उस ऊँचाई से हट रही है जहाँ पर कि एक प्रकार की 'दार्शनिक' (मेटाफिजिकल) कार्यवत्ता को भी अपना लेती है—मात्र सामाजिक या मनोवैज्ञानिक ही नहीं। इसी सन्दर्भ में यह भी याद रखना महत्त्वपूर्ण है कि इन क्षुद्र एवं गलित स्थितियों के प्रति इन कविताओं में क्रोध का भाव उतना नहीं मिलता है जितना कि एक स्वीकृति या अधिक से अधिक किंचित द्रवणशीलता का। मजा यह है कि आलोचना भी इसी सामाजिक या मनोवैज्ञानिक भूमिका का अतिक्रमण नहीं कर पा रही है। वह भी जैसे भुला बैठी है कि कविता का एक आयाम आंटोलाजिकल और मेटाफिजिकल भी होता है।

इस टुटपुँजिएपन एवं काव्यविषयाभाव का एक प्रमुख कारण मुझे यह लगता है कि हम अपने देश के इतिहास के केन्द्र से विच्युत होकर अतीत एवं भविष्यहीन कतिपय साम्प्रतिक स्थितियों के जाल में घिर कर रह गये हैं। अन्यथा साम्प्रतिक जीवनबोध एवं आधुनिकताबोध की एक प्रक्रिया यह भी होती है कि अतीत के इतिहास, पुराणगाथाओं एवं पुराप्रतीकों को नये सिरे से सिरजा एवं उकेरा जाता है।

इधर ले-देकर नये और आधुनिक न होते हुए भी दिनकर ने 'उर्वशी' का एक प्रयोग किया तो वह अपने स्वागत की भेरियों एवं शहनाइयों में ही डूब गया। इतने असफल एवं छिछले प्रयोग की इतनी धूमधाम से स्तुति इसके पहले कभी नहीं हुई।

अगर इतिहास एवं अतीत की बात न भी उठाई जाये तो जिन असफलताओं, कष्टों एवं वेदनाओं को इतना बका जा रहा है, उन्हीं के जटिलतम एवं महत्तम रूप को आँकने की चेष्टा कहाँ हुई है? क्रान्ति, प्रतिक्रान्ति, युद्ध, अकाल, दण्ड, भुखमरी, प्रणय-तिरस्कार के विराट चित्र क्यों नयी कविता में नहीं उपलब्ध हो रहे हैं? काल्पनिक स्थितियों को लेकर लम्बी वर्णनात्मक कविताएँ नयी कविता में क्यों विरल ही हैं? 'अन्धा युग', 'असाध्यवीणा' या मुक्तिबोध की कुछ कविताएँ अपवाद जैसी लगती हैं। सब मिलाकर पिछले दो-तीन वर्षों में बिना जाने ही कविता जिस छोटेपन के स्तर तक जा पहुँची है उसकी ओर हमारे कलाकारों को ध्यान देना चाहिए। यदि राष्ट्र के राजनीतिक, आर्थिक एवं शैक्षिक जीवन का टुटपुँजियापन (फिलिस्टिनिज्म) उनको भी ग्रस जायेगा तो हमारे सांस्कृतिक जीवन के लिए एक भयानक दुर्घटना सिद्ध होगी।

मुक्तिबोध की कविता : जीवन का आत्मज सत्य

मुक्तिबोध लम्बी कविताओं के कवि हैं। मुक्तिबोध दुरूह और अस्पष्ट कवि हैं।

मुक्तिबोध शब्दबाहुल्य और वाग्स्फीति के कवि हैं।

मुक्तिबोध असंगत बिम्बों एवं अधटूटे प्रतीकों के कवि हैं।

मुक्तिबोध दमतोड़ लय वाले प्रलम्बित वाक्ययुक्त छन्दों के कवि हैं।

मुक्तिबोध बीहड़ और खुरदरी भाषा के कवि हैं।

मुक्तिबोध में शिल्प और संस्कार का बोध नहीं है।

मुक्तिबोध आत्मसंघर्ष के कवि हैं। वे व्यक्तिवादी हैं।

मुक्तिबोध सामाजिक दायित्वों के कवि हैं। वे समाजवादी हैं।

मुक्तिबोध अनास्था के कवि हैं।

मुक्तिबोध आस्था के कवि हैं।

मुक्तिबोध कन्फर्मिस्ट हैं—सहर्ष स्वीकारा है।

मुक्तिबोध नानकन्फर्मिस्ट हैं—चाँद का मुँह टेढ़ा है।

इसी प्रकार के विरोधाभासों में से एक यह भी है कि मुक्तिबोध के काव्य की चर्चा बहुत ही कम हुई है। फिर भी ऊपर कही गयी बातें लिखी या कही जाती रही हैं। और तमाम उपेक्षाओं के बीच भी मुक्तिबोध का व्यक्तित्व अपनी जगह बनाता गया है। वह जनप्रिय कवि नहीं थे और न कभी होंगे। पर वह बड़े कवि थे तथा आगे और भी बड़े माने जायेंगे। इस महत्त्व का बोध लोगों को किसी न किसी स्तर पर होता रहा है। इसी कारण ऊपर लिखे मन्तव्य या आक्षेप जब-तब सुनाई पड़ते रहे हैं। यही नहीं, नये लेखकों का एक छोटा सा वर्ग बराबर उनके महत्त्व के प्रति सचेत रहा है। इसी कारण नये लेखक के नेपथ्य से अनजान व्यक्तियों के लिए मुक्तिबोध का नाम अचानक परिचयक्षेत्र में घुसता सा लगा; पर आधुनिकता के संघर्ष के भागीदार लोगों के लिए वे महत भी थे और आत्मीय भी। यों उनकी कविताएँ लगातार आलोचकों को कठिनाई में डालती आयी हैं। उनके बारे में कमिट करने से लोग कतराए भी हैं या कुछ कहकर फिसले भी हैं। परिणाम ऊपर लिखे मन्तव्य हैं। पर मैं कहना चाहूँगा कि मुक्तिबोध के बारे में ऊपर लिखे मन्तव्य बहुत दूर तक ठीक बैठते हैं—प्रशंसाएँ

भी और आक्षेप भी। पर इन सब आक्षेपों या प्रशंसाओं के परिप्रेक्ष्य बहुधा भ्रमपूर्ण रहते आये हैं, बहुत कुछ नासमझी से पैदा हुए हैं। शायद इसलिए कि उनके कृतित्व का कोई संकलन सामने था नहीं और उनकी समग्र संवेदनात्मकता (जिसके अन्तर्गत 'ज्ञानात्मक' संवेदनाएँ भी हैं और 'संवेदनात्मक ज्ञान' भी) और उसके संयोजन-संगठन पर ध्यान नहीं दिया जा सका।

वस्तुतः मुक्तिबोध ने अपने स्वप्नकथा (फन्तासी) शिल्प के भीतर परस्पर विरोधी तमाम बातों का समाहार किया है। उनमें एक ओर आदिम व्यंजना का अनगढ़पन है और दूसरी ओर जीवन के नाना क्षेत्रों से बिम्बों की भीड़ (और ये बिम्ब भी लगातार एक-दूसरे की व्याख्या करते चले आते हैं।) एक ओर उनमें छन्द की एकरसता है और दूसरी ओर भाषणशैली का वेग। 'फन्तासी' मुक्तिबोध की सृजनप्रक्रिया के अनुसार गतिशील और सोद्देश्य होती है, अतः जब तक 'उद्देश्य' तक नहीं पहुँच जाती तब तक समाप्त नहीं होती और इसी क्रम में उसकी लम्बाई खासी बढ़ जाती है। इसमें एक ओर अनगढ़ भाषा, एकरस छन्दयोजना आदि की आदिमशक्ति रहती है और दूसरी ओर अनुभव को 'कलात्मक नमूनों की पुनर्रचना' में व्यक्त करने की प्रक्रिया तीव्र गहन रूप से बौद्धिक होती है। इस गहन बौद्धिकता के तले ही वह अकसर अपनी इन स्वप्नकथाओं के क्रम को उलट-पलट देते हैं—ठीक स्वप्न की तरह। पर ध्यान रहे यह स्वप्न की तरह होता है—स्वप्न नहीं। जो व्यक्ति मुक्तिबोध के इस स्वप्न कथाशिल्प को नहीं देख पाता, उसके लिए उनकी कविताएँ दुरूह ही बनी रहती हैं।

उनकी कविताओं के इस शिल्प के अन्तर्गत आधुनिक जीवन की दशादुर्दशा के ऊपर अकसर पुराण, दन्तकथा, प्रकृति, क्लासिकल कला आदि के संसार आरोपित कर दिये जाते हैं या फिर प्रकृति के कुछ भयावह पक्षों के बिम्बों की राशि एक के ऊपर एक जमा दी जाती है। इनमें न तो कोई सम्पर्क जोड़ने की प्रवृत्ति दिखाई देती है और, अकसर ही, न कोई व्यवस्था या टिप्पणी होती है। उसकी बजाय पद्य की सख्त पैनी पंक्तियाँ, उदास एवं उपहासास्पद के विकल्प और प्रत्यक्षतः असंगत बिम्ब अपना प्रभाव अपने आप छोड़ने के लिए अकेले रह जाते हैं। पाठक को अपने निजी अनुभव के भीतर ही इन कविताओं को पूरा करना होता है। वस्तुतः 'निहितार्थ' उनका सबसे सबल काव्य अस्त्र है और इसीलिए उनकी कविता पाठक से आधे रास्ते मिलने की माँग करती है और बिना उसके वह अस्पष्ट और अधूरी रहती है।

जिस युग में मूल्यों के सामान्यतया स्वीकृत मानदण्डों का अभाव हो गया हो, या उन विश्वासों की कमी हो जिन्हें कवि स्वीकृत सा जानकर ग्रहण कर लेता है, यह 'निहितार्थ' वाली विधि, फन्तासी के अजीबोगरीब प्रतीक या बिखराव अत्यधिक मूल्यवान बन जाते हैं। इस रूपबन्ध से एक ओर तो कवि उन प्रत्यक्ष वक्तव्यों से बच जाता है जो पाठक को स्वीकार नहीं हो सकते हैं, और इस प्रकार पाठक अपने अनुसार उन अर्थों को निकालने के लिए मुक्त रहता है और दूसरी ओर आधुनिक

जीवन की बेहद जटिलता के लिए एक उपयुक्त 'फार्म' पा जाता है। यह आकस्मिक नहीं है कि 'फन्तासी' और प्रतीकों का यह शिल्प यूरोप के इस समय के सर्वाधिक चर्चित लेखक काफ्का का सबसे प्रिय और शक्तिशाली माध्यम है—यही नहीं रिल्के, येट्स एवं इलियट भी इस शिल्प में अपने गणनीय काव्यमूल्यों को रूपायित करने में सफल हुए हैं। शायद मध्ययुग का वास्तविक माध्यम रूपक या अन्योक्ति (अलेगरी) था और आधुनिक जटिलता का सबसे सफल माध्यम स्वप्नकथा। अन्य भारतीय भाषाओं के बारे में मैं नहीं जानता, पर कहना न होगा कि हिन्दी में इस माध्यम का मुक्तिबोध से अधिक सफल प्रयोग किसी ने नहीं किया है।

मुक्तिबोध के सामने भी वस्तुतः एक ओर अप्रतिमता, अद्वितीयता, लेखक की तीखी व्यक्तिवादिता के सिद्धान्त थे और दूसरी ओर मार्क्सवादी विश्वासों के अनुरूप गहन सामाजिकता और सामाजिक दायित्व का संकल्प भी उनके भीतर था। और इस द्वन्द्व को भी फन्तासी के उस शिल्प में ही समाधान मिला है। ये कविताएँ प्रत्यक्षतः जहाँ एक ओर गहन रूप से आत्मपरक दीखती हैं वहीं दूसरी ओर सामाजिक सम्बन्धसूत्रों की खोज और उद्घाटन भी उनमें घटित होता चलता है। सम्बन्धों की इस खोज को ठोस आधार देने के लिए ही उन्होंने अपनी कविताओं और डायरी दोनों में ही अपने ही व्यक्तित्व के एक पूरक अंश को अलग कर उसे सम्बोधित किया है। डायरी में तो यह संलापशैली के आस-पास है; पर काव्य में अकसर यह एक प्रकार के आन्तरिक एकालाप (इण्टीरियर मोनोलाग) में बदल गया है। नियमित तर्कबद्ध संगत कथा न होने के कारण संवाद की संगति नहीं रखी गयी। हिन्दी कविता में इस आन्तरिक एकालाप पद्धति का इतना सटीक उपयोग भी मुक्तिबोध के अतिरिक्त केवल शमशेर में मिलता है।

मुक्तिबोध और शमशेर दोनों ही नितान्त भिन्न संवेदनाओं के कवि हैं, पर क्या यह आकस्मिक है कि दोनों ही मार्क्सवादी हैं और दोनों ने ही सुररियलिस्ट शिल्प का प्रयोग किया है। कहीं उसके भीतर उस आतंक का विरोध करने का कलात्मक ढंग तो निहित नहीं है जो आधुनिक पूँजीवादी सत्ता 'स्वतन्त्रता एवं जनतन्त्र' के नाम पर लादती है। 'डूबता चाँद कब डूबेगा' में स्वयं मुक्तिबोध कहते हैं—

त्यागे मन्दिर के अध-टूटे गुम्बद पर स्थित
घुग्घू की आँखों को अब तक कोई धोखा नहीं हुआ,
उसने देखा—
झरने के तट पर रोता है कोई बालक,
अँधियारे में काले सियार से घूम रहे
मैदान सूँघते हुए हवाओं के झोंके।
झरने के पथरीले तट पर
सो चुका, अरे, किन-किन करके कुछ रो-रो के

चिथड़ी में सद्योजात एक बालक सुन्दर।
आत्मारूपी माता ने जाने कब त्यागा
जीवन का आत्मज सत्य न जाने किसके डर?
माँ की आँखों में भय का कितना बीहड़पन
जब वन्य तेन्दुओं की आँखों से दमक उठे
गुरु शुक्र और तारे नभ में,
जब लाल बबर फौजी जैसा
जो खूनी चेहरा चमक उठा
वह चाँद कि जिसकी नजरों से
यों बचा-बचा
यदि आत्मज, सत्य यहाँ रक्खे झरने के तट
अनुभव-शिशु की रक्षा होगी
ऐसे ही भाव लिए अनगिन लोगों ने यों
अपने जिन्दा सत्यों का गला बचाने को
अपना सब अनुभव छिपा लिया,
हाँ में हाँ, नहीं—नहीं में भर
अपने को जग में लगा लिया।

अपनी डायरी में भी उन्होंने कहा कि तमाम अनुभव संवेदन 'भूमिगत' हो जाते हैं, उपयुक्त अवसर के अभाव में। अन्य लोगों से मुक्तिबोध का अन्तर यही है कि वह अपनी इन भूमिगत संवेदनाओं को स्वप्नकथा के भीतर पुनः उबार लाते हैं जबकि दूसरे लोग कुछ गिने-चुने 'भाव-समुदायों' को ही अभिव्यक्ति देते रहते हैं।

मुक्तिबोध ने जीवनभर साहित्य के केन्द्रों से अलग रहना उपयुक्त समझा : 'साहित्य के लिए साहित्य से निर्वासन आवश्यक है' (एक साहित्यिक की डायरी, पृ. 59), पर यह देख कर आश्चर्य होता है कि उनकी कविता प्रान्तीय छोटे कस्बों की उस गन्ध से मुक्त है जो अकसर इन जगहों में रहने वालों में पायी जाती है। उनका काव्य आधुनिकता की जटिल स्थितियों की गहनतम अभिव्यक्ति है। भय, आतंक, अकेलापन, जिज्ञासा, कौतूहल, दुश्चिन्ता आदि उनके काव्य में 'कलात्मक नमूनों' में रचित हुए हैं। 'डूबता चाँद कब डूबेगा' वस्तुतः राजनीतिक कविता नहीं है। वह साम्प्रतिक मानवीय परिस्थिति, उसके 'टोटल हारर' और उससे लड़ने के अदम्य विश्वास की कविता है। इसी प्रकार उनकी 'चम्बल की घाटी में' शीर्षक कविता आज की तमाम 'लाभ-लोभ अर्थवादिनी दस्युसत्ता' की व्यंजक है। इस प्रकार की उनकी कविताओं को पढ़ते समय काफ्का के 'ट्रायल' या 'कैसिल' के प्रसंग संस्कारी पाठक के चित्त में सहज ही कौंध जाते हैं।

मुक्तिबोध की स्थिति हिन्दी में बहुत कुछ डब्ल्यू.बी. येट्स से मिलती-जुलती है। मुक्तिबोध यद्यपि आधुनिकतावादी कविताओं के प्रारम्भकर्ताओं में से एक हैं, पर उसके शोरगुल और वाद-विवाद से वह अलग रहते आये हैं। और इस प्रकार उपेक्षित भी रहे हैं। पर भीतर-भीतर यह असम्पृक्त कवि अपने पूरे समसामयिक जीवन और परम्परा से प्रतिबद्ध रहा है। और इन सभी आन्दोलनों की उपलब्धियों को समेटता रहा है। वस्तुतः शमशेर ने बहुत ठीक पहचान का परिचय दिया है–

> *मुक्तिबोध ने छायावाद की सीमाएँ लाँघ कर प्रगतिवाद से मार्क्सी दर्शन ले, प्रयोगवाद के अधिकांश हथियार सम्हाल और उसकी स्वतन्त्रता महसूस कर, स्वतन्त्र रूप से सब वादों और पहियों से ऊपर उठ कर निराला की सुधरी और सुखी मानवतावादी परस्परता को आगे बढ़ाया।*
>
> (धर्मयुग, 20 सितम्बर '64)

मुक्तिबोध ने निराला से छन्द और लम्बी कविता का काव्यरूप ही नहीं लिया। प्रसाद की 'कामायनी' को फन्तासी के रूप में विश्लेषित करके पुरानी कृति को अपने सृजन के लिए प्रसंगानुकूल बनाया। निराला ने लम्बी कविताओं में पौराणिक गाथाओं को आधुनिक गाथाव्याख्या देनी चाही थी। मुक्तिबोध ने पौराणिक कथा के परिच्छेद को त्याग दिया। (पौराणिक प्रतीक और अन्तःकथाएँ भले ही बराबर आती रहीं) और उसके स्थान पर अपनी कल्पना से स्वप्नकथाओं की सृष्टि की और इस प्रकार निराला ने काव्यरूप की सम्भावनाओं का अमित विस्तार किया। जहाँ तक प्रयोग और अन्वेषण का सवाल था मुक्तिबोध ने एक ओर तो इस फन्तासी-शिल्प में प्रयोग किये और अन्वेषणों के लिए वह व्यक्ति और समाज के सम्बन्धसूत्रों की ओर गये। प्रगतिवाद से उन्हें अपना विश्वास और आग्रह मिला और काव्येतर होते हुए भी वह उनके काव्य की भूमिका बन गया। नयी कविता की सहजता, खुलापन, व्यापक विश्वदृष्टि, प्रतीकों और बिम्बों के प्रयोगों को भी उन्होंने अपनी रचनाशीलता में समन्वित किया। और इस प्रकार सबसे अलग रहते हुए भी येट्स के समान ही वह सबसे अधिक महत्त्वपूर्ण कवि बन सके।

'ओ अप्रस्तुत मन' : भूमिका और संग्रह

भारत भूषण अग्रवाल की कविताओं के संग्रह 'ओ अप्रस्तुत मन' की समीक्षा लिखते समय मेरे मन में हिचक का उठना स्वाभाविक है, जब कि कवि ने हिन्दी समीक्षा की खामियाँ बताते हुए ऊर्ध्वबाहु यह घोषणा कर दी हो : 'यदि आज भी हिन्दी कविता अपने अस्तित्व पर गर्व कर सकती है, तो इन आलोचकों की असमर्थता के ही कारण।' पर मुझे एक सहारा भी है। यदि कवि अपनी तमाम कमजोरियों एवं असमर्थताओं को एक लम्बी भूमिका में फलसफा झाड़कर उन्हें शक्ति के रूप में दिखाने का प्रयास कर सकता है तो आलोचक असमर्थता के लेबल चिपका दिये जाने का भय होते हुए भी लिखने का साहस तो कर ही सकता है। फिर वह तो 'रचना से सम्पृक्ति' ही होगी।

'ओ अप्रस्तुत मन' में, कविताएँ शुरू होने के पहले एक भूमिका है। यह भूमिका, कवि के कृतित्व एवं मनःस्थिति को समझने में अत्यधिक सहायक है। बहुधा रचनात्मक सृजन एवं उसके आत्मविश्लेषण में एक गहरा अन्तराल प्राप्त होता है। परन्तु समीक्षासंग्रह में इन दोनों के बीच एक गहरी सम्पृक्ति है। यह सम्पृक्ति इतनी आन्तरिक है कि भूमिका का विश्लेषण एवं मूल्यांकन रचना का भी मूल्यांकन होगा। कवि ने जो कुछ भूमिका में कहा है उसका प्रमाण संग्रह में अनुपस्थित नहीं है। भूमिका की समीक्षा करने का एक कारण और भी है : सम्भवतः 'सप्तकों' की भूमिकाओं के बाद इधर प्रकाशित संग्रहों में यह सबसे अधिक महत्त्वपूर्ण और विवादास्पद भूमिका है, जिसमें कि आधुनिक जीवन और परिस्थितियों के मध्य काव्यसृजन के प्रकार, कथ्य एवं भाषा पर बुनियादी प्रश्न उठाये गये हैं (या उठ गये हैं)।

कवि के अनुसार यह उसका पहला संग्रह नहीं है; इसके पहले भी वह कई संग्रह छपा चुका है, पर वह मित्रमण्डली में ही चक्कर लगाकर रह गये, उन पाठकों तक नहीं पहुँच सके, जिन तक पहुँचना हर लेखक के लिए जरूरी होता है। लेखक ने इस 'संकोच' का कारण नहीं बतलाया, यद्यपि आधुनिक कविता के सन्दर्भ में यह प्रश्न निहायत जरूरी है। क्या कवि को यह अविश्वास है कि

'ओ अप्रस्तुत मन' अभीप्सित पाठकों तक पहुँच ही जायेगा। पाठकों तक पहुँचने की समस्या लोकप्रियता से सम्बन्धित है, और लोकप्रियता श्रेष्ठ काव्य की कसौटी है, इसे शायद ही कोई कहने को तैयार होगा। काव्यक्षेत्र (बिक्री की दृष्टि से) के संकुचित होने का एक कारण हमने 'कल्पना' 95 में प्रकाशित 'लेखन एक व्यावसायिक समस्या' में देते हुए कहा था कि काव्यसृजनप्रक्रिया को आधुनिक पूँजीवादी व्यावसायिक जीवन के फार्मूलों में नहीं ढाला जा सकता, और जिसे ढाला जा सकता है, वह कविता अच्छे पारिश्रमिकों के साथ कविसम्मेलनों में गाई भी जाती है और छपकर बिक भी जाती है। दूसरा कारण सम्भवतः यह भी हो सकता है कि प्रत्येक युग की नयी कविता कुछ न कुछ लोकप्रिय अवश्य होती है, क्योंकि निरन्तर विकासमान जीवन के नये अंकुरों की पहचान रचनाकार जैसी हर एक में नहीं होती। इसी अर्थ में कवि सदैव द्रष्टा माना गया है; ज्योतिषी उसे, बेचारे छायावादी ने भी नहीं माना। इसी को आप द्रष्टागुण कह लीजिए या कवि की 'विजन' कहिए या इतिहासबोध के नाम से जानिये, पर इस विशेषता की आवश्यकता पहले भी थी और अब भी है। यह बात दूसरी है कि प्रस्तुत संग्रह के प्रकाशन तक भारत भूषण जी उसे उपलब्ध नहीं कर सके हैं। उस समय तक तो वह उस बहुमत के मन को अभिव्यक्ति देते रहे जो संघर्ष की याद तो रखता है, पर उसमें भाग लेने का साहस नहीं रखता, क्योंकि पता नहीं किस 'बॉस' की जय हो और 'बेचारा बाबू' व्यर्थ पिस जाये :

नहीं कभी भूले संघर्ष
करते रहे विचार-विमर्ष (श)
प्रबल तर्क थे दोनों के, हम क्या करते।
कभी न हो पाया निर्णय
होगी किसकी अन्तिम जय
भूल न कर बैठें : हम सदा रहे डरते।

बहरहाल इस समय यह आशा करनी चाहिए कि प्रस्तुत संग्रह (साथ ही नयी कविता के अन्य संग्रह भी) केवल मित्रमण्डली का चक्कर लगाकर नहीं रह जायेगा।

(अभिव्यक्ति) संकोच के इस बाहरी कारण के अतिरिक्त लेखक ने एक आन्तरिक कारण भी बतलाया है कि वादों, मतों, सम्प्रदायों एवं संगठनों के घटाटोप में वह अपने को अकेला अनुभव करता है। पर यह संकोच क्यों? यदि अकेले चलने में साहस की कमी नहीं है तो फिर हिचक क्यों होने लगी? यों तो काव्यसंग्रह भी एक प्रकार का संगठन ही है—अपने को, स्थापित करने-कराने का प्रयास है। इसके अतिरिक्त वाद या सम्प्रदाय कुछ आधुनिक युग की ही अपनी सम्पत्ति नहीं है, इनसे बँधने या खुले रहने के बावजूद कवियों को आत्माभिव्यक्ति में संकोच नहीं हुआ और उससे उनकी अभिव्यक्ति कुछ हीन हो गयी है, ऐसा भी नहीं लगता।

सगुण मतवाद, पुष्टि सम्प्रदाय से बँधे होने पर भी सूरदास का काव्यपक्ष धुँधला नहीं पड़ा। फिर अनुभूति की ईमानदारी की दुहाई के नाम इन सबको कोसा क्यों जा रहा है? कहीं ऐसा तो नहीं कि प्रकाशनसंकोच भी वास्तव में मध्यवर्गीय मन की एक विशेषता हो, जिसे युक्तियुक्त करने का प्रयास कवि ने किया हो। आखिर अनुभूति किसकी? यथार्थ की ही न। और क्या यह कह सकते हैं कि वादमुक्त हो कर भी आप सत्य (यथार्थ) के सम्पूर्ण स्वरूप का भावन कर लेते हैं। यों भी वास्तविकता के कुछ ही पहलू कलाकार, या और कोई, देख पाता है और वह भी अपनी जागतिक तस्वीर से नियमित-मर्यादित होकर। वाद भी वास्तविकता के पहलू हैं, आवश्यकता सिर्फ इस बात की है कि यदि इनको अपनाएँ तो गहरी तरह—यानी कि ईमानदारी इनके साथ भी निहायत अपेक्षित है। 'मैं कम्यूनिस्ट हूँ' या 'मैं प्रजातन्त्रवादी हूँ' या 'मैं अ-वादी हूँ' कहने मात्र से काम नहीं चलता, नहीं तो फिर एकबारगी ही सारे 'मूल्यों का पानी उतरा' और 'रंग कच्चे' दिखने लगते हैं। इसे भी यदि कोई दृष्टिदोष ही कहे तो क्या अनुचित? इसलिए मेरे मन में शंका है कि जब अनुभूति के प्रति ईमानदार है आपका मन, तब फिर वह अप्रस्तुत क्यों? मुझे लगता है कि जिस मध्यमवर्गीय मन की दुहाई कवि ने बार-बार दी है, उसी की एक वृत्ति यह भी होती है कि कहीं अपना मुलम्मा न उतर जाये, इस कारण वह बाहर आने में अत्यधिक संकोच करता है। इसका अर्थ यह नहीं कि सम्प्रदायों-संगठनों का हम समर्थन करते हैं। 'अहो रूपम् अहो ध्वनि' वाले संगठन जितनी जल्दी टूटें, उतना ही अच्छा। पर उनसे घबराकर यदि कोई मन अप्रस्तुत हो जाये तो उसे कायर ही कहेंगे, चाहे वह कितना ही ईमानदार क्यों न हो। हम यही कहना चाहेंगे कि कवि में जहाँ एक ओर अनुभव की ईमानदारी है, वहीं उसमें अपेक्षित साहस और एक कलात्मक मर्मदृष्टि का अभाव सा है। 'मरणसंगियों का गीत' की मनःस्थिति कितनी ही सत्य क्यों न हो, पर वह काव्य नहीं है, लक्ष्य नहीं है। यहीं पर यह सवाल उठाया जा सकता है कि क्या यह आवश्यक है कि कवि लक्ष्य, आदर्श या काम्य को ही उपस्थित करे। मैं इस स्थल पर इस प्रश्न के विस्तार में न जाकर इतना कहूँगा कि यदि लेखक यथार्थ की थाली का बैंगन ही नहीं है, उसके पास जीवन के किसी मूल्य के प्रति कोई विश्वास है—तो इस कसौटी पर कस कर वह जो कुछ उपस्थित करेगा, वह उसके काम्य की तस्वीर होगी। भारत भूषण इस क्षेत्र में छायावादियों से एकदम विलोम स्थिति पर हैं। छायावादी कवि, जहाँ एकमात्र काम्यलोक में ही रहने का विश्वासी था, यथार्थ को उस लक्ष्य के परिप्रेक्ष्य में न देखता था, वहीं प्रस्तुत कवि, मात्र यथार्थ में ईमानदारी से रहता है, उसके पास जैसे वह मूल्य का परिप्रेक्ष्य ही नहीं है, जिस पर अपनी ईमानदार अनुभूति को चित्रित कर सके। आगे हम इस समस्या पर पुनः कुछ विचार करेंगे। सम्भवतः इसीलिए ऐसी कविताएँ सार्त्र के शब्दों में भौंह तो उठा देती हैं पर मनुष्य

के पूरे व्यक्तित्व को उठा कर खड़ा नहीं कर पातीं। हमें यह जान कर सहानुभूति और दर्द तो होता है कि–

रस तो अनन्त था, अँजुरी भर ही पिया
जी में बसन्त था, एक फूल ही दिया
मिटने के दिन आज मुझको यह सोच है :
कैसे बड़े युग में कैसा छोटा जीवन जिया!

पर वह दृष्टि नहीं मिल पाती कि क्यों इतने बड़े युग में इतना छोटा जीवन जिया गया? अथवा यह युग जीवन के अनुपात में कैसे इतना बड़ा हो गया? या फिर क्या किया जाये जिससे कि इस 'यन्त्रयुग में' व्यक्ति का उपयोग नहीं, योग हो सके। पर फिलहाल तो कवि इन प्रश्नों से कतरा कर निकल जाता है, या फिर, कुछ निष्क्रियता की बात करता है, जो कि संकट के समय सुखलिप्सु मन की अवस्था होती भी है। यदि झंझावात आता है तो कवि का सन्देश है :

न देखो नयन-कोरों से
गिरा दो पलक का परदा
कि मूँदो कान
हो सुनसान
दरवाजे करो सब बन्द
सपनों की अटारी के
कि बाहर गरजता तूफान आता है।
मिटा दो चेतना जग की
कि ढीले छोड़ दो तन-मन
झुका दो शीश
मस्तक गाड़ दो
चुपचाप
ओ शम्पे?
कि यह पल
बीत जाने दो।

अनुभूति की ईमानदारी के बाद एक और ईमानदारी की बात कवि बतला रहा है : 'मेरी रचना अधूरी रचना है...और रचना अधूरी रह जाने के कारण मन भी अप्रस्तुत ही रह गया, वह आज भी कसौटी पर पड़ने को तैयार नहीं है।' इस अप्रस्तुत मन द्वारा सृजित इन कविताओं को 'कल्पना' सम्पादक ने (और प्रकाशक ने) कसौटी पर चढ़ाना ही चाहा, विवशता यही है। यों उसका स्पष्ट कथन है कि आज के युग में मध्यवर्गीय मन की कलासाधना का उत्कर्ष आश्चर्य का विषय है। गनीमत यही है कि लेखक सम्पूर्ण कला को नहीं, केवल मध्यवर्गीय मन की कला को ही अभिशप्त

मान रहा है। यहीं पर यह याद दिलाना अनुचित न होगा कि मध्यवर्गीय जहनियत से ऊपर उठ कर श्रेष्ठ कला का सृजन भी हो सकता है तथा बहुधा लेखकगण अपनी वर्गीय मर्यादाओं एवं सीमाओं से ऊपर उठे हैं। बिना इस उठाव के 'निराशा, व्यर्थता एवं अपूर्णता' का बोध सचमुच ही 'स्वाभाविक' है। प्रस्तुत कवि भी कहीं न कहीं कुछ उठने का प्रयास करता है, जो क्षितिज पार के आह्वान को अनसुना कर, अपने सुख का विकल्प सामने रख, दफ्तर में ही प्राण अटके रहने देता है, वही जब अपने अप्रस्तुत मन से कहता है–

तुम भी अब चल पड़ो
झाड़ कर सुख के क्षण
हवा रुकती नहीं, रुकोगे भला क्यों तुम?
तुमसे ही खिलेंगे दूर एक दिन नये कुसुम
द्रुम से यह मोह क्यों अबूझ मन।
चल दो–
चल दो कि आ पहुँचा है चलने का क्षण!

तब सचमुच ही सन्तोष होता है कि वह साधारण मध्यवर्ग की प्रवृत्तियों से ही बँधा (या बिंधा) न रह कर कुछ श्रेष्ठ कृतियाँ भी दे सकेगा–केवल अमहान सच्ची तस्वीरें ही नहीं और तभी अभिव्यक्ति की दुर्निवार माँग के होते हुए भी अभिव्यक्ति की एकान्त हिचक दूर हो सकेगी।

कवि के अनुसार आज के मध्यवर्गीय व्यक्तित्व–

खास कर ऐसे मन के लिए जो खुला रहना चाहता है, खुला रह कर जीवन के नानाविध नाना स्तरीय प्रभावों को ग्रहण कर पचाना चाहता है, और वर्तमान की जटिल से जटिल कठिनाइयों में जूझते रह कर भी भाग जाना या ओट खड़ी करना नहीं चाहता–का विघटन अनिवार्य है। ...आज की जिन्दगी में मध्यवर्गीय मन के लिए और कोई राह नहीं है।

जो कवि यह कहता हो कि कवि द्रष्टा नहीं होता, जो आज के कवि को 'कौन-सा पथ है' यह बताने की स्थिति में न मानता हो–पता नहीं कैसे वह यह बताने का अधिकारी हो जाता है कि कोई राह नहीं है। राह है या राह नहीं है, यह बताने में कोई तात्विक अन्तर नहीं है।

यह सही है कि वर्तमान जीवन दिन-प्रतिदिन जटिल बनता जा रहा है। ज्ञान-विज्ञान की अनेक विशेषीकृत शाखाएँ परस्पर विरोधी मत अभिव्यक्त करती रहती हैं, डेविड डेचेज के शब्दों में, आज के कवि को अपेक्षाकृत अधिक गेंदें हवा में उछालते हुए उनसे खेलना पड़ता है। पर इसकी परिणति काव्यसृजन की दृष्टि से यदि यथावत चित्रण मानी जाये, तो सिवा भ्रम के हाथ कुछ न लगेगा। आलोच्य कवि अमहानता को अपनी आत्मस्वीकृति के द्वारा कितना ही सिद्ध

क्यों न करना चाहे, पर श्रेष्ठ कृति की आवश्यकता तो बनी ही रहेगी, चाहे कवि का 'रोल' बदली हुई परिस्थितियों में कुछ भी क्यों न हो गया हो। यदि पुरानी महान कृतियों को देखा जाये, तो ज्ञात होगा कि हर बड़ी रचना, समस्त उपलब्ध ज्ञानराशि एवं भावसामग्री को एक विशेष प्रकार के मूल्यसन्दर्भ में रख कर परखती है। यह बात दूसरी है कि वह मूल्यसाँचा, उस युग की सीमाओं से सीमित होता है। प्राचीन कवि रामत्व के मूल्य को स्वीकार कर, उसी झलक पर रावणत्व को देखता है। पर आज मनोविज्ञान, समाजशास्त्र आदि पढ़ने वाला कवि रावणत्व के मूल में कोई मनोवैज्ञानिक सामाजिक ग्रन्थि ढूँढ़ निकालेगा, और उसकी बुराई का औचित्य उपस्थित करेगा। स्पष्ट है कि इस दृष्टिकोण को रखने से, न तो रामायण के सत्-असत् का द्वन्द्व ही सामने आ सकता है और न 'हैमलेट' की ट्रैजेडी ही। इसलिए इस बात पर जोर देकर कहा जा सकता है कि हर घटना या समस्या का कारण अथवा औचित्य खोजने की अपेक्षा, एक किसी ऐसे मूल्यसन्दर्भ की खोज कलाकार के लिए अधिक आवश्यक है जिसकी कसौटी पर तमाम मन्तव्यों, मान्यताओं एवं चरित्रों को परख सके। यहीं यह भी ध्यान में रखना है कि नयी कविता का प्रतीक, एकान्त रूप से समसामयिक जीवन का है, जबकि छायावाद तक की कविता में, प्राचीन सहस्मृतियों एवं सन्दर्भों का बहुमान रहा है। उन लोगों के साथ, सही या गलत, एक परम्परा थी, जिसके परिपार्श्व में उन्होंने जीवन को परखना चाहा है; पर उस परम्परा के परिपार्श्व के अभाव में नया कवि, या तो सन्देहशील बनता है, या नितान्त अतार्किक और अबौद्धिक अथवा कुछ पुराकथाओं की खोज करता है, जिन्हें वह नया जामा पहना सके। मूल्यसन्दर्भ की खोज के निकट यह तीसरी स्थिति ही है।

भारत भूषण की कुछ कविताओं—'दो मुट्ठी चावल', 'पी लो यह विष भी', 'टूटे सपनों का सपना' में, प्रतीक के रूप में प्रयुक्त होनेवाली इन पुराणकथाओं और पुराणचरित्रों का प्रयोग मिल जाता है, पर अधिकांश में वह पहली स्थिति के कवि हैं। किन्तु सम्भवतः आज के कवि का मुख्य कार्य प्रयोगयोग्य अवदानकथाओं की खोज नहीं है, बल्कि विविध ज्ञान-विज्ञानों की उपलब्धि के साथ ही एक ऐसे मानवीय दृष्टिकोण को विकसित करने का है, जिसके सन्दर्भ में सम्पूर्ण ज्ञानसम्पदा को देखा जा सके। आज के द्विधाविभक्त व्यक्तित्व के लिए इस दुहरी मर्मदृष्टि की अनिवार्य आवश्यकता है। अतः परस्परविरोधी सिद्धान्तों की टकराहट में टूटने की विवशता को अनिवार्य शर्त न मानकर, इन्हें एक गत्यात्मक मानवीय परिस्थिति के सन्दर्भ में देखने का प्रयास होना चाहिए। कहना न होगा कि इस रास्ते की खोज में बिना 'हिचक' वाला 'साहस' चाहिए, जब कि समीक्ष्य संग्रह में इन परस्परविरोधी सिद्धान्तों और परिस्थितियों तथा इनके बीच पड़े मध्यवर्गीय मन की यथातथ्य अभिव्यक्ति हुई है, और मात्र इसी को ईमानदारी कहा गया है।

सफल अभिव्यक्ति को यदि सफल अनुभूति माना जाये, तो इन कविताओं की सफलता पर तनिक भी सन्देह नहीं किया जा सकता। 'रात, सपने और दीवार', 'मरणसंगियों का गीत', 'नाग, बीन और मदारी', 'कार्टूनों का जुलूस', 'असाधारण की चाह' आदि कविताओं का प्रतीक शक्ति के साथ अभिप्रेत व्यंजना करता है। जीवन की कटुता की रात में कल्पनाशील आदमी का शीश लहू के दाग को छोड़ता ही है। नाग और बीन, दोनों ही निस्सन्देह कहीं अधिक शक्तिशाली अप्रमेय शक्ति के साधन हैं, लाभ के हेतु हैं।

प्रस्तुत संग्रह में यदि एक ओर आधुनिक जीवन की निराशा, अनिश्चय, कटुता और सन्देह को सफल अभिव्यक्ति मिली है, तो दूसरी ओर, अत्यन्त नयी और अनूठी, पर सहज प्रेमानुभूतियों की भी व्यंजना हुई है। 'अप्रत्याशित', 'संस्पर्श', 'दर्द के फूल' जैसी कविताएँ अत्यन्त महत्त्वपूर्ण हैं। अप्रत्याशित की नयी प्रेमानुभूति द्रष्टव्य है : विरह-विदग्ध प्रेमी वियुक्ता नायिका से (चाहे स्वप्न में ही) यदि यह पूछे कि क्या कभी मेरी भी याद आती है, तो सम्भवतः परम्परागत प्रेमानुभूति उत्तर देगी कि जी मैं तो उसी में डूबी रहती हूँ। या फिर एहसान-फरामोश होकर साफ इनकार कर देगी (या टाल जायेगी); पर 'अप्रत्याशित' की इस नायिका का उत्तर तनिक देखें कितना अप्रत्याशित रहा कि प्रेमी (प्रेमियों) का युगव्यापी विरहदर्प झूठा कर दिया। द्वितीय की हो गयी नायिका का प्रथम प्रेमी के प्रति यह उत्तर है–

हाँ, कभी-कभी आती है,
कभी-कभी
जब मैं अपने अवकाश के समय
उस एक क्षण का ध्यान करती हूँ
जब मुझे आलोक की पहली किरण मिली थी
जब मैंने अनुराग की अनायास प्रेरणा से
अपनी पहली पँखुरी खोली थी
और कली से बदल कर फूल का रूप पाया था!
उस क्षण के साथ तुम्हारा चित्र
ऐसे अटूट रूप से जुड़ा हुआ है
कि मैं सुधि-मुग्ध हो जाती हूँ
और गहरे कृतज्ञ भाव से
फिर-फिर तुम्हारे प्रति समर्पित होती रहती हूँ
किरण के प्रति मुग्ध कमलिनी-सी!
मेरे विकास के निमित्त थे तुम
मेरे जीवन के वह अनमोल क्षण थे तुम
जो बस एक ही बार आता है

तुम्हारा दान मैं कैसे भूल सकती हूँ!
आज उस दिन को एक युग बीत चला
तब से अब तक
मैंने मुसकराहट की अनन्त निधि लुटायी है
भ्रमर के कोमल स्पर्श से
अधीर चुम्बन से
मेरा रोम-रोम कण्टकित होता रहा है
पर अब भी उस प्रथम किरण-वेला को
मैं नहीं भूली हूँ
जिसके कारण तुम थे!

'अज्ञेय' की 'द्वितीया के प्रति' के बाद प्रेमसम्बन्धों के बारे में यह अनूठी अभिव्यक्ति है (खास कर जब नयी कविता में प्रेमनिवेदन एवं नारीरूपचित्रण कम होता जा रहा है)।

प्रस्तुत संग्रह की एक बड़ी शक्ति व्यंग्यक्षमता है। नयी कविता की एक मुख्य विशेषता व्यंग्य मानी गयी है। व्यंग्य भी जब अपने और अपने वर्ग पर किया जाता है, तब उसकी शक्ति कई गुनी बढ़ जाती है, क्योंकि अपनी कमजोरियों का बोध ही अपने पर व्यंग्य करने की शक्ति देता है। भारत भूषण में इस बोध और इस शक्ति का अभाव नहीं है। मेरा मन होता है कि मैं उन्हें नयी कविता का सबसे सशक्त व्यंग्यलेखक कहूँ—व्यंग्यलेखक किसी हलके अर्थ में नहीं जो केवल मनोरंजन करता है। व्यंग्य सदैव किसी न किसी विकृति के प्रति होता है और विकृति के ज्ञान का अर्थ है कि विकृति पहचानने की कोई न कोई कसौटी भी लेखक के पास अवश्य होगी। यह कसौटी भी एक प्रकार का 'मूल्यसन्दर्भ' ही है, जिसके कारण कविताएँ अधिक महत्त्वपूर्ण हो जाती हैं। 'टूटे सपनों का सपना', 'सबसे छोटी कविता', 'कार्टूनों का जुलूस', 'घृणा का डोज', 'चाँदनी मेरा करेगी क्या', 'चलते रहो', 'प्रतीति', 'तुक की व्यर्थता', 'परम्परा : एक नयी उपलब्धि' (इसके इतिहासबोध के प्रति मेरा घोर असन्तोष है) आदि सशक्त व्यंग्यकविताएँ हैं।

इस बड़े संग्रह में, एक अन्य प्रकार की भी कविताएँ हैं। ये कविताएँ अधिक व्यापक (केवल मध्यवर्गीय ही नहीं) भूमि पर स्थित होने के कारण महत्त्वपूर्ण भी अधिक हैं। 'मूर्ति तो हटी...', 'आने वालों से सवाल', 'उपवन से बातचीत', 'दबा हुआ शहर', 'सूखे की पुकार' आदि कविताओं की संवेदना के धरातल अधिक जटिल और विविध हैं और इनके द्वारा आशा और आस्था का अधिक प्रदीप्त स्वर जाग्रत होता है। यद्यपि यह द्रष्टव्य है कि ये स्वर कविता की पूरी गठन से उतने नहीं निकलते, जितने कि प्रगतिवाद से परम्परा में प्राप्त 'रेटारिक तत्त्व' के अन्तिम पंक्तियों वाले आशावाद से। 'चुनौती' जैसी कविताएँ तो कभी-कभी

अपने जोश में, संग्रह के मूल स्वर से दूर चली जाती हैं। या फिर कुछ सूक्तियाँ और छायावादी स्वर में भी लिखी कविताएँ हैं, जिनको संग्रह के लिए चयन करते समय हटाया (तनिक निर्मम होकर) जा सकता था; और इस प्रकार संग्रह का आकार और स्वर अधिक सुगठित हो गया होता। यों सहज भाषा, बोलचाल की लय, छन्दों के कई स्तर एवं बोधगम्य प्रतीक तथा उपमान सारे संग्रह को एक विशिष्टता प्रदान करते हैं।

'सात गीत वर्ष'

धर्मवीर भारती का कृतित्व और उससे भी अधिक उनका व्यक्तित्व हिन्दी में विवाद का विषय रहा है। सन् '50 के आस-पास उभरनेवाली पीढ़ी के उन अग्रणी लेखकों में वह हैं, जिन्होंने सबसे अधिक प्रहार किये हैं और विरोधियों के प्रहार सहे हैं। हमारा विश्वास है कि ऐसे व्यक्तित्व में शक्ति निश्चित रूप से होती है। कमजोर, न चोट कर पाता है और न सह पाता है, परन्तु ऐसे लेखक के कृतित्व का निष्पक्ष, पूर्वग्रहरहित समीक्षण तनिक कठिन हो जाता है। सौभाग्य से प्रस्तुत समीक्षक विविध दलीय दलदलों से अलग ही रहा है, अतः उसे विश्वास है कि जो कुछ वह कह रहा है, अपने विवेक (भारती के प्रिय शब्द) की कसौटी पर कस कर ही कह रहा है। भारती के प्रस्तुत संग्रह की समीक्षा में एक कठिनाई और भी है। किसी भी विकासमान तरुण कवि के जीवन में सात वर्ष का समय थोड़ा नहीं होता। सात वर्षों में काव्य के विविध उपादान एवं संगठनाकार पर्याप्त परिवर्तित हो सकते हैं, सात वर्षों के सृजन के प्रतिनिधि संकलन में भाव, विचार या शिल्प के एकाधिक स्तर प्राप्त हो सकते हैं। ऐसी स्थिति में, बहुत सम्भव है, समीक्षक संग्रह की समग्रता का भावन न करके खण्ड खण्ड को अलग-अलग देख कर, किसी एक अंश या स्तरविशेष में ही रम कर आकलन करने लगे। समीक्षक के सम्मुख एक तीसरी कठिनाई 'भूमिका' सम्बन्धी होती है। भूमिका में अभिव्यक्त विचारों को भी समीक्षा का विषय माना जाये या नहीं, इस सम्बन्ध में कोई निश्चित उसूल भी नहीं है। पिछले दिनों एक नये कवि की समीक्षा के दौरान उनकी भूमिका को भी हमने विवेचना का विषय बना लिया था, सुना कि वह बाद को नाराज होते रहे कि यह तो भूमिका की समीक्षा हुई, न कि काव्य की। पर भले आदमी फिर भूमिका देते ही क्यों हैं? अथवा भूमिका केवल रचनाकार के लिए या केवल पाठक के लिए अथवा इन दोनों के लिए ही होती है, समीक्षक को पढ़ने की मनाही है। प्रस्तुत काव्यग्रन्थ में ऐसी कोई लाल झण्डी नहीं है। अतः हम भूमिका की ओर से ही शुरू करते हैं। भूमिका के ये कुछ अंश पढ़ लीजिए—

कितना अजीब अकेलापन—राह है, कदम हैं, घर है लेकिन कुछ भी नहीं।
एक विराट् अनस्तित्व,—शून्य, अन्धकार—
यह अनस्तित्व, यह शून्य हमको जीने लगता है। और हम पाते हैं कि (सब कुछ) अनस्तित्व में लीन हो गया है। लेकिन फिर हम पाते हैं कि हम बच गये हैं।

इस लुप्त होने और बचने की क्रिया में, अन्दर जो कुछ घटित होता है, वह कवि की भूमिका के अनुसार यों है—

शायद है तो यह है कि हमारे अतीत और भविष्य का जगत् दोनों अकस्मात् मिथ्या पड़ जाते हैं। बीच में बच जाते हैं हम; वर्तमान क्षण के पटपत्र पर, और ताकि हम जीते रहें—संसार को पुनः उत्पन्न होना पड़ता है भय में से, यातना में से, शून्य में से।—(सम्भवतः इसी सृजन के लिए अमरीका, रूस आदि भय, यातना एवं शून्य का अवतरण करना चाहते हैं जिसमें अचानक 'प्रभु' सब कुछ नया पैदा कर देगा।)

या शायद संसार यथावत् रहता है केवल अतीत और भविष्य से पूर्णतः विच्छिन्न होकर हम अपने अन्दर कहीं मृत हो जाते हैं और उस क्षण में फिर हम अपने को रचते हैं और फिर सबको नये सिरे से धारण करते हैं। (मुर्दे में रचने की शक्ति भी वही अदृष्ट दे जाता होगा—इस नयी खोज पर विचार कर लें। सौभाग्य (या दुर्भाग्य) से भारतवर्ष के अधिकांश जन इस अतीत-भविष्य से विच्छिन्न नहीं हो सके हैं।)

(पर नहीं सब कुछ मरता ही नहीं है, होता शायद यह है कि) पुरानी जगत चेतना के अकस्मात बिल्कुल शून्य पड़ जाने से अतीत और भविष्य के प्रति, बाह्य और अन्तर के प्रति हमारे सारे अद्यावधि सम्बन्ध अकस्मात टूट जाते हैं और हम फिर नितान्त शून्य में से उबर कर उन सम्बन्धसूत्रों को नये स्तर पर जोड़ते हैं। (यह उबरना किस प्रकार सम्भव होता है, इस बारे में सवाल न पूछिये।)

(पर नहीं) शायद कोई (प्रक्रिया इनमें से) नहीं होती। होता है कुछ और—
यह और क्या है, इसे जानने के लिए आप आकुल हो सकते हैं। तो सुनिये—नष्ट कुछ नहीं होता। सब है तो, पर अकस्मात हमारे लिए अर्थहीन हो गया है, अनिश्चित हो गया है। (चूँकि हम) जीना चाहते हैं और अनस्तित्व में से अस्तित्व पाने के लिए अभिव्यक्त करना चाहते हैं अपने को, और बिना संसार के हम अपने को अभिव्यक्त कैसे करेंगे, अतः हम किसी एक स्तर पर मूल्य और अर्थ देते हैं हर चीज को और हर चीज के माध्यम से अपने को। पाये हुए और पाकर खोये हुए संसार को किसी एक स्तर पर 'रचते' हैं।

काव्यसृजन सम्बन्धी इन विविध विकल्पों में एक विकासमान चेतना देखी जा सकती है। अकेलापन और विघटन, फिर 'क्षण के वटपत्र पर शयन' और फिर अकस्मात

ही सम्बन्धसूत्रों की स्थापना से लेकर जिजीविषावश नव मूल्य और नये अर्थ देते हुए रचना—इसमें विकास है पर बीच में ही 'शायद' का सन्देह भी है। इसके अतिरिक्त ये प्रक्रियाएँ रहस्यात्मक स्तर पर होती प्रतीत होती हैं। केवल अन्तिम विकल्प में जिजीविषा एवं अभिव्यक्तिकामना (और अपने विशेषणों के बावजूद ये हेतु नये नहीं हैं) के अतिरिक्त अन्य सभी एकदम रहस्यमय है, यह अन्तिम भी, बात को उलझाता ही है।

कवि की सृजनभूमि से हमारे आकलन का प्रत्यक्ष सम्बन्ध न होने पर भी, यह अंश हमें इन कविताओं को समझने में सहायता देता है। विकल्पों का यह द्वन्द्व, 'शायद एक, सब या कोई नहीं' का सन्देह और फिर कभी-कभी सन्देहों से उठ कर कोई नया मूल्य, नया सन्दर्भ या अर्थ देने का प्रयास उनके इस एक ही संग्रह में मिल जाता है।

वह स्वयं नहीं जीता है, बल्कि जीवन उसे जीकर, बूँद-बूँद पीकर पथ पर खाली प्याले सा छोड़ देता है। वह पराजित पीढ़ी का गीत गाते हैं। चौखटों के क्रास पर लटका महसूस करते हैं। 'अवशिष्ट' बचा यह व्यक्तित्व कभी-कभी विकल हो कर पूछ उठता है—

लड़ने वाली मुट्ठी जेबों में बन्द
नया दौर लाने में असफल हर छन्द
कब तक
आखिर कब तक?

एवं हर पराजित थके-हारे सिपाही को अन्ततः घर के आँगन में पहुँच कर ही लगता है कि शायद यही सच्चा है। भारती भी वहीं पहुँचते हैं—

लगता है इन पिछले वर्षों में
सच्चे-झूठे, मीठे कड़वे संघर्षों में
इस घर की छाया थी छूट गयी अनजाने
जो अब झुक कर मेरे सिरहाने—
कहती है :
भटको बेबात कहीं!
लौटोगे अपनी हर यात्रा के बाद यहीं!

पर होता अकसर यह है कि आँगन भी सूना होता है। वहाँ कुछ स्मृतियाँ तो होती हैं पर वे स्मृतियाँ ऐसी हैं कि—

रिसती-सी यादों से पिरा-पिरा उठना
मन का कोना-कोना
बरसों के बाद उसी सूने से आँगन में
जा कर चुपचाप खड़े होना।

इस उदासी में जब शाम आती है तब वह कुछ अजनबियों की राह देखता है (भविष्य शायद अजनबी ही होता है), बेकली की दवा के लिए कुछ और बात भी चाहता है। गली की आहट मिल सके, इसके लिए कुछ बन्द और कुछ खुला द्वार रखना चाहता है। पर यह जो आगे की अनिश्चित आशा थी, वह भी समाप्त हुई और आया कौन? दर्द–

अजनबी लौट चुके द्वारे से
दर्द फिर लौट कर चले आये।

वह सन्तोष कर लेता है कि कितना ही पुकारो–अजनबी भी कहीं आते हैं (भविष्य से विच्छिन्न व्यक्ति के पास वे आयें भी क्यों?) और फिर तो अनलिखे गीत, अनकही बात, अनउगे दिन, अनहुई रात सब दर्द के ही हो जाते हैं। इस स्थिति के बाद की 'स्थितप्रज्ञता' सराहनीय है–

एक-सा स्वाद छोड़ जाती है
जिन्दगी तृप्त भी व प्यासी भी
लोग आये गये बराबर हैं
शाम गहरा गयी उदासी भी!

यह आधारहीनता सुखप्रद भी है यद्यपि अजब भी है और निराश भी।

पर भारती के काव्य का स्वर केवल यही नहीं है–एक अन्य स्वर भी है, जिसमें उनके ही शब्दों में 'नये मूल्य, नया अर्थ' भरने की कोशिश की गयी है। आस्था के तिनके के समान टूट जाने, विश्वासों के झूठे हो जाने के बाद किन चरणों में लक्ष्यभ्रष्ट मन को शरण मिल पाएगी? भारती का उत्तर है : 'प्रभुपथ या जन-पथ नहीं, बल्कि आश्रय देंगे हमको अपने जर्जर पर अपराजेय चरण।' पूजागीत, पीड़ा, कुण्ठा, शाम आदि कोई भी व्यर्थ तब नहीं रहेंगे जब मन पूजा के फूलों सा अर्पित हो जाता है, क्योंकि दुख उसका अनजाने परिमार्जन कर जाता है। यह बात दूसरी है कि यह बात 'जाने क्यों कोई मुझसे कहता।' 'कोई' के इस रहस्यवाद को याद रखिए–काम देगा। इसी प्रकार 'प्रमथ्यु गाथा' में इस पौराणिक कथा को नये सन्दर्भ में प्रतिष्ठित करने का प्रयास किया गया है।

एक तीसरा स्तर इस संग्रह में उन कविताओं का है जिनका खण्डन उन्होंने 'सरलता की ओर अकाव्यात्मक पलायन' कहकर भूमिका में किया है। 'निर्माण योजना', 'गुलाम बनने वाले', 'एक वाक्य', 'वाणभट्ट', 'बृहन्नला' आदि कविताएँ व्यंग्य के रूप में भी इस पलायन से नहीं बच पातीं।

परन्तु भारती की कविताओं का एक चौथा स्तर भी है जहाँ अर्थ, मूल्य, व्यंग्य, अनस्तित्व आदि की चर्चा छोड़ कर सहज कवि के रूप में वह हमारे सामने आते हैं। प्रकृति के कितने ही मधुर-मोहक चित्र, जो हमें विच्छिन्न नहीं करते बल्कि शुक्ल जी के शब्दों में शेष सृष्टि के साथ जोड़ते हैं, अंकित मिलते हैं।

आँगन बेली के 'ओसधुले गझिन गुच्छे' पाठक के मन में भी अजब से संवेदन जगा जाते हैं, ढीठ चाँदनी ने भारती के साथ ही हमें भी जगाया है। शाम थकी लड़की भी लग सकती है, दिन ढले की बारिश गुमसुम देखने का भी मन हो सकता है। घाटी के बादल के कितने ही दृश्य मन को मुग्ध कर सकते हैं। ऐसी ही कितनी ही प्रणयानुभूतियाँ हैं जो एकबारगी मन को आन्दोलित कर जाती हैं। प्रणयानुभूतियों के सूक्ष्म संवेदन, सौन्दर्यबोध एवं चेतना के नये स्तरों पर भावित हुए हैं। एक कविता 'चैत का एक दिन' लीजिए–

सूरज में नहाये हुए
नीले कमल-सा यह चैत का नशीला दिन
मैंने बिताया नहीं
केवल गुजार दिया

शीर्षक एवं यह प्रारम्भिक अंश भूमिका है, इसमें भी नशीले दिन को बिताने नहीं केवल गुजार देने की अर्थच्छायाओं का अन्तर द्रष्टव्य है। इस पृष्ठभूमि पर अपनी प्रेमिका के पास बैठकर वह उसकी रूखी मुक्तवेणी को उँगली में बार-बार प्यार से लिपटा कर अनबाँधे छोड़ देता है, तथा–

निदियारी आँखों से
बार-बार देखने की कोशिश की–
देखा नहीं,
बौर-लदी नाजुक टहनी सी इस देह की
हल्की गरमाई को केवल महसूस किया,
जाना नहीं।

महसूस करे और जाने नहीं–यह सामान्य कवि द्वारा भावित अन्तर नहीं है। वास्तव में भारती की कविताओं का यही क्षेत्र है और यहाँ वह अद्वितीय हैं। बहुधा उन पर लोग 'रोमाण्टिक हैंग ओवर' का आक्षेप लगाते हैं, पर मैं नहीं जानता कि छायावाद के किन कवियों में संवेदन के ये स्तर प्राप्त होते हैं (यहाँ मैं भारती को छायावादियों से बड़ा नहीं कहता, अन्तर बताना चाहता हूँ)। इस रोमाण्टिक स्तर से हट कर जब वह स्थापनाएँ करने लगते हैं तो बहुधा एक प्रकार के नवरहस्यवाद में पड़ने लगते हैं, मानो रोमाण्टिक वृत्ति वेश बदल कर आ गयी हो।

भारती की भाषा की रंगीनी और मासूमियत, उनका बिम्बविधान, सहज-सरल लयविधान बहुत से नये कवियों के लिए ईर्ष्या का भी विषय है और प्रेरणा का भी। भारती का शिल्पविधान अलग से विश्लेषण की अपेक्षा रखता है।

'दिगन्त'

'दिगन्त' कवि त्रिलोचन के 57 सानेटों का संकलन है। छायावाद की निराशा, व्यक्तिवादिता आदि से हटकर काव्य की नयी भावभूमि और शैलीशिल्प अपनाने वालों में त्रिलोचन का नाम अग्रणी है। प्रगतिवादी खेमे में रहने के बावजूद उसके सरगर्म दिनों में भी त्रिलोचन विशुद्ध नारेबाजी से दूर रहकर प्रकृत कवि बने रह सके, यह उनकी काव्यसाधना का सशक्त प्रमाण है।

सानेट यूरोपीय भाषाओं का छन्द है। इसका मूल स्थान इटली माना गया है और प्रथम प्रयोक्ता दान्ते। बहुधा यह बात उठाई जाती है कि हर भाषा की अपनी प्रकृति होती है और उसके अनुकूल उसका अपना छन्दविधान भी होता है। यह बात बहुत हद तक सही भी है। स्वयं हम खड़ी बोली के आन्दोलनकाल में छन्दसम्बन्धी प्रयोग और सरगर्मी देख सकते हैं। खड़ी बोली की प्रकृति मात्रिक छन्द के अधिक अनुकूल है—ऐसा सुमित्रानन्दन पन्त का मत है। समर्थ कवि इन सब नियमों का उल्लंघन कर जाता है, यह त्रिलोचन के इन सानेटों से काफी स्पष्ट है। 14 पंक्तियों और तुकों के बँधे ढाँचे के भीतर अधुनातन भावनाओं की अभिव्यक्ति साधारण सफलता नहीं है। यद्यपि इसे मैं सामर्थ्य की अपव्यता कहूँगा, जहाँ कि किसी एक काव्यरूप के प्रति इतना अधिक दुराग्रह हो जाये :

इधर त्रिलोचन सानेट के ही पथ पर दौड़ा
सानेट सानेट सानेट सानेट क्या कर डाला
यह उसने भी अजब तमाशा।

छन्द के अनुकूल भाव न ढालना पड़े, यह नये कवि का सचेष्ट प्रयास है। पर यहीं त्रिलोचन की विशेषता उभरती है शिल्प की दृष्टि से कि उसने नयेपन की बलि सानेट की गठन के लिए नहीं दी।

स्वयं कवि ने कह दिया है :

इस सानेट का रास्ता चौड़ा
अधिक नहीं है। कसे कसाये भाव अनूठे
गेय रहे, एकान्विति हो।

इस गेयता और एकान्विति की उसने पूरी रक्षा की है, इसी कारण उसका कथ्य और अधिक नुकीला (प्वाइण्टेड) बन पड़ा है।

इस पूरे संकलन को पढ़ जाने पर पहला प्रभाव पड़ता है कि लेखक ने भाषा को सप्रयास रूप से सहज बनाने का प्रयत्न किया है और इसके लिए अँजोरिया, काँधे, छुट्टा, सीवान जैसे शब्दों को अपनाने में संकोच नहीं किया है। लोकभाषा के शब्दों का ग्रहण हमारे नये काव्य की मुख्य विशेषताओं में से एक है।

आज का कवि पुरानी भावुकता से दूर हटता है, पर प्यार और सहानुभूति जैसी भावनाएँ उसके हृदय की वैसी ही अमूल्य निधियाँ हैं, वह उनका प्रदर्शन नहीं करता तथा तटस्थ भाव से भी देख सकता है। यह तटस्थता या निर्लेपता रचनाकार की दृष्टि से अत्यधिक महत्त्वपूर्ण है और नये काव्य के सबसे सशक्त स्वरों में से एक है। उसके इस मैटर आफ फैक्ट प्रेम को देख लें—

......पहले वाले
प्रेमी अभिनय कुशल अवश्य हुआ करते थे
कवियों की रचनाओं में सैकड़ों हवाले
तुम्हें मिले होंगे, वे सब जीते मरते थे
स्वेच्छापूर्वक......उन लोगों का निपट निराला
कौशल मेरे पास कहाँ? हूँ ममता वाला।

इस कथन में स्वेच्छापूर्वक और ममता वाला शब्द देखने योग्य है। पहले शब्द में जहाँ गहरा व्यंग्य है वहीं दूसरे शब्द में सरल किन्तु गहरी आत्मस्वीकृति।

इस तटस्थ-निर्लेप सशक्तता का दूसरा उदाहरण 'पश्यन्ती' है। मुर्गे की अन्योक्ति द्वारा वह यह कह देता है कि उसकी आवाज पर सबेरा होना निर्भर नहीं है यह सत्य बात है परन्तु उतना ही विश्वास उसे यह भी है कि—

लेकिन इतना झूठ नहीं है, जहाँ कहीं वह बड़े सबेरे,
ऊँचे स्वर से बोला करता है, मुँह फेरे!
कोई पड़ा नहीं रह सकता।

ऊपर व्यंग्य की बात आ चुकी है। इस संकलन में अनेक सानेट श्रेष्ठ व्यंग्य के उदाहरण हैं। 'रोटी', 'जगदीश जी का कुत्ता', 'आया है वह' तिलमिलाने वाले व्यंग्य के उदाहरण हैं।

छुट्टा-बँधुवा के गहरे व्यंग्य में तो जीवन की सारी तल्खी साकार हो उठी है। तथाकथित मनुष्य की आजाद जिन्दगी कितनी भली है और धन्धे के गुर में लगी सुरक्षित (सिक्योर) जिन्दगी कितना सुख देती है, यह इस कविता से स्पष्ट ध्वनित होता है।

विषयवस्तु की विविधता इनकी एक और महत्त्वपूर्ण विशेषता है। क्षुद्र और महान, भाव और दृश्य, व्यक्ति और विचार सभी उपजीव्य हैं काव्य के, ऐसा त्रिलोचन ने अपने इन सशक्त सानेटों में दर्शाया है। एक ओर मध्यवर्गीय जिन्दगी है जिसमें वही सबेरा, वही रात, तेली के बैल सरीखा फेरा लगता है (खीझ) तो दूसरी ओर 'भादों की रात का ध्वनिवाही चित्रण', 'मूर्तिपूजा' में पढ़े-लिखे का दुख मूर्तित है। लाश के माध्यम से सामाजिक विकृतियों की ओर दृष्टिपात करता है तथा तेनजिंग और माओत्सेतुंग का वह गायक है। तुलसी बाबा से भाषा सीख ब्राह्मण को तुकारने वाले काशी के जुलाहे के प्रति वचन विचार कर भी कवि कहता है। चिन्ता और हास्य के छोटे-छोटे मूड्स और लबे सड़क के यथातथ्यवादी चित्रण सभी कुछ तो त्रिलोचन की व्यापक प्रतिभा ने समेटा है।

जिस समय हिन्दी काव्य में दर्द की पुकार मची हो, दुख में आत्मान्वेषण किया जा रहा हो, वेदना माँ हो रही हो, पीड़ा में आस्था के विविध आयामों का अनुसन्धान हो रहा हो उस समय त्रिलोचन के अट्टहास का स्वर निश्चित रूप से विशिष्ट लगता है। उसका विश्वास है :

अट्टहास कर, अट्टहास कर, अट्टहास में
मन को गड़ने वाले दर्द डूब जाते हैं,

तथा :

दुःखों का दुरतिक्रम घेरा
अट्टहास ही तोड़ सका है अभियानों में।

इस संकलन में अनेक सुन्दर और मार्मिक सानेट हैं परन्तु मुझे जो सबसे अधिक उल्लेखनीय (सिग्निफिकेंट) लगा वह 'भौजी' शीर्षक है। यों श्रेष्ठता के लिहाज से इससे कहीं उत्तम कविताएँ हैं? परन्तु आज की नयी कविता में यह पारिवारिक चित्र विशिष्ट भर नहीं दुर्लभ भी है। नये काव्य की महत्त्वपूर्ण उपलब्धियाँ और असीम सम्भावनाएँ हैं, पर कभी-कभी ऐसा लगता है कि नया कवि सचमुच ही परिवार और समाज से उखड़ गया है। समाज और परिवार के विविध सम्बन्ध जैसे उसके भावजगत से दूर पड़ गये हैं।

कभी-कभी एकाध प्रेयसी कहीं-कहीं पर झलक जाती है (गीतकारों की मैं नहीं कहता जहाँ शुद्ध काल्पनिक प्रेयसियों की कतार विद्यमान है) पर माँ, पिता, पत्नी, भाई, भाभी आदि सम्बन्धों को अभिव्यक्त करना उसकी आभिजात्य स्नाबरी के नितान्त विपरीत है।

हाँ तो 'भौजी' पढ़ते-पढ़ते मुझे इस रेगिस्तान में भी नखलिस्तान का अनुभव हुआ। लगा कि नया कवि अभी परिवार से बिल्कुल ही छिन्नमूल नहीं हुआ है।

प्यार की यह पकी अनुभूति रससिद्ध कवि के लिए ही सम्भव है—

तुम्हें याद है रात अँजोरिया? हम तुम दोनों
नहीं सो सके, रहे घूमते नदी किनारे
मुग्ध देखते प्यार भरी आँखों से प्यारे
भूमि-गगन के रूप-रंग को।

पर कभी-कभी त्रिलोचन व्यक्तिवादी गीतकारों की मैनीफेस्टोवादी प्रवृत्ति पर भी आ जाते हैं। वह 'कस्मैदेवाय' में अपना भस्मीभूत पाठक को गुणों समेत बताने लगते हैं तो कभी नये चेतनावाणों की चर्चा करते हुए सतही भावभूमि पर भी पहुँच जाते हैं।

प्रकृति का सहज उल्लास इन कविताओं में स्थान-स्थान पर फूट पड़ा है। 'मेंहदी और चाँदनी चित्र', 'तीन इन्द्र धनुष' आदि श्रेष्ठ प्रकृति सम्बन्धिनी कविताएँ हैं अथवा प्रकृति के सुरूप दृश्य के भीतर परिश्रम का यह सौन्दर्य भी अनोखा है :

...धान बैठाने वाला
दल मजूरिनों का प्रसन्नता से कुछ चंचल
हुआ। झुकी कटि सीधी की। ओठों पर मंगल
ठहर गया। जाँघें छूती हाँथों की आँटी
और सुहाई। पूँजे काँपे जल पर पल पल,
उधर बलाका ने अभिनव-श्री घन को बाँटी।

साथियों की भाग-दौड़ में पैदल ही चलने वाला यह विश्वासी कवि, जो सौरज-धीरज के रथचक्रों पर आस्था रखता है, अपनी इस सफलता का रहस्य भी बता देता है, कुण्ठावादी-व्यक्तिवादी कवियों के लिए 'मोटो' का कार्य कर सकता है—

मैं अपने एकाकीपन से ऊब गया था,
ऊब गया था, ऊब गया था। आखिर भागा,
अगले क्षण जीवन सागर में डूब गया था।

दो काव्यसंग्रह : 'वनपाखी सुनो!' और 'भटका मेघ'

हिन्दी में प्रगतिवादी और प्रयोगवादी काव्यधाराएँ बहुत कुछ समसामयिक और समव्यक्तिजीवी रही हैं। पर इन धाराओं का युग देश के इतिहास का असाधारण युग था। अपेक्षाकृत दुराग्रह शान्त होने एवं सुस्थिरता की प्रतिष्ठा हो जाने पर सन् 50-51 के पश्चात इन अतिवादी धाराओं का सम्मिलन उस काव्य की भावभूमि पर हुआ जिसे हम 'नयी कविता' नाम से अब जानने लगे हैं। अतिवादी शक्तियों की क्षीणता के स्पष्ट चिह्न 'दूसरा सप्तक' की कविताओं में मिलने लगे थे। नयी कविता इस प्रकार जहाँ प्रगतिवादी-प्रयोगवादी विचारभूमियों का मिलनबिन्दु है, वहीं उनका स्पष्ट बढ़ाव भी। यह काव्य आज के युग की जटिलता के अनुरूप ही बहुमुखी है। प्रस्तुत दोनों आलोच्य संग्रह 'वनपाखी सुनो!' और 'भटका मेघ' इस नयी काव्यसम्पत्ति का ही परिचय देते हैं। यद्यपि यह ध्यान में रखने की बात है कि नयी कविता इन्हीं कवियों की विशेषताओं तक सीमित नहीं है, उसमें अन्य प्रवृत्तियाँ एवं आग्रह भी हैं जो प्रस्तुत संग्रहों में उपलव्ध नहीं होते।

'वनपाखी सुनो!'

नरेश मेहता की कतिपय कविताएँ 'दूसरा सप्तक' में संगृहीत होकर पाठकों को उपलब्ध हो चुकी हैं। प्रस्तुत संग्रह 'वनपाखी सुनो!' में उनकी अधिकांशतः नयी कविताएँ आयी हैं तथा उन कविताओं के साथ मिलाकर देखने पर हमें कवि की बढ़ती हुई परिपक्वता का स्पष्ट आभास होता है। वह समय के जल का महत्त्व जान गया है, छूकर नहीं, देखकर भी नहीं, बल्कि समयजल में झाँक कर, उसमें अपना प्रतिबिम्ब निहार कर। समय का यह जल वह इतिहासबोध है, जिसमें कवि शक्ति के साथ अनुभव करता है—

भाल पर संकोच रेखा—
विवशताएँ कण्ठ में—
अनागत यात्रा, सम्मुख तवे सी जल रही,
हम आयु के अश्वत्थ
अपनी छाँह भी जिसको स्वीकार है नहीं।

प्रयोगवाद में जीवन की जटिल संकुलता और दुर्दमनीय परिस्थितियों के प्रति एक विवश आत्मसमर्पण का भाव था अथवा फिर अपने अहं को एक विशेष रागात्मकता प्रदान करके उसको इतना विशाल बना लेने की प्रवृत्ति थी कि लेखक उस विराट अहं के भीतर एक विशेष प्रकार का परिवेश और उसके प्रति एक ममत्व का अनुभव करता था। इधर के नये कवियों ने आत्मसमर्पण या संकुचित आत्मरक्षण से ऊपर उठकर परिस्थिति के मध्य व्यक्तित्व को सुरक्षित रखते हुए भी समष्टि के साथ अपने को जोड़ने में संकोच नहीं किया है। कुछ समय पूर्व 'टाइम्स' के लिटरेरी सप्लिमेंट में दुनिया की तमाम साहित्यिक प्रवृत्तियों का लेखा-जोखा लिया गया था। भारतीय साहित्य पर लिखे गये 'दि रिवोल्यूशन इन इंडियन लिटरेचर' नामक निबन्ध में इस बात का संकेत था कि यहाँ के लेखक आदि बुद्धिजीवियों एवं सामान्य जनता के मध्य एक अन्तराल है और इसके कारण लेखक कुछ अकेलेपन का अनुभव करता है। नरेश मेहता की यह तीव्र अकुलाहट 'तीर्थजल' में अत्यन्त घनीभूत भाव से व्यक्त हुई है। यह अकुलाहट अकेलेपन के अतिरिक्त परम्परा के नाम पर पुनरुत्थानवादी राष्ट्रीयता की 'अभिषिक्त शिलाएँ' रखकर उद्गमहीन कर देने के दुख की भी है–

हमें शेष से जोड़ो–
काटो ये काई के बन्धन
माँगो सुन्दर महराबों की पाथर कारा
नव जल के उत्सों की गति को छोड़
भटक आयी जलधारा,
बन्दी पाखी या एकाकीपन
घायल स्वर में शतः निनादित–
हमें शेष से जोड़ो,
जोड़ो, जोड़ो–

उपर्युक्त पंक्तियों में अभिव्यक्त उस बुद्धिजीवी युवक की वेदना सहज समझ में आ जानेवाली है, जो अपने परिवेश के भीतर की उमस में छटपटाता है परन्तु पूरी तरह से उसको काटकर अलग कर देने में समर्थ भी नहीं है। कभी-कभी उसका प्रबुद्ध मन देखता है कि इतिहास की शक्तिशालिनी धाराएँ उसके पास से होकर गुजरी जा रही हैं, परन्तु इन शक्तियों को बुद्धि से अपना अनुभव करते हुए भी वर्तमान विषम परिस्थितियों में उनके साथ चलने में अपने को असमर्थ पाता है–

हमारे तटपर के जलयान
सदा को किसी दिशा के होकर
चले गये अब।
जल है,
तट है,

शंख-सीपियों बीच
समुद्री झरबेरी से हम
अब भी भीगी पलक
अधूरे वाक्य
कण्ठ में लिये खड़े हैं।

'वनपाखी सुनो!' संग्रह पढ़ने पर जो पहला प्रभाव मन पर पड़ता है, वह अनुभूति की सहज ऋजुता का है। इस ऋजुता को नरेश ने बिल्कुल अपने रूपकों और उपमानों से उदात्त एवं रंगीन बना दिया है। पर यह ध्यान में रखने की बात है कि यह ऋजुता उथलेपन का पर्याय अधिकांशतः नहीं बनी। इस अर्थ में नरेश की अनुभूति और अभिव्यक्ति में समुचित सामंजस्य बन पड़ा है। इसके अभाव में या तो उनकी कविताएँ छिछली प्रतीत हुई होतीं या फिर एकदम अचम्भा। एक उदाहरण लें—

तिरते फेनफूल का जल है
मुँहधेरे का निर्जन तट है
पोत हीन पर—
हम विकल्प के वल्कल में
संशय विष पीड़ित
किसी भग्न मस्तूल सरीखे
खड़े हुए हैं—
वृक्ष भाव से,
संकल्पहीन पर—
अब भी हम में प्रश्न शेष हैं—

जीवन से जब उमंगों का ज्वार चला गया हो, आकांक्षाओं के जलयान जा चुके हों, उस समय की आकुल, विकल रीति अवस्था के लिए जिस दृश्य की योजना की गयी है वह मन की अवस्था का परिपूर्ण बिम्ब है। मुँह-अँधेरे के वीरान पोतहीन तट पर विकल्प और संशय के मध्य टूटे हुए मस्तूल की भाँति खड़ा व्यक्ति अपने आप में ऐसा चित्र है जो अधिक व्याख्या की अपेक्षा नहीं रखता। ऐसे व्यक्ति में वृक्ष की जड़ता और संकल्पहीनता कोई अचरज की बात न होगी। पूरी कविता में ऐसे अनेक बिम्ब आये हैं जो आ-आकर इस रीतेपन की कड़वाहट को कह जाते हैं। वे बता जाते हैं कि गोरज रंगे अकास बीच जाने वाले इन धावमान के संग विश्वासों के लंगर भी चले गये हैं। कण्ठ में अधूरे वाक्य हैं, जबकि वे गतिशील सदा-सदा के लिए सँझवायी लहरों पर चले गये।

अभिव्यक्ति की बात से हट कर एक और तथ्य की ओर देख लेना यहाँ अप्रासंगिक न होगा। क्या ऐसी स्थितियों में कवि एकदम निराशा, अनास्था और विश्वासहीनता में न पड़ जायेगा? पूरी सम्भावना इसकी है—पर यहीं नये कवि की

शक्ति उभरती है, उसमें और कुछ न हो, 'अब भी हममें प्रश्न शेष है' की जिज्ञासा और बौद्धिकता तथा 'हमारे मन का संशय दर्प और विद्रोह वही है' के द्वारा व्यक्तित्व की प्रतिष्ठा ये वे शक्तिस्रोत हैं जिनसे नये कवि जिन्दगी के प्रति ईमानदारी और आस्था ग्रहण कर रहे हैं। कवि खण्डित पाथर तट को प्रेय रूप स्वीकारता है यद्यपि वह ज्वारों और जलयानों से वंचित है। इस तट पर खड़े होकर यह आस्था, चाहे यह छोटी सी ही क्यों न हो, उसके मन में उमगती है—

उस जल को डाकें हम
कल जो आयेगा
रत्नाकर हो वह।
इसको—
चला जाने दो
यह भी था बन्धु! ज्वार,
लीप गया फेन
संग छोड़ गया सीप भार।
लौटे अब—
खार, जल,
पैर ही भिगोयेगा,
बालू भरी अंजली में
हमने कुछ पाया हो।

प्रत्येक नये कवि के सम्मुख अभिव्यंजना की एक विशेष समस्या होती है। नरेश ने अनेक कोणों से इस समस्या पर आक्रमण किया है। नये शब्द, नयी टोन, बोलियों और विभाषाओं के विविध प्रयोग और संगीत, प्राचीन रूपकों एवं उपमाओं का सन्निवेश उन्होंने अपनी अभिव्यंजना प्रणाली में किया है। एक ओर ऐसे विराट प्रकृतिचित्र हैं जो एक साथ प्राचीन काव्यलोक की अभ्यस्त प्रतिक्रिया के साथ उनके नवीन सन्दर्भ में हुए संगठन का आनन्द देते हैं। जैसे कि—

चरण में दाबे क्षितिज ये
पंक्तिबद्ध चिनार,
मेघ कपिला दुह रहे ये
देव चरितों के देवदार उदार,
गिलहरी सी चंचला बन बाट दूबों बीच
हंसों देशों ओर ले जाती हमें यह खींच
हेमलोकी यही हंसद्वार
शिखर वस्त्रित वायु की वनबोलियाँ
साँझ संगीता भरी बन घण्टियाँ

सुनो यात्रिक! सुनो,
शेष गायन रहे सुधि-हंस
सहसंगीतती संझा, वनपाखी! सुनो!।
डाकती संझा, वनपाखी! सुनो!!

उपर्युक्त उद्धरण में क्षितिज, मेघ, कपिला, देवचरित, देवदार, हंस, शिखर, साँझ, संगीत, पाखी आदि का जिस प्रकार का संगठन हुआ है वह एकदम नया है, यद्यपि, काव्य में ये प्रतीक नये नहीं हैं। दूसरी ओर आधुनिक जीवन से लिए गये ये चित्र भी कम मोहक नहीं हैं—

अभी की भीगी हुई खपरैल से
धुवाँ हिचकोला लिए है उठ रहा—
चाय का अदहन
फिर तरकारियों की गन्ध
थकी दिनभर की रगों में
चाय का यह गरम इंजेक्शन
चल पड़ेगी जिन्दगी की धार
रुक गयी थी जो कि बारिश संग

अथवा—

बेलन,
लोइयाँ फैल रहे होंगे,
आँच
माथे पर तवा रख रोटियों के फूल बेचेगी अभी

नरेश का पूरा काव्य चित्र और संगीत बहुल है। साथ ही उन्हें कतिपय शब्द भी अत्यधिक प्यारे हैं। शब्दों का यह मोह कभी-कभी सही बिम्ब बनने नहीं देता। ऐसे स्थलों पर लगता है कि कवि अनुभूति की अपेक्षा अभिव्यक्ति की चकाचौंध में अधिक पड़ गया है। यह स्थिति बेचारे पाठक के लिए सबसे कष्टकर होती है। ये शब्दचित्र या संगीत की धुनें किस विशेष मनोभाव को व्यक्त करना चाहती हैं यह कभी-कभी अस्पष्ट रह जाता है।

नरेश ने भूमिका में कहा है कि मेरे कवि से किसी को 'विशेष' की आशा कभी नहीं रही है; और किसी को रही हो या न रही हो पर सम्भवतः स्वयं कवि को अवश्य है। तभी तो वह अभिव्यंजना के विशेष प्रयोग करते हैं। ऐसे शब्द गढ़ते हैं जिनके अर्थ अन्त में स्वयं उन्हें खोलने पड़े हैं। वाक्यविन्यास और शब्दरूप बँगला या अन्य बोलियों से लेना पड़ा है या फिर बीमार साँझ के भयंकर प्रयोगवाद में इलियट की साँझ को कई कदम पीछे छोड़ गये हैं।

प्रभु मोर कण्ठ के बल देवो, घोष देवो, न्याय देवो आदि लिखने के पूर्व नरेश मेहता को यह सोच लेना चाहिए कि क्या उनका कथ्य कुछ इतना विराट है जो भाषा की प्रचलित सम्भावनाओं के भीतर अट नहीं पा रहा है। प्रत्येक भाषा की अपनी एक जीनियस होती है। उसके अनुरूप ही वह शैली के प्रयोगों को स्वीकारती है। यदि नरेश इस ओर ध्यान न देंगे तो अनुभूति और अभिव्यक्ति के जिस सामंजस्य की चर्चा ऊपर की गयी है उसके खण्डित होने का बहुत बड़ा भय इन प्रयोगों में विद्यमान है।

नरेश में शब्दों, दृश्यों एवं अभिव्यंजना के चमत्कार के प्रति एक अतिरिक्त मोह है, जो उन्हें रूपवादी बना देता है कभी-कभी। इस कारण कभी-कभी पूरी की पूरी कविताएँ पढ़ जाने पर भी वे पाठक के व्यक्तित्व को गहराई से आलोड़ित नहीं कर पातीं। उनके आशय मन के भीतर धीरे-धीरे उभरते हैं। 'डार बिछुड़ा मृग' जैसी श्रेष्ठ कविताएँ भी, जिनमें नाटकीय एकालाप (ड्रैमैटिक मानोलोग) का चरित्र के उभारने में सफल प्रयोग किया गया है। इसी कारण कई कविताएँ अन्त तक पहुँचते-पहुँचते प्रारम्भ के विकल संवेग को खोकर सपाट बन जाती हैं। संवेगों के क्षेत्र में एक बात और कहनी है कि वह गन्धकवि हैं। गन्ध का जितना तीव्र अनुभव उन्हें है, उतना औरों को नहीं। अपने बिम्बों में वह असंगत (इन्कांग्रुअस) भी हो जाते हैं —पर गन्ध का बोध उनकी अपेक्षाकृत गहरी संवेदना का द्योतक है।

'भटका मेघ'

श्रीकान्त अत्यन्त तीव्र संवेगों के कवि हैं पर इस तीव्रता के वेग को बनाये रखने के लिए तथा उसे गहनता और परिपक्वता के स्तर तक ले चलने के लिए जिस धैर्य की आवश्यकता होती है, उसका उनमें अभाव है। इस तथ्य का एक अनिवार्य परिणाम है कि वह थोड़ी बात को भी बहुत अधिक फैला कर कहना चाहते हैं। इस प्रकार तीव्र संवेग एक छिछली भावुकता में परिणत हो जाता है। इस प्रकार की छिछली भावुकता इधर के गीतकारों में पूरी तरह से प्राप्त होती है। इन गीतों या पातियों में मन की एक अनुभूति (कभी कृत्रिम और कभी स्वाभाविक) या विचार का चित्रण ध्येय होता है पर उस चित्रण की जो प्रणाली है उसमें गर्जन-तर्जन या उच्छ्वासवितरण इतना अधिक हो जाता है कि पूरी कविता, उस केन्द्रीय बात से विच्युत दिखाई देने लगती है। यही नहीं दृश्ययोजना की नीरस पुनरावृत्तियाँ भी इस विच्युति में सहायक बनती हैं। श्रीकान्त वर्मा के कविता संग्रह 'भटका मेघ' में कुछ ऐसी प्रवृत्ति कहीं-कहीं पर उभर आयी है। ऐसी कविताएँ प्रबुद्ध पाठक को कुछ देर के लिए ही अभिभूत कर पाती हैं, जिनमें कि एक ही बात को अनेक रूपक, उपमाओं, चित्रों के माध्यम से दुहराया जाता है।

काव्य में ध्वनि का विशेष महत्त्व है तथा संक्षिप्तता एक अनिवार्य गुण है। इन बातों को श्रीकान्त जैसे विकासोन्मुख कवि को पहचानना होगा। साथ-साथ पढ़ने पर श्रीकान्त में नरेश मेहता के कुछ शब्दों, रूपकों, उपमानों की अनुगूँज सुनाई देती है। पर सब मिलाकर वह नरेश मेहता से एकदम भिन्न टेंपरामेंट के कवि हैं। नरेश में कथ्य को संपुजित रूप से उपस्थित करने का अनुशासन है, जबकि श्रीकान्त में एक बहाव, फैलाव और तेजी है जो कि रिटारिक कवि की विशेषता होती है। इस बहाव में जिस समय अनुभूति और आवेग संयुक्त हो जाते हैं उस समय वह चमक उठती है—जैसे 'बूढ़ा पुल' या 'मणि सर्प'।

इनके अभाव में वह 'फूहड़ बाट' बन कर रह सकती है। 'अन्धकार का संशय' जैसी श्रेष्ठ और सशक्त कविता भी अन्त तक पहुँचते-पहुँचते बिखर गयी है। 'घाटी का गिद्ध' अन्त में जब यह कहता है—

मैं शापों से नहीं
मनुजता के संकल्पों से डरता हूँ

तब मानो एक भाषणकर्ता व्याख्यान के अन्त में निष्कर्ष उपस्थित कर रहा हो। कविता में यह बात व्यंजित हो चुकी थी, उसे दुबारा और स्पष्ट करना आत्मविश्वास की कमी का द्योतक है।

असफलताओं एवं जीवन की कटुता के मध्य उगनेवाली आस्था शक्ति और भविष्य के प्रति गहरे विश्वास का भाव हमें श्रीकान्त वर्मा में नरेश मेहता की अपेक्षा अधिक मिलता है—

ठहरो, ठहरो, ठहरो—
मेरी बाँबी मत रौंदो अपने पाँवों से
मुझ में अब भी विष है
मेरा विष ही मणि बन
मुझे पथ दिखायेगा
मेरे विष की थैली
रत्ना, मणि गर्भा है

यहीं पर नयी कविता प्रयोगवाद से आगे बढ़ जाती है। प्रयोगवादी शंकाकुलता और फ्रस्ट्रेशन के मध्य डूबता रहता था। वह अपने परिवेश से आत्मीय सम्बन्ध जोड़ नहीं पाया और उसे तोड़ कर ऊपर भी नहीं उठ सका। परन्तु नये कवि में ये दोनों विशेषताएँ देखी जा सकती हैं—

शत्रु तुम परिस्थिति हो
और मैं परिस्थिति के गमले को फोड़ रहा
अंकुर हूँ—पौधा हूँ

'खाई की आत्माएँ' भी व्याकुलता को आस्था के आधारप्रस्तर के रूप में स्वीकार करती हैं। भूमिका में ही श्रीकान्त ने एक प्रश्न उठाया है, आज की जीवन्त कविता में कौन-सा व्यक्तित्व उभर रहा है? आज के जीवन्त मूल्य कौन-से हैं? श्रीकान्त की कविता इन प्रश्नों के उत्तर देने के लिए आगे बढ़ती है। यह वह व्यक्तित्व है जो विष को भी मणिगर्भा माने, जो मुकुटहीन होने में अपमान का अनुभव नहीं करता। इस व्यक्तित्व के लिए प्रिय मूल्य हैं...जब वह आनेवाली सन्तानों के लिए पुल बनने के लिए अपने को बलिदान करता है, तथा अन्धकार में जम कर चट्टान हो जाने में भाग्यवान होने का अनुभव करता है–

आवो! ओ आवो
समय के अँधेरे खोखल में
आवो हम बिछ जायें।
आवो हम पथ बने

हम हैं वह भाग्यवान पीढ़ी
जो अन्धकार में जम चट्टान हो रही है।
हम पर से गुजरेगा सत्य अभी

इसका व्यक्तित्व उस मेघ का है जो अलका की ओर नहीं, प्यासे खेतों की ओर जा रहा है, जिसका इतिहासबोध सदियों को मनुष्य की आँखों में घुलते हुए देख चुका है।

नयी कविता की एक प्रमुख उपलब्धि उसकी बिम्बनिर्माण क्षमता है। श्रीकान्त के बिम्ब बहुधा क्रियाशील और केन्द्रगामी हैं। यह पद्धति आधुनिकता के अधिक निकट है और अधिक शक्ति की माँग करती है। इस प्रणाली में बिम्ब अनेक दिशाओं से आकर एक केन्द्रीय विचार पर सारे आलोक को पुंजीभूत कर देते हैं। 'खाई की आत्माएँ', 'बूढ़ा पुल', 'शंका पुत्र' आदि कविताएँ इसी बिम्बपद्धति पर गठित हैं। गतिशील बिम्ब तो उनमें स्थान-स्थान पर हैं। सन्नाटा, उस मनमौजी कुबड़े बूढ़े सौदागर सा है जो बड़े-बड़े इतिहासनगर के कोलाहल संगीत-गान के गट्ठर बाँधे चला गया है। और परिवार की इस विरल वेदना (नयी कविता में) को अभिव्यक्त करता हुआ माँ के कष्ट के प्रति पुत्र का यह निवेदन कितना अधिक मार्मिक दृश्ययोजना उपस्थित करता है–

आँसू मत टपकाओ मुझ को प्रत्येक बूँद
छाती पर पिघले लोहे जैसी लगती है
ऐसे मत सिसको–मत सिसको
हर सिसकी की नोक मुझे गड़ती है

'भटका मेघ' कवि का पहला संग्रह है जिसमें अनगढ़ स्वर भी विरल नहीं हैं, परन्तु आद्यन्त जो बात पाठक को निरन्तर प्रभावित करती रहती है वह है कवि की शक्तिसम्पन्नता। रोमाण्टिक कवि की भावोच्छलता न होकर क्लासिक कवि का सा सान्द्र स्वर है उनका, जिसमें कि अभी अल्पवयस्क व्यक्ति की जल्दबाजी और तेजी भी मिश्रित है। जिस दिन इस स्वर में गम्भीरता और व्यापक जीवन का मन्द प्रवाह भी आ सकेगा, उस दिन वह हमारे श्रेष्ठ कवि हो सकेंगे। हम उस दिन की प्रतीक्षा करेंगे।

उपन्यास समीक्षा

भगवतीचरण वर्मा और 'भूले-बिसरे चित्र'

एक मोटा सोंटा था और उस पर खुदा हुआ था कि यह सोंटा सबको तोड़ता है। यह डंडा था फ्रांस के 19वीं शती के प्रसिद्ध उपन्यासकार हेनरी बाल्जक का। 20वीं शती के जर्मन उपन्यासकार फ्रैंज काफ्का ने जब इस सोंटे की कथा सुनी तो एक छोटी-सी छड़ी पर यह खुदवाया कि इस छड़ी को हर चीज तोड़ती है। आलोचकों का कहना है कि ये दो प्रतीक हैं—यूरोपीय उपन्यास की विकासयात्रा के। बाल्जक का उपन्यास ही वह सोंटा था जिससे वह अपने युग की हर अशुचि, रूढ़ि एवं विकृति को तोड़ रहे थे। वस्तुतः उपन्यास नामक साहित्य का यह कथारूप सचेत मध्यवर्ग की साहित्यिक अभिव्यंजना होने के कारण प्रारम्भ से ही समाज एवं मनुष्य की पारस्परिक स्थितियों, द्वन्द्वों, समस्याओं आदि की ओर उन्मुख रहा है। इसे सर्वेंटीज में देखा जा सकता है और सौभाग्य से हिन्दी के पहले उपन्यास 'परीक्षागुरु' लाला श्रीनिवासदास में भी यह जागरूकता विद्यमान है।

कथा-कहानी मनोरंजन के लिए ही नहीं, उपदेश के लिए पहले भी प्रयुक्त होती रही हैं। पर आधुनिक जीवन की क्षमताओं को स्वीकार कर यथार्थ की भूमि पर विविध सामाजिक सम्बन्धों के परिदृश्य में समस्याओं को समझने-बूझने और आँकने का प्रयत्न इस आधुनिक कथारूप में ही सम्भव हो सका है। पढ़ने में मजा (मनोरंजन) तो मिलता ही रहा पर गढ़े-गढ़ाये उपदेशों के स्थान पर यह समस्या-मूलकता उसकी एक बड़ी शक्ति है जो लेखक की जागरूकता, प्रबुद्धता और निरीक्षण-शक्ति का परिचय देती है। सजीव पात्रयोजना, विश्वसनीय घटनावली और परिस्थितियाँ जिस आधारबिन्दु (थीम) पर नाना प्रकार की विधियों से वर्णित, चित्रित होते हैं वह उपन्यास को पुराने कथारूपों से एकदम अलग कर देता है। 'फिर क्या हुआ' से आगे बढ़कर 'क्यों हुआ?', 'क्या हो रहा है?' और 'क्या होगा?' जैसे प्रश्न प्रमुख हो गये। कहना न होगा कि इनमें भी आधारभूत प्रश्न मध्यवर्ती ही हैं।

अस्तु हिन्दी उपन्यास प्रारम्भ से ही आधुनिकता के उस बीज को स्वीकार करता है। जिन रूढ़ियों, अशुचिताओं एवं विकृतियों पर भारतेन्दु या प्रतापनारायण अपने नाटकों या निबन्धों से प्रहार कर रहे थे—उन्हीं पर लाला श्रीनिवासदास या बालकृष्ण

भट्ट अपने उपन्यासों को पैना कर रहे थे। समस्याओं को समझने और उनसे जूझने की वही आकांक्षा है। यह बात, शायद कुछ विचित्र सी लगे पर सचाई यह है कि 'चन्द्रकान्ता सन्तति' की तमाम अतिरंजनाओं एवं चमत्कारों के मूल में यही मानवीय, लौकिक यथार्थवादी दृष्टि है जो ढहते हुए सामन्तवाद एवं नवोदित पूँजीवाद को प्रतीकात्मक अथवा फन्तासी की भाषा में उपस्थित कर रही थी। भारतेन्दुयुग के उस प्रारम्भिक उपन्यास की सराहना करते हुए भी एक बात ध्यान में रखनी आवश्यक है कि यह दृष्टि बहुत कुछ स्थूल है। पात्रों एवं घटनाओं के उपादानों को एक व्यवस्थित रूपाकार में ढाला भी नहीं जा सका है। समस्याओं के अनुरूप चरित्रों एवं घटनाओं के साँचे गढ़ लिए गये हैं। यथार्थ की सूक्ष्मनिरीक्षणी दृष्टि का अभाव था। यह अभाव प्रेमचन्द द्वारा भरा गया। उनके उपन्यासों में समस्याएँ सीधे उपन्यासों से उभरती हैं। प्रेमचन्द की वास्तविक खोज समस्याओं के समाधान की नहीं है (वह ऊपरी और आरोपित है—इसलिए अकलात्मक भी) बल्कि उपन्यास के लिए चरित्र, परिस्थिति, गठन एवं इन सबसे ऊपर एक उपयुक्त भाषा की खोज है। गहरी यथार्थदृष्टि, व्यापक मानवीय संवेदना, किस्सागो की आत्मीयता एवं भाषा का अत्यन्त सृजनात्मक प्रयोग प्रेमचन्द की विशिष्ट क्षमताएँ हैं। उनके उपन्यास वैयक्तिक संवेदना एवं सामाजिक इतिहास के मिलनबिन्दु ही नहीं हैं, चौराहे भी हैं। उनके उपन्यासों में व्यक्ति प्रमुख है या समाज?—इस प्रश्न का उत्तर स्पष्ट 'हाँ' या 'ना' में नहीं दिया जा सकता। जहाँ वह एक-दूसरे को पार करते हैं, काटते हैं उसी बिन्दु पर उनके उपन्यासों का सारा ढाँचा खड़ा होता है। प्रेमचन्द का मनोविज्ञान भी सहज एवं दैनिक व्यवहार का है। एक प्रकार का अपराजेय संकल्प एवं दुर्दम विश्वास उनके प्रारम्भिक उपन्यासों में मिलता है जो राष्ट्रीय आन्दोलनों के प्रथम चरण के आशावाद एवं विश्वास का प्रतीक भी है। पर 1930 ई. तक पहुँचते-पहुँचते आन्दोलन की असफलताएँ प्रबुद्ध मानस को पीड़ित भी करने लगी थीं और ईमानदार कलाकार की सम्पूर्ण सचाई के साथ प्रेमचन्द इस कटु यथार्थ को भी सामने लाते हैं।

पराजय, असफलता एवं निराशा से व्याप्त राष्ट्रीय वातावरण में ही 1930 के आसपास लेखकों की एक और नयी पीढ़ी सामने आती है। 10वीं शती में जिस मध्यवर्ग का उदय हुआ था, वह भी अब अपना स्वरूप ही नहीं, नियति भी पहचानने लगा था। इधर देश में शिक्षा, उद्योग, विज्ञान आदि के प्रसार के साथ-साथ प्रबुद्धता एवं विशेषीकरण की स्थिति भी वर्धमान थी। मार्क्स, फ्रायड और डार्विन सभी वातावरण को सघन बना रहे थे। इन विचारकों ने मनुष्य की अब तक की बद्धमूल एवं युगसिद्ध मान्यताओं को आमूलचूल हिला दिया था। इसी प्रकार के वैद्युतिक आवेश के वातावरण में तीसी की यह पीढ़ी उठ रही थी। एक ओर उनके भीतर मध्यवर्ग का व्यक्तिवादी-स्वच्छन्दतावादी दर्शन था और दूसरी ओर प्रत्यक्ष जीवन में (चाहे प्रेम का क्षेत्र हो या राजनीति का) निरन्तर असफलता का अनुभव हो रहा था।

इनका क्षुब्ध अहं घूम-फिर कर परिस्थितियों को दोष दे रहा था। नवीन विचारों के आलोक में नीति-अनीति, पाप-पुण्य, प्रेमवासना को भी ये लेखक पुनः विवेचित कर लेना चाहते थे। इन लेखकों में यदि कुछ लेखक व्यापक समाज से कटे हुए व्यक्ति के मन की अनथाही गहराइयों को नापना चाहते हैं तो कुछ तेजी से बदल रहे एवं अन्ततः पराजय की ओर बढ़ रहे जीवन का हर क्षण भोग लेना चाहते हैं। और जीवन को भोग लेने की इस आकुलता में ही अकसर नीति-अनीति, पाप-पुण्य के प्रश्न उनके सामने उभरते हैं, तथा कुछ लोग घबराकर सब कुछ नष्ट कर देने वाला हिंसक और अराजकतावादी दर्शन अपनाने को भी विवश होते हैं।

तीसी की इस पीढ़ी के ही एक श्रेष्ठ प्रतिनिधि भगवतीचरण वर्मा हैं। वह उस समय की उस तरुण पीढ़ी के प्रतिनिधि हैं जिसे एक ओर जीवन का ज्वार लहरों से खेलने के लिए आमन्त्रित भी करता है और दूसरी ओर उसकी विशालता से अभिभूत वह अपना नाश भी निश्चित सा मानते हैं। उन लोगों का अकेला अहं क्षुब्ध होकर यह अनुभव करता है कि देश और काल में फैला यह ज्वार उनसे बड़ा है। सामाजिक जीवन से हारे हुए व्यक्ति की वेदना की महिमा के गीत ही उस काल के तमाम साहित्यरूपों में गाये गये हैं। इसके अपवाद न बँगला के शरतचन्द्र हैं और न हिन्दी के जैनेन्द्र, इलाचन्द्र जोशी या भगवतीचरण वर्मा। बच्चन, अंचल या नरेन्द्र शर्मा के गीतों की भी यही पृष्ठभूमि है। पर इतना ध्यान में रखना होगा कि इस पराजयाक्रान्ति में भी विद्रोह का क्षुब्ध स्वर बराबर बना रहा है—भले ही वह विद्रोह अन्ततः निष्फल ही क्यों न मालूम पड़े।

इस पृष्ठभूमि को ध्यान में रखकर पढ़ने से भगवतीचरण वर्मा के उपन्यासों का अर्थ और प्रतीकता अधिक स्पष्ट होकर सामने आती है। 'चित्रलेखा', 'तीन वर्ष' एवं 'टेढ़े-मेढ़े रास्ते'—उनके इन तीनों प्रारम्भिक उपन्यासों के मुख्य पात्र विशिष्ट, वैयक्तिक अहं से मण्डित हैं और प्रत्येक किसी न किसी बिन्दु पर असफल होता नजर आता है। 'चित्रलेखा' में अतीत के ऐतिहासिक फलक पर पाप-पुण्य की समस्या है, 'तीन वर्ष' में वर्तमान के धरातल पर विवाह, प्रेम और वासना का प्रश्न है तथा 'टेढ़े-मेढ़े रास्ते' में समसामयिक राजनीतिक विश्वासों के आगे प्रश्नचिह्न हैं। सर्वत्र मूल में एक ही विचारधारा है कि 'मनुष्य परिस्थितियों का दास है'। पूर्वग्रहीत मान्यताओं पर सर्वत्र एक ठोकर है : न कोई पापी है न पुण्यात्मा, कुलकन्या से श्रेष्ठतर वेश्या हो सकती है और सारे राजनीतिक विश्वास झूठे हैं। इसे एक प्रकार का क्षयी जीवन दर्शन भी कहा जा सकता है, गोकि यही दर्शन उस समय के व्यक्ति को बल भी देता है। 1959 ई. में प्रकाशित 'भूले-बिसरे चित्र' में ज्वालाप्रसाद भी यही कहकर अपने मन को हलका करते हैं : 'मनुष्य के हाथ में कुछ नहीं है, बिल्कुल कुछ नहीं है, फिर चिन्ता किस बात की की जाये? जो होना है, वह हो चुका है, उसे रोका नहीं जा सकता।' (पृ. 376, संक्षिप्त संस्करण)

अपनी पीढ़ी के समसामयिक उपन्यासकारों के मध्य भगवती बाबू एक अर्थ में नितान्त विशिष्ट हैं कि जब जैनेन्द्र या इलाचन्द्र जोशी अधिकाधिक व्यक्तिमन के विश्लेषण में लगे थे तब भी वह सामाजिक यथार्थ से संलग्न रहे। उनके चित्रण का कैनवास प्रेमचन्द जैसा व्यापक तो नहीं है पर मध्यवर्ग के विविध सम्बन्धों के तनावों और क्रिया-प्रतिक्रियाओं के बीच ही अपने पात्रों एवं समस्याओं को उन्होंने उभारा है। उनके उपन्यासों का मूल ढाँचा बहुधा परिवारकेन्द्रित है। इस सन्दर्भ में वह प्रेमचन्द की परम्परा के अपेक्षाकृत अधिक निकट रहे। कथा कहने की रोचकता भी उनमें प्रेमचन्द जैसी ही थी—अपने समकालीन उपन्यासकारों से कहीं अधिक। एक और तथ्य भी द्रष्टव्य है कि विचार और दर्शन की ओर उनका झुकाव कम होता गया है, जबकि अन्य उपन्यासकारों में यह व्याधि बढ़ी है। शायद जिस दर्शन को भगवती बाबू ने अपनाया है उसकी सम्भावित परिणति घटनाबहुलता ही है।

ऊपर विवेचित पहले के तीनों उपन्यासों के बाद भगवती बाबू की कला में कुछ गिराव आया था। 'आखिरी दाँव' उनका अपेक्षाकृत कमजोर उपन्यास है, परन्तु पुनः 'भूले-बिसरे चित्र' तथा 'सामर्थ्य और सीमा' में उन्होंने पर्याप्त शक्ति और कौशल का प्रमाण दिया है। 'भूले-बिसरे चित्र' पर तो उन्हें 'साहित्य अकादेमी' एवं 'हिन्दुस्तानी ऐकेडेमी' के सर्वश्रेष्ठ पुरस्कार भी मिल चुके हैं।

'भूले-बिसरे चित्र'

'भूले-बिसरे चित्र' मूलतः एक महाकाय उपन्यास है। आलोच्य संस्करण 700-750 पृष्ठों के इस उपन्यास का संक्षिप्त संस्करण है।* मूल आधिकारिक कथा के विकास को ध्यान में रख कर ही इसे संक्षिप्त किया गया है। इस सम्बन्ध में जहाँ यह कहा जा सकता है कि संक्षिप्त करने में उपन्यास के तमाम रोचक अंश एवं जीवन के बहुत से चित्र-विचित्र पक्ष ओझल हो गये हैं—वहीं, यह भी सत्य है कि उपन्यास अधिक सुगठित, स्पष्ट एवं कलात्मक हो गया है।

एक परिवार की चार पीढ़ियों की यह कथा है और ये पीढ़ियाँ अपने समसामयिक संघर्षों एवं परिस्थितियों के तनाव में ही उठती-गिरती हैं। यह परिवार एवं समाज अब लगभग बीतकर इतिहास की वस्तु बन गया है। इस प्रकार व्यक्ति, परिवार और समाज का इतिहास की भूमि पर मिलन हो गया है। इसे एक प्रकार का 'पीरियड नावेल' भी कहा जा सकता है। कथाकाल सन् 1880 से 1930 ई. तक फैला हुआ है। पचास वर्ष के समयफलक पर फैले हुए भारतीय समाज का चित्र राजनीतिक परिदृश्य में देने की चेष्टा की गयी है। इतिहास की वस्तुपरक दृष्टि बनाये रखने के

---

* इस संक्षिप्त संस्करण को स्वयं देवीशंकर अवस्थी ने तैयार किया था।

लिए ही सम्भवतः वर्मा जी ने कथानक को 1930 तक ही रखा है—क्योंकि उसके बाद के समय के वर्मा जी स्वयं भोक्ता हो जाते हैं। अतः पूर्वग्रहों को लाने की सम्भावना बढ़ जाती है। ध्यान में रहे कि वर्मा जी का लेखन 1930 के आसपास ही प्रारम्भ हुआ है। यों भी कह सकते हैं कि चौथी पीढ़ी का नवल, वर्मा जी की अपनी पीढ़ी का प्रतीक है और उसे संघर्षभूमि में उतार कर उपन्यासकार उपराम हो जाता है—फिर वह अपने निष्कर्ष नहीं देना चाहता।

संयुक्त परिवार प्रथा का विघटन, मध्यवर्ग का उदय, सामन्तवाद की पूँजीवाद द्वारा पराजय तथा राष्ट्रीय स्वातन्त्र्य आन्दोलन का विकास—ये चार आधारबिन्दु हैं जिन पर कि सम्पूर्ण उपन्यास का कथानक खड़ा होता है। इन्हीं चारों की पारस्परिक क्रियाओं-प्रतिक्रियाओं के माध्यम से उपन्यास की सम्पूर्ण अन्तर्योजना गठित होती है। पहली पीढ़ी मुंशी शिवलाल की है जो कचहरी के बाहर बैठकर अर्जीनवीसी करते हैं पर उनका अंग्रेजी पढ़ा लड़का अंग्रेज कलक्टर की कृपा से नायब तहसीलदार नामजद हो जाता है। यह मध्यवर्ग के उत्थान की पहली प्रक्रिया है। इसका तात्कालिक प्रभाव मुंशी शिवलाल के संयुक्त कुटुम्ब पर पड़ता है। बेटे के साथ बहू का जाना इस संयुक्त प्रथा की पहली दरार है फिर तो मुंशी शिवलाल के भाई मुंशी राधेलाल की हर प्रकार की चेष्टाओं के बावजूद यह संयुक्त कौटुम्बिकता टूट कर रहती है। यह समस्या आगे भी आ सकती थी—शायद इसी से बचने के लिए लेखक ने ज्वालाप्रसाद, गंगाप्रसाद एवं नवल तीनों को इकलौता बेटा ही दिखाया है। भूमिका वाले भाग में हम कह चुके हैं कि 1930 तक पहुँचते-पहुँचते मध्यवर्ग का संकट सामने आ गया था। पूँजीवाद और साम्राज्यवाद की छाया के तले उसका विकास हुआ था। पर धीरे-धीरे आर्थिक संकटापन्नता उसे मुक्तिकामी बनाने लगी थी। 'भूले-बिसरे चित्र' में भी यही चित्रित हुआ है। ज्वालाप्रसाद एवं गंगाप्रसाद नौकरशाही एवं मध्यवर्ग के ऐसे ही प्रतीक हैं। गंगाप्रसाद कलक्टर हो जाते हैं और यह मध्यवर्ग का चरम उत्थान है पर जब अचानक ही उनकी मृत्यु होती है तब नवल लगभग उसी स्थिति में पहुँच जाता है जहाँ से उसके पितामह ने प्रारम्भ किया था। उसका क्षुब्ध अहं किसी की दया को स्वीकार नहीं करता और जीवन के ज्वार में बहने के लिए वह पूरे आवेश से सत्याग्रह संग्राम में कूद पड़ता है। चौथी पीढ़ी के नवल में इस वर्ग के चरित्र और नियति का इंगित भी हो गया है। वस्तुतः परिवार के स्तर पर ही यह उपन्यास सबसे अधिक सफल हुआ है।

कथा के इस प्रारम्भिक भाग में ही उपन्यास के कथानक का दूसरा स्तर भी उभरता है : सामन्तवाद बनाम पूँजीवाद का। घाटमपुर तहसील में नायब तहसीलदार के पहुँचते ही ठाकुर गजराजसिंह, ठाकुर बरजोरसिंह एवं लाला प्रभूदयाल का संघर्ष सामने आता है। मामूली बनिये का लड़का प्रभूदयाल धीरे-धीरे कुलाभिमान एवं पुराने सामन्ती ठाठबाट में चूर दोनों ठाकुरों को नीचा दिखा देता है।

अपना अवसर पहचानने की उसमें अचूक निगाह है, पर जानता है कि नौकरशाही को साथ में रखना चाहिए। नौकरशाही के प्रतीक ज्वालाप्रसाद को उसे साथ लेना ही पड़ता है—न्याय एवं कानून के नाम पर। इस तरह नौकरशाही एवं पूँजीवाद के गठबन्धन द्वारा लेखक ने सामन्तवाद की पराजय के ऐतिहासिक तथ्य को चित्रित किया है। फिर तो पूँजीवाद के घृणित चेहरे पर पड़ी नकाब को लेखक ने बार-बार उघाड़ा है। यह पूँजीवाद असहयोग आन्दोलन को सहायता देता है क्योंकि इससे उसे अपने को जमाने में सहयोग मिलता है पर कार्य सध जाने पर एकदम मुँह मोड़ लेता है। यह पूँजीवाद विदेशी साम्राज्यवाद को भी सहायता देता है और बदले में सर की उपाधि प्राप्त कर अभिजात सामाजिक हैसियत प्राप्त करता है। दूसरे का पैसा हजम कर जाने की बेईमानी में उसे हिचकिचाहट नहीं होती। यहाँ तक कि मृत्युशय्या पर पड़ी माँ को गाली भी देता है—पैसे के लिए ही। ज्ञानप्रकाश की यह टिप्पणी इस पूँजीवाद की वास्तविक व्याख्या करती है—

लेकिन गंगा इसमें आश्चर्य की कोई बात नहीं। यह पूँजीपति जबरदस्त मुनाफा उठाता है। उस मुनाफे का एक छोटा-सा हिस्सा सरकार को देता है ताकि सरकार से उसे हर तरह की सुविधाएँ मिलें। इस मुनाफे का छोटा-सा हिस्सा वह देता है कांग्रेस को, ताकि स्वदेशी का आन्दोलन जोर पकड़े और उसका माल जोरों के साथ बिके। इस मुनाफे का छोटा-सा हिस्सा देता है गंगाप्रसाद ज्वाइण्ट मैजिस्ट्रेट को ताकि लक्ष्मीचन्द जो लूट-खसोट बेईमानी करता है, उसके बारे में सरकारी कर्मचारी आँखें बन्द कर लें। रुपया इस युग की सबसे बड़ी मजबूरी है।

अर्थव्यवस्था की ओर बढ़ते ही राजनीति का आ जाना स्वाभाविक ही है और उपन्यास के दूसरे खण्ड में राजनीतिक वातावरण का चित्रण प्रधानता प्राप्त कर लेता है। इस खण्ड के पहले ही अध्याय में विदेशी शासन उसके प्रभाव एवं साम्प्रदायिकता-जातीयता आदि के उभाड़ की चर्चा होती है। फिर तो रौलट एक्ट, असहयोग आन्दोलन, चौरी चौरा काण्ड, साम्प्रदायिक झगड़े, हड़ताल, डांडी यात्रा, नमक सत्याग्रह आदि सभी आते हैं। उपन्यास की समाप्ति ही राजनीतिक बिन्दु पर होती है।

प्रस्तुत उपन्यास के जिन स्तरों की चर्चा की गयी है, वे अलग-अलग कटे हुए नहीं हैं। एक-दूसरे पर आश्रित हैं, एक से दूसरा उत्पन्न होता है। यों अगर सभी स्तरों के मूल में विद्यमान मूल भावबिन्दु को ढूँढ़ा जाये तो लगेगा कि पुरानी दुनिया को (अपने सारे मूल्यों और विश्वासों के साथ) तोड़कर उसके स्थान पर जो नयी दुनिया आयी है उसका रूप और विकास दिखाना ही मुख्य थीम है। पृ. 92 पर ज्वालाप्रसाद सामन्ती कुलीनता एवं आभिजात्य के मूल्यों के विरोध में खड़े होने वाले पूँजीवाद का समर्थन करते हुए कहता है—

'बप्पा, यह नया जमाना है। कोई खुद बढ़ईगीरी थोड़े ही करनी है। वह तो लकड़ी के काम का कारखाना खोलेगा। सैकड़ों बढ़ई वहाँ नौकर होंगे। मशीन की मदद से काम होगा। अच्छे से अच्छा नये फैशन का सामान बनेगा। लाखों का कामकाज हो सकता है। नयी दुनिया का नया रूप होगा।'

मुंशी शिवलाल की समझ में यह बात आती तो नहीं पर चूँकि उनके बेटे ने 'जो नये युग का आदमी था'—कही थी इसलिए उन्होंने मान ली। इस प्रकार लक्ष्मीचन्द (पूँजीपति) एवं ज्वालाप्रसाद (नौकरशाही और मध्यवर्ग) नये युग के आदमी हैं। यह नयापन परिवार में भी घुस रहा था : 'शिवलाल सोचने लगे। अधिकार और शक्ति अपना स्थान बदल रहे थे, एक जगह से हटकर दूसरी जगह जा रहे थे। परिवार की परम्परा टूट रही थी।' (पृ. 95)

पर ज्वालाप्रसाद की दुनिया भी बदलती है। वह भी पीछे पड़ते हैं। पृ. 178 पर डिप्टी कलक्टर सोमेश्वरदत्त गंगाप्रसाद के लिए कहते हैं, 'दिल और हौसले वाला है मीर साहेब, यह तो आपको मानना ही पड़ेगा।' 'नये युग का आदमी है, इस नयी दुनिया में यह काफी आगे बढ़ेगा। और इस नये युग के नये आदमी का गुण है कि वह साहसी है, खुशामद नहीं कर सकता। अंग्रेजों से भी बराबरी का बरताव करता है, भीतर-बाहर एक है।' यानी कि मध्यवर्ग अब इतना शक्तिशाली हो चुका था कि आत्मविश्वास के साथ बढ़ सके। पर यह आत्मविश्वास अभी भी सुख, सुरक्षा एवं नौकरी के प्रश्न पर साथ छोड़ देता है। उसके अन्दर की कायरता ही उसे तोड़ देती है। असहयोग आन्दोलन से सहानुभूति होते हुए भी अपमानित गंगाप्रसाद नौकरी नहीं छोड़ पाते। यह सामर्थ्य उनकी अगली पीढ़ी में आनी थी। बीमार पिता की परिचर्या के लिए भुवाली जाने को प्रस्तुत पुत्र नवल को गंगाप्रसाद ने देखा—'उनका समर्थ और आत्मविश्वास से भरा हुआ पुत्र, भविष्य का प्रतीक।' नये युग का यह प्रतीक स्त्री के स्वतन्त्र अस्तित्व का हामी बनता है। उसके अनुसार स्त्री की नौकरी के सवाल को नयी दुनिया वाले ठीक समझेंगे। (पृ. 357) वह वकालत करने से इनकार कर देता है क्योंकि झूठ-खुशामद और मक्कारी उसके बस की बातें नहीं हैं। वह कहता है—

'मैं निराश होकर जेल नहीं जा रहा हूँ। जो रास्ता मैंने अपनाया है, उसकी यही परिणति है। संघर्ष-संघर्ष-संघर्ष। जीवन भर संघर्ष। यह संघर्ष मेरे अन्दर की पुकार है।'

गोकि वह यह अनुभव भी करता है कि जिस नवीन का निर्माण करने वह निकला है वह काफी महँगा पड़ रहा है। 'जो कुछ भी प्राचीन है उसे बड़ी बेरहमी से तोड़ना पड़ रहा है।' (पृ. 374)

द्रुतगति से परिवर्तनशील इस नयी दुनिया का इससे अधिक व्यंजक चित्र क्या हो सकता है कि जिस ज्वालाप्रसाद को उपन्यास के प्रारम्भिक भाग में नये युग का

आदमी बताया गया था वही पचास साल बाद उपन्यास के अन्त में और अधिक नयी दुनिया के सामने अपने आपको किंकर्तव्यविमूढ़ अनुभव करता है—

'नहीं समझ में आ रहा है भीखू, यह सब क्या हो रहा है और क्यों हो रहा है। ये तरह-तरह के चित्र आप ही आप बनते हैं और मिट जाते हैं, यह क्यों?'

और लेखक की इस टिप्पणी से उपन्यास समाप्त होता है—

दो बूढ़े, जिन्होंने युग देखा था, जिन्दगी के अनेक उतार-चढ़ाव देखे थे जिन्होंने, जिनके पास अनुभवों का भण्डार था, विवश थे, निरुत्तर थे। और दूर हजारों, लाखों-करोड़ों आदमी जीवन और गति से प्रेरित, नवीन उमंग और उल्लास लिए हुए एक नवीन दुनिया की रचना करने के लिए चले जा रहे थे। (पृ. 378)

विस्तृत देश और काल में फैले हुए इस उपन्यास की गठन की विवेचना भी कर लेनी आवश्यक है। इस सम्बन्ध में सबसे पहले हमारा ध्यान कथा कहने के दृष्टिकोण की ओर जाता है। जिस जीवनप्रक्रिया को लेखक अपना चित्रणीय बनाता है उसके लिए वस्तुगत तटस्थता आवश्यक है। इसीलिए उसने कथा को तटस्थ द्रष्टा के बिन्दु से कहा है। इसी बिन्दु पर से लम्बे देश-काल का निर्वाह सम्भव भी था, परन्तु इस तटस्थता को नाटकीय योजनाओं द्वारा उसने एकरस नहीं होने दिया है। चुटीले संवाद नाटकीयता की रक्षा करते हैं। तटस्थ द्रष्टा के बिन्दु से कही गयी ऐतिहासिक शैली के कारण लेखक को यह सुविधा रही है कि वह कहीं भी प्रवेश कर कथासूत्र को आगे बढ़ा सका है या कि अपनी ओर से टिप्पणी देकर चरित्र की रूपरेखा या घटना के निहितार्थों को स्पष्ट कर सका है। परन्तु इस सुविधा के बावजूद कथानक के गठन में कुछ छिद्र रह गये हैं। आकस्मिक संयोगों के सहारे कथा को आगे बढ़ाना भी उन्हीं में से एक है। बुद्धू एवं जग्गू पहलवान की आकस्मिकता प्रासंगिक कथा के अन्तर्गत आ सकती है। (गोकि विशनलाल की समस्त प्रासंगिक कथा मूल कथा को न तो कुछ योग दे पाती है और न उसे किसी प्रकार से अर्थतम बनाती।) पर गंगाप्रसाद की आकस्मिक बीमारी और मृत्यु को लाकर लगता है कि लेखक इस पात्र से छुटकारा पाना चाहता है। गंगाप्रसाद की सम्पूर्ण सम्भावनाओं का उसने उपयोग कर लिया है—ऐसा नहीं लगता। पर इस प्रकार की कमी के बावजूद कथानक सुगठित बनाये रखने में लेखक ने शक्ति का परिचय दिया है। चार पीढ़ियों की कथा कहते समय भी एकसूत्रता बनाये रखने के लिए किसी एक को केन्द्रस्थ बनाये रखना आवश्यक था। इसके लिए वर्मा जी ने ज्वालाप्रसाद को चुना। अपने पिता शिवलाल की पीढ़ी उसे विरासत में मिली थी और वह अपने साथ संयुक्त कुटुम्ब की समस्या सौंप गयी थी। तीसरी पीढ़ी उसके पुत्र गंगाप्रसाद की है जो उसी का विकसित रूप है और वह अपनी तथा अपने पुत्र की ही पीढ़ी का समुचित बोध प्राप्त कर पाता है। चौथी पीढ़ी उसके पौत्र नवल की है जिसे वह केवल निहारता रह जाता है, समझ नहीं पाता।

इस प्रकार ज्वालाप्रसाद ही प्रारम्भ से अन्त तक उपन्यास का मेरुदण्ड बना रहता है। जब वह कथा का सक्रिय पात्र नहीं भी रह जाता तब भी बेहद सम्पृक्त द्रष्टा तो रहता ही है। इस प्रकार उसकी समस्त सम्भावनाओं एवं क्षमताओं का उपयोग लेखक ने लगभग कर लिया है।

पात्रों की क्षमताओं की चर्चा करते समय यह तथ्य निरन्तर ध्यान आकर्षित करता है कि पात्रों में पर्याप्त गहराई एवं वर्तुलता नहीं आ पायी है। सम्भवतः विस्तृत देश-काल में फैले सामाजिक जीवन के चित्रण का उद्देश्य ही इस निर्बलता के लिए उत्तरदायी है अन्यथा 'चित्रलेखा', 'तीन वर्ष' एवं 'टेढ़े-मेढ़े रास्ते' में वह चरित्रस्थापना शक्ति का पर्याप्त प्रमाण दे सके थे। 'टेढ़े-मेढ़े रास्ते' के पण्डित रामनाथ तो अविस्मरणीय कथानायकों की परम्परा में परिगणनीय हैं। पर प्रस्तुत उपन्यास में पात्र अधिकांशतः चौरस एवं वर्गगत (टाइप) हो गये हैं। उनकी व्यक्तिता लुप्त हो गयी है। यहाँ तक कि पात्रों के घनिष्ठ सम्बन्धों में भी पर्याप्त घनिष्ठता नहीं आ सकी है। वैध या अवैध प्रणयप्रसंग हों या वात्सल्य के सम्बन्ध हों, कहीं पर भी वह गहन भावनाशीलता नहीं मिलती जो समस्त तर्कों एवं कारण-कार्य की परम्पराओं से अलग कर व्यक्ति को उसके सम्बन्धों में विशिष्ट बना देती है। सतह पर का यह चित्रण परिवार के ही सम्बन्धों में नहीं है, अधिकारियों, पूँजीपतियों, राजनीतिक कार्यकर्ताओं आदि के बारे में भी अधिकांशतः सूचनाएँ ही मिलती हैं, उनके जीवन के संश्लिष्ट चित्र नहीं। छिनकी या भीखू जैसे पात्र सबसे अधिक विशिष्ट, पुष्ट एवं मानवीय हैं पर उनका कथा के भीतर अधिक विकास नहीं हो सका—सम्भवतः लेखक की योजनाओं में इसके लिए गुंजाइश नहीं थी।

पर जहाँ तक पात्रों के वर्गगत प्रतिनिधित्व का प्रश्न है, वर्मा जी लगभग प्रेमचन्द के धरातल पर ही सिद्ध होते हैं। मुंशी शिवलाल पटवारियों, अर्जीनवीसियों की उस कायस्थ खोपड़ी के प्रतिनिधि हैं जो नाना प्रकार की तिकड़मों और बेईमानियों के द्वारा स्वार्थ सिद्ध करना चाहते हैं। जब उनका पुत्र ही उनके इन ढंगों को अस्वीकार करता है, तो आवेश में आकर वह आत्महत्या कर बैठते हैं। मुंशी राधेलाल अपने भाई के ही पूरक हैं। ज्वालाप्रसाद उस मध्यवर्ग के प्रतिनिधि हैं जो अपनी योग्यता, ईमानदारी एवं विधिपरकता द्वारा सरकारी नौकरियों में ऊँचा उठना चाहता है। गंगाप्रसाद उसी के विकसित रूप हैं पर इतना अन्तर हो जाता है कि उन्हें अपने वातावरण से जूझना नहीं पड़ा है। उनका वातावरण उन्हें उन्नति में सहायता देता है और वह अपेक्षाकृत समतल मार्ग पर बढ़ते जाते हैं। इसी कारण आसानी से दुर्व्यसनों की ओर भी बढ़ते हैं और अन्ततः टूट जाते हैं। नवल उस युवक पीढ़ी का प्रतिनिधि बनकर आता है जिसके प्राणों की पुकार है—संघर्ष, एक प्रकार के अरूप लक्ष्य वाला संघर्ष। अन्य पात्रों में ठाकुर गजराजसिंह, बरजोरसिंह, सरोहन के राजा आदि विघटनशील सामन्तवर्ग के प्रतिनिधि हैं तथा प्रभूदयाल एवं लक्ष्मीचन्द

उगते हुए पूँजीवाद के। ज्ञानप्रकाश राजनीतिक चेतना का प्रतीक है तथा विद्या नयी विद्रोहिणी नारी की। मीर साहब लेखक के अपने विवेक के भी एक अंश में प्रतीक हैं और दूसरी ओर प्राचीन धार्मिकता एवं नैतिकता के सद्‌अंश के भी। पर वह नये जीवन के बहुत उपयुक्त नहीं हैं और लेखक उन्हें शीघ्र ही कथामंच से हटा देता है। चरित्रविधान के बारे में यह भी ध्यान में रखना होगा कि लेखक ने जिस घटनाबहुल कथानक को उठाया था उसमें वर्गगत पात्रों की सम्भावनाएँ ही अधिक हैं।

घटनाओं एवं पात्रों को एक समुचित वातावरण का परिदृश्य देने में लेखक ने अचूक पहचान का परिचय दिया है। ज्वालाप्रसाद की नायब तहसीलदारी की नामजदगी का वातावरण हो या अल्लामावहशी तथा स्वामी जटिलानन्द का शास्त्रार्थ हो अथवा नवल की जेलयात्रा की पृष्ठभूमि में विद्यमान जुलूस या नारे हों—लेखक ने सर्वत्र प्रसंगानुकूलता को ध्यान में रखा है तथा कथानक एवं पात्रों को समृद्ध किया है। इसी सम्बन्ध में यह भी द्रष्टव्य है कि लेखक ने वातावरण के प्रति किसी प्रकार का अतिरिक्त मोह भी नहीं दिखाया है। लेखक इस बात का भी आभास नहीं होने देता कि पाठक को कथा से अलग कहीं उलझा रखा गया है। वातावरण अंकन की दृष्टि से यह बहुत बड़ी सफलता है।

उपन्यास की भाषा में बोलचाल का वही सहज-सरल स्वर है जो हमें प्रेमचन्द में मिलता है। लेखक ने आलंकारिकता या अतिरिक्त भावुकता से भरी भाषा का प्रयोग न करके भाषा के जिस गठन और लहजे को स्वीकार किया है वह उपन्यास को अधिक रोचक और सार्थक बनाता है। वस्तुतः इस उपन्यास में जिस बीती हुई अर्द्धशती के भूले-बिसरे चित्रों को पुनः याद के सहारे अंकित किया गया है, वे अपनी रोचकता में हमें आकर्षित करते हैं। प्रस्तुत उपन्यास स्वातन्त्र्योत्तर हिन्दी साहित्य की एक सफल कृति है। अपने ढंग से यह प्रेरक भी है और ज्ञानवर्द्धक भी।

'बूँद और समुद्र' : एक ही कैनवास पर बहुरंगी जीवन के चित्र

'उत्तरा' में जिस व्यक्ति ने 'बूँद और समुद्र' का एकाध हिस्सा भी पढ़ा था, वह पूरा उपन्यास पढ़ने के लिए प्यासा बैठा था। बहुत दिनों की प्रतीक्षा के बाद नागर जी के जीवन की तमाम साधना, चिन्तन और लेखनविधि का पुंजीभूत रूप सँजोकर यह उपन्यास आया है। इसकी गिनती वास्तव में उन उपन्यासों के साथ होनी चाहिए जिनके पीछे लेखक का सारा व्यक्तित्व अपनी समग्रता में स्थित होता है।

व्यक्तित्व की समग्रता जैसे शब्दों का प्रयोग केवल पहेली बुझाने के लिए नहीं है। मेरा तात्पर्य है कि लेखक ने जीवन में जो कुछ जैसा समझा है, जितने प्रकार के चरित्रों के सम्पर्क में आया है, जिन संस्कारों और रीति-रिवाजों ने उसके चारों ओर के वातावरण को गढ़ा है, जो समस्याएँ और समाधान लेखक के सामने आये हैं, जैसा कुछ नागर जी ने पढ़ा और लिखा है वह सब इस उपन्यास में लाने का प्रयास किया गया है। लेखक ने चयन नहीं किया, बटोरा है। धरती पर साधारण-उपेक्षित स्थानों में जो मणियाँ बिखरी पड़ी हैं, यदि उनको बीनने के बजाय बटोरा जायेगा तो आवश्यक है कि कुछ धूल और कचरा भी इकट्ठा हो जाये। ऐसी ही कुछ स्थिति प्रस्तुत उपन्यास में भी है। इसमें जहाँ एक ओर साहित्य और कला के सर्वश्रेष्ठ अंश मिल जाते हैं, वहीं काफी कुछ असंगत, उच्छिष्ट और निर्मूल्य भी विद्यमान हैं।

एक स्थान पर डाक्टर के हलवाई से उधार लेकर पैसे न देने का मिथ्या आरोप पाने के बाद सज्जन (नायक) अपने मित्र कर्नल से कहते हैं–

'दरअसल कैरेक्टर्स तो यहाँ गली-मुहल्लों में है। जीवन की विभिन्नता तो यहीं देखने को मिलती है।'

कर्नल का उत्तर है–

'हाँ-हाँ, ज्यादा आरटिस्टपना न बघारो हमारे सामने। साली जमाने भर की गन्दगी, जहमत तो यहाँ ही पलती है।'

मुझे ऐसा लगता है कि उपन्यास के दो मुख्य पात्रों की इस बातचीत में सारी रचना का मूल बिन्दु केन्द्रित है। लेखक के अनुसार इसमें मध्यवर्गीय नागरिक जीवन

को अंकित किया गया है, पर इसमें दरअसल केवल मध्यवर्गीय जीवन ही नहीं है, इसमें गुण्डों, पहलवानों, मन्दिर के पुजारियों के भी चित्र हैं तथा धनिक और ऊपरी वर्ग के भी। स्वयं सज्जन, उपन्यास का नायक भी, ऊपरी तबके का ही है। एक प्रकार से समस्त नागरिक समाज उपन्यास में मूर्तित हो उठा है। यहाँ चारित्रिक वैविध्य, महत्ता और नीचता, जहनियत और जहालत सभी कुछ तो आ गया है। उपन्यासकार ने किसी को महिमामण्डित करने का अनावश्यक प्रयत्न नहीं किया। सज्जन एक श्रेष्ठ और सम्पन्न कलाकार है पर उसमें जो यौन कमजोरी है, स्त्री को भोग्या मानने की वृत्ति है उसे उपन्यासकार ने पूरे परिवेश के साथ उभारा है। सज्जन को कलाकार की आत्मान्वेषिणी वृत्ति द्वारा जब इसका आभास होता है तब वह अपने चरित्र की इस आन्तरिक असंगति के दंश से तिलमिला उठता है, उसकी अहंवादिनी बौद्धिकता, प्रक्षेपित तार्किकता रक्षा करना चाहती है; वह दूसरों पर आक्षेप करता है, अपने को सही सिद्ध करने की दलीलें देता है। यहीं उपन्यासकार का सही एप्रोच स्पष्ट होता है, वह इन दलीलों और आक्षेपों की मिथ्या नींव को उघाड़ कर रख देता है। यहीं पर उसका आदर्शवाद भी प्रच्छन्न भाव से आ गया है। सज्जन के व्यक्तित्व की इन गड़ने वाली नोकों को वह कन्या के प्रेम द्वारा गोठिल करता है—इस हृदय-परिवर्तन पर गाँधीवादी विचारसरणि की स्पष्ट छाया है, यद्यपि इस परिवर्तन की हेतु कन्या अपने को सदा मार्क्सवादी मानती रही।

आलोच्य उपन्यास वास्तव में परम्परा से प्राप्त उपन्यासों की गठन से पृथक है। इसे रूढ़िगत तत्त्वों की दृष्टि से परखना अनुचित है। यह उपन्यास एक प्रकार से उन उपन्यासों में गिना जा सकता है जो अपने 'कथ्य' को समर्थ अभिव्यक्ति देने के लिए रूपविधान को नये ढंग से गढ़ लेते हैं। प्राचीन साँचे में वस्तु को ढालने की बजाय रूपविधान को परिवर्तित करना उन्हें अधिक अभीष्ट प्रतीत होता है। प्रधानता इनमें वस्तु और कथ्य की है, विन्यासकौशल की नहीं, यद्यपि यह विन्यासकौशल भी अपने में कम महत्त्वपूर्ण नहीं होता। उपन्यासकार का उद्देश्य किसी सुगठित कथा को उपस्थित करने का नहीं ज्ञात होता, इसी कारण 'बूँद और समुद्र' का कथाविन्यास अत्यधिक शिथिल है। लेखक एक बड़े कैनवास पर पूरे जीवन को उतारना चाहता है; एकतानता (यूनिफार्मिटी) यही है कि ये सारे चित्र एक ही कैनवास पर प्रतिष्ठित हैं, पर बहुरंगी जीवन के चित्र होने के कारण अपने आप में स्वतन्त्र भी हैं। एक दूसरी भी आन्तरिकता इनमें समाई हुई है कि ये जीवनयथार्थ के खण्ड हैं। इसके अतिरिक्त तो वस्तुविन्यास विच्छिन्न ही नहीं है, कभी-कभी तो ऐसा प्रतीत होने लगता है कि एक लम्बा वैयक्तिक निबन्ध लिखा जा रहा है जिसमें कि प्रस्तुत विषय पर चलते-चलते अचानक लेखक को कोई बात सूझ जाती है और उसी को वह कहने लगता है। अधिकांश चिन्तनखण्डों का कथासूत्र के भीतर गठन ऐसे ही उड़ते मन की तरंगों की भाँति ही है। इस शैली का परिणाम है कि इसमें 'कहानी', 'नाटक' और दर्जनों

रेखाचित्र ही नहीं हैं, निबन्ध, आलोचना, इतिहास और पुराणों की नवीन शोधें तथा व्याख्याएँ भी उपस्थित हैं। अखबारों की कटिंग, सिद्धान्तकथन, व्यंग्य और परिहास, परम्परा की उपलब्धियाँ और अभाव सभी बूँदें बनकर इस समुद्र में समाए हुए हैं।

किसी भी कथाकार के शिल्पकौशल का सबसे महत्त्वपूर्ण पक्ष होता है कि वह कहाँ तक वस्तु और पात्र को एक सूत्र में अनुस्यूत कर सका है। बहुधा बड़े आधार पर रचे जाने वाले उपन्यासों में इन दोनों के अलग-अलग भागने का खतरा होता है। इस कसौटी पर सबसे सफल चरित्र ताई का है जो कि उपन्यास की कथावस्तु में गहन भाव से अनुस्यूत है। ताई के चरित्र के विविध अन्तर्विरोधों के मध्य भी जो बीज रूप से एक मानवीय तत्त्व विद्यमान है (भारती ने 'अन्धा युग' में जिस बीजरूप कृष्ण की उपस्थिति की बात कही है, वह वहाँ पर तो कोरा कथन है, पर नागर जी के इस चरित्र में वह बीजरूप कृष्ण अवतरित हुआ है) वह इसे अत्यधिक आकर्षक, अनिवार्य और सशक्त चरित्र बना देता है। ताई हमारे उपन्यास साहित्य का अविस्मरणीय पात्र है। जादू-टोने और मारण मन्त्रों वाली ताई के बिल्ली के बच्चे, तारा की प्रसव पीड़ा के समय की उनकी सेवा, सज्जन और कन्या के प्रति उनका ममत्व सब अद्‌भुत है।

परन्तु वस्तुचरित्र के संग्रथन की इस कसौटी पर महिपाल का चरित्र पूरा नहीं उतर पाता। वह कथासूत्र के भीतर समा नहीं पाता और अन्ततः उससे छुटकारा प्राप्त करने के लिए उपन्यासकार को उससे आत्महत्या करानी पड़ी है। वास्तव में आदर्श और चिन्तन की अपनी सीमाएँ भी हैं। उपन्यास में दो कलाकार हैं, एक चित्रकार दूसरा लेखक। इन दोनों के माध्यम से ही वह अपनी सारी विचारधारा को, कला सम्बन्धी मान्यताओं को स्पष्ट करना चाहता है; परन्तु उसकी चिन्तन सम्बन्धी विच्छिन्नता तब प्रकट होती है जब उसे इन दोनों के ऊपर एक बाबाजी को ठूँसना पड़ा है जो कि इस उपन्यास में इतने विस्तार से आये हुए एकमात्र अनावश्यक पात्र हैं। उनकी शिक्षा-दीक्षा और सांस्कृतिक स्तर के व्यक्ति इतनी ऊँची-ऊँची बातें कैसे कर सकते हैं, इस पर तो प्रश्न ही नहीं उठता, क्योंकि नागर जी के मन्तव्य के अनुसार सेवा-साधना के द्वारा सब सम्भव है, परन्तु उनका बाबाजी दर्शन कितना गत्यात्मक है इस पर तब सन्देह होने लगता है जब शिव संकल्प का उपदेश लेते-लेते लेखक खुदकुशी कर लेता है तथा चित्रकार जी अपनी 'कला साधना' को छोड़ 'सपत्नीक समाजसेवा का व्रत अपना एक छोटे से क्षेत्र में मानवता का दर्शन करने के लिए कर्मरत हो गये।' प्रश्न उठता है कि कला क्या इतनी अक्षम और वंध्या है जो अपनी प्रतिभा के वास्तविक क्षेत्र से कतराकर कला में मानवता की अभिव्यक्ति के बजाय तथाकथित जनसेवा में मानवता के दर्शन करने के लिए आये? वास्तव में बाबाजी कुछ वैसे पात्र हैं जैसे कि तिलस्मी उपन्यासों के ऐयार हुआ करते थे। अन्तर यही है कि यह घटनाप्रधान कथा के नायक नहीं, विचार और चरित्रप्रधान

उपन्यास के फिलासफर हैं और ऐयारी वाले झोले के स्थान पर साधना लटकी हुई है। ऐसा प्रतीत होता है कि उपन्यासकार ने अन्तिम समाधान उन्हीं से दिलवाया है। उसका कारण यह है कि वह जनसेवी को शायद चित्रकार या लेखक की अपेक्षा अधिक आवश्यक मानते हैं (राजनीति का रूप भी आज सर्वव्यापक हो उठा है)। पर एक शंका उठती है कि जनसेवी को उसके आधुनिक रूप में उपस्थित करने के बजाय उन्होंने विरक्त साधु के रूप में क्यों उपस्थित किया? सम्भवतः इसलिए कि आधुनिक जनसेवी के रूप में रहस्यवादी गोरखधन्धा वास्तविकता का आभास न दे सकेगा तथा साधु के रूप में सहज ही सिद्धिलब्ध दिखाना सम्भव है। या फिर वह इस पुरानी संस्था का नये ढंग से पुनरुत्थान चाहता है।

इस उपन्यास की कमजोरी उसका विच्छिन्न चिन्तन है। ये चिन्तनकण अलग से इकट्ठे कर दिये जायें तो इतिहास, पुरातत्त्व, पौराणिक गाथाओं एवं संस्कृतियों के बारे में कुछ नवीन व्याख्या दे सकते हैं पर उपन्यास के भीतर अकसर वह अनावश्यक रुक्षता और विशृंखलता का संचार करते हैं। नागर जी के अनेक समस्याओं पर अनेक विचार हो सकते हैं पर आवश्यक नहीं कि इसी उपन्यास में वह सब उपस्थित कर दिया जाता। 'बूँद और समुद्र' के विचारखण्ड ऊपर से चिपकाए अथवा जैसा कि ऊपर संकेत किया जा चुका है वैयक्तिक निबन्धशैली के हैं।

इस विच्छिन्न चिन्तन का मूल कारण मेरे विचार से उनका व्यक्तिवादी मनन है। वह बूँद में समुद्र को देखता है पर समुद्र में जो बूँदें समाई हुई हैं उस समग्रता के प्रति उसकी दृष्टि सहज-अनायास ढंग से नहीं जाती। बीच-बीच में लेखक सामाजिकता का आभास देता है, अपने व्यक्तिवाद को समाजोन्मुख भी करता है, पर विसर्जित नहीं कर पाता। बूँद तो मीठी है, पर समुद्र के अनन्त क्षार में वह भी लवणमयी हो जाती है,—अतएव समुद्र के क्षार को कैसे परिशुद्ध किया जाये, इस प्रश्न से लेखक सीधे-सीधे उलझा नहीं। इसी व्यक्तिवादिता के कारण उसे अनपढ़ बाबाजी की अवतारणा करनी पड़ी जो महिपाल और सज्जन जैसे प्रबुद्ध प्रतिभाशाली कलाकारों को जीवनदर्शन प्रदान करता है।

भाषा और चित्रण की नागर जी के पास अद्‌भुत शक्ति है। नगरों में बोली जाने वाली भाषा की शब्दयोजना, पदावली और वाक्यगठन को उन्होंने भीतर से अपनाया है। सम्भवतः प्रेमचन्द के बाद इतने विराट चित्र के भीतर ऐसी सहज भाषा का प्रयोग विरल है। लगता है कि लेखक ने उसे किसी कुतूहल और विशिष्टत्व के आधार पर नहीं, उस जीवन को जीते हुए अपनाया है। 'मैला आँचल' के लेखक की भाषा मिथिला के गाँव की विशिष्ट बोली है, पर 'बूँद और समुद्र' के लेखक की भाषा वह है जो नगरों के पारस्परिक सम्पर्कों और सम्मिलनों में 'कास्मोपालिटन' बन गयी है। इस भाषा के भी विविध स्तर हैं और ग्रहणशील लेखक इन सबको रेकर्ड करता चलता है। यह सुनारिन अम्माँ की बोली है : 'उधर से बड़ी को भेजती जइयो।

बतियाने में ऐसी मगन होती हैंगी, कि लड़कन-बिटियन तलक का होस नहीं रहता।' और यह लाला जानकीशरण हैं 'हम भाई एक प्रिस्ताव लेके आये हैं तुम्हारे पास। हमने इनसे कहा कि राजनीति तो हरदम चलती रहती है, कुछ जनता में ठोस काम भी होना चाहिए।' और जब बातचीत सज्जन, महिपाल, कन्या, डॉ. शीला स्विंग आदि के बीच होने लगती है तब यह भाषा पूरा आभिजात्य गौरव धारण कर लेती है।

लेखक जब चित्रण करने पर उतर आता है तब लगता है कि कैमरे की आँख संवेदनात्मक हो उठी है। टोले-मुहल्ले, मन्दिर-घाट, महफिल, ड्राइंगरूम, चबूतरा—कहीं की बात हो, लेखक उसे सजीव करना जानता है। प्रतीत होता है कि उसने इस जीवन को गहरे जिया है। उसकी अनुभूति सान्द्र है, केवल भावाभास की स्थिति नहीं है।

लेखक ने विराट जीवन का जो विशाल अनुभव, दुर्दम जिजीविषा, विश्वास और आस्था (इस जार्गन से यदि कोई चौंके नहीं) के स्वर, अविस्मरणीय चरित्र, जाना-पहचाना वातावरण और माननीय उदात्तता का जो परिपाक इसमें उपस्थित किया है वह सब इस कृति को अत्यधिक महत्त्वपूर्ण बनाता है। 'बूँद और समुद्र' हिन्दी उपन्यासों की गौरवमयी माला का बहुमूल्य मनका है।

'सत्ती मैया का चौरा' : प्रतीकशक्ति

हिन्दी में उपन्यासों की समीक्षा करते समय बहुधा उपन्यास का सारांश देने की परिपाटी है। ऐसे आलोचकों के सामर्थ्य का मैं कायल हूँ। कम से कम मुझमें यह सामर्थ्य नहीं है कि जिस चित्र को उभारने के लिए लेखक ने 743 पृष्ठ खर्च किये हैं उसे मैं एक या दो पृष्ठों में सीमित करूँ। ऐसे समीक्षक बहुधा कथानक और उपन्यास को एक ही मानते हैं। वास्तव में उपन्यास ऐसी कथाकृति होता है जिसमें पात्र, घटनाएँ, परिस्थितियाँ, ध्वनि, संवेदना एवं शिल्प के विविध प्रयोग और स्वरूप मिलकर एक ऐसे प्रतीक को जन्म देते हैं जो कृति के अर्थ को एक नया विस्तार दे देता है। कथानक आदि उसके अनिवार्य तत्त्व होते हैं—यथेष्ट नहीं। और कोई कृति अपने इन अंशों का योग मात्र ही नहीं होती, वह उससे कुछ अधिक होती है। यह अधिक होना ही कृति की साहित्यिकता या कलात्मकता है।

यदि कथा के बारे में कुछ कहना आवश्यक ही है, तो यह जान लेना यथेष्ट होगा कि प्रस्तुत उपन्यास एक गाँव की कहानी कहता है एक व्यक्ति के माध्यम से। इस व्यक्ति (मन्ने) की कथा में एक अन्तर्कथा है, जो इस गाँव की तीन पीढ़ियों के संघर्ष को स्पष्ट करती है। समाजशास्त्रीय एवं ऐतिहासिक दृष्टि से यदि समीक्षा करनी हो, तो कहा जा सकता है कि 'सत्ती मैया का चौरा' में एक गाँव ही नहीं, बल्कि ग्रामीण भारत के सामन्ती मूल्यों एवं व्यवस्थाओं के विघटन तथा उभरते पूँजीवाद की प्रगतिशील शक्ति से लेकर पूँजीवाद की पतनोन्मुख वृत्तियों तथा नये जीवनमूल्यों के उभार का चित्र उपस्थित किया गया है। जमींदार सुगन्धराय एवं मासूमपुर के काजियों की सामन्ती व्यवस्था किसानों को ही नहीं, महाजनों को भी असह्य हो उठती है, क्योंकि 'काजी का हुक्म आया कि ईद की सुबह गाँव का सारा दूध और हर चीनी के कारखाने के पीछे बीस-बीस सेर राब चीनी और दस-दस रुपये पहुँचाये जायें।' परिणामस्वरूप जो संघर्ष होता है, उसमें किसान और महाजन एक पक्ष में हैं और जमींदार दूसरे पक्ष में। तीन पीढ़ी बाद मन्ने स्पष्ट रूप से कहता है : 'इस गाँव के इतिहास में महाजनों के पुरखों के बड़े ही शानदार रोल रहे हैं।' अस्तु जमींदार हारता है, क्योंकि वह इतिहास की गति के विरुद्ध लड़ रहा था।

इतनी बात तो मार्क्सवाद का एक साधारण सा विद्यार्थी भी सिद्ध कर सकता था। पर भैरवप्रसाद गुप्त और भीतर जाते हैं। भारतवर्ष का सामाजिक विकास ठीक पश्चिमी देशों की भाँति नहीं हुआ। विदेशी साम्राज्यवाद ने अपने लिए सामन्तवाद एवं पूँजीवाद दोनों को थोड़ा बहुत प्रश्रय दे रखा था। हारते हुए सामन्तवाद को भी एक कृत्रिम सहारा एवं पूँजीवाद को भी अपने शोषण के लिए थोड़ा सा प्रोत्साहन देना, अंग्रेज शासकों की नीति रही है। भैरवप्रसाद गुप्त का यह उपन्यास इस बात को प्रतीकात्मक रूप से कह सका है। मासूमपुर के काजी हार जाते हैं, पर गाँव के सामने और कोई व्यवस्था नहीं है और उन्हें फिर सामन्तवादी गठन स्वीकार करनी पड़ती है। इस बार जो बन्दरबाँट होता है, वह शहीद गुलाम हैदर के वारिसों, महाजनों, एवं बुद्धि के बल पर धीरे-धीरे उभर रहे मध्यवर्ग के प्रतीक मुंशीजी के बीच बँटता है। थाने के मुंशी भाई से शह पाकर शहीद का वारिस 'अब्दुल हक एक जमींदार से भी बदतर सलूक गाँव वालों के साथ करने लगा।' हारता हुआ सामन्तवर्ग साम्प्रदायिकता का सहारा लेता है, शासन से उसे समर्थन मिलता है। एक साम्प्रदायिकता की प्रतिक्रिया में दूसरी साम्प्रदायिकता सर उठाती है। और फिर हालत यह हो जाती है : 'आज मठिया पर, कोई मुसलमान सीधा या अँचला नहीं भेजता, आज मजार पर किसी फकीर को कोई हिन्दू खाना नहीं देता। आज होली पर भूले से कोई हिन्दू किसी मुसलमान पर रंग डाल दे, तो बलवा हो जाये; ईद पर आज भूले से कोई मुसलमान हिन्दू के गले मिले, तो कौन जाने वह छुरा कलेजे में घुसेड़ दे।' 'सत्ती मैया का चौरा' इसी साम्प्रदायिक संघर्ष का प्रतीक है और उसका खोदा जाना उस जनवर्ग का प्रतीक है, जो वर्गचेतना से जाग्रत होकर सामन्तवादी, पूँजीवादी—दोनों ही साम्प्रदायिकताओं की जड़ें खोदता है। 'कानून ने जमींदारों को खतम कर दिया, तो जमाना महाजनी की भी कमर तोड़ रहा है। किसानों, मजदूरों और गरीबों में वर्गचेतना की किरण फूट रही है...।' इस 'चेतना की साधारण सी किरण' गाँव में एक नयी जिन्दगी को जन्म देती है। जनशक्ति जाग्रत होकर (जैसे कि वह एक बार जमींदार से लड़ने के लिए जाग्रत हुई थी) महाजन, राजनीतिक धूर्तता, नया जामा पहन कर आने वाले पुराने शोषकों—सभी का मुकाबला करती है। संघर्ष का रूप बदलता है। नेता और महाजन पुराने सामन्तों का स्थान ग्रहण करते हैं एवं स्कूल के प्रबन्ध को ले कर झगड़ा होता है। ये आज के गाँव के झगड़े के नये प्रतीक हैं।

परन्तु यह सारी बात उपन्यास की नहीं है, समाजशास्त्र की है, इतिहास की है। और हम इतना भर कह सकते हैं कि लेखक की समाजशास्त्रीय पकड़ और इतिहास की समझ गहरी है (कुछ मार्क्सवाद विरोधी चाहें तो इसे विकृत भी कह सकते हैं)। पर यह बात साहित्यिक मूल्य नहीं है। लेखक उभरता है उस समय, जबकि यह सारी सामाजिक, ऐतिहासिक उथल-पुथल, वह घटनाओं एवं पात्रों के माध्यम से व्यक्त

करता है। मन्ने को मुसलसल जद्दोजहद वाली जिन्दगी के 'द्वारा' यह सब कुछ घटित होता, या उसके लिए कथित होता हम देखते-सुनते हैं, उसने ट्यूशनें करके पढ़ाई की, बिरादरी से लड़कर और कर्ज काढ़कर बहनों का ब्याह किया, बहन पर कोई आँच न आये, इसलिए अपनी शादी की, आर्थिक कठिनाई दूर करने के लिए पढ़ाई छोड़कर नौकरी की, रिश्वत ली, फिर इश्क, घरेलू कलह, रोजगार, गाँव का लम्बा संघर्ष, उस संघर्ष में शारीरिक रूप से घायल हो जाने पर भी न मरने का प्राणवंत संकल्प—यह सब उसकी जिन्दगी में व्याप्त है। उसने 'किसी झूठे सपने (चाहे वह कम्युनिज्म का ही क्यों न हो) में पड़कर यथार्थ को झुठलाने की कोशिश नहीं की।' यह जिन्दगी प्रतीक है सारे सामाजिक मूल्यों की।

प्रस्तुत समीक्षा में अब तक कई स्थानों पर प्रतीक शब्द का प्रयोग हो चुका है। इसे स्पष्ट करने का अवसर आ गया है। हमारा संसार नाना प्रकार के असाहित्यिक प्रतीकों से भरा पड़ा है। बहुधा प्रतीकों के द्वारा हम अन्य किसी वस्तु को सम्बोधित करते हैं, अथवा किसी बात को स्पष्ट करने का प्रयास करते हैं। नाना प्रकार के बैज, ट्रेडमार्क, नारे, फार्मूले—प्रतीक ही हैं। ऐसे ही अज्ञात, अनस्थिर अरूप को ज्ञात, स्थिर और रूप देने वाले ये प्रतीक होते हैं—परन्तु ये प्रतीक जिसके होते हैं उसके महत्त्व को नहीं बढ़ाते जबकि साहित्यिक प्रतीक, जो कुछ कहा गया है, उसके महत्त्व को इस प्रकार बढ़ाते हैं कि उस अभिव्यंजना के माध्यम से कथ्य में एक नयी अन्तर्दृष्टि प्राप्त होने लगती है। तथा एक स्थिति ऐसी आ जाती है कि कथ्य और कथनप्रकार में, विषय और शिल्प में कोई अन्तर नहीं रह जाता। उपदेश, कथाओं आदि में किसी एक बात को स्पष्ट करने के लिए पात्र या घटनाएँ उदाहरण के रूप में आती हैं परन्तु उपन्यास (कलाकृति) में चूँकि ये उदाहरण न होकर प्रतीकरूप में होती हैं, अतः यहाँ भी उपदिष्ट वस्तु और उसके उदाहृत रूप का अन्तर सम्भव नहीं है। परिणामस्वरूप उपन्यास से मानवीय परिस्थितियों की पहचान और स्वीकरण ही नहीं होता, बल्कि मानवनियति के प्रति एक अन्तर्दृष्टि भी प्राप्त होती है, जबकि पत्रकारिता में केवल पहली और दर्शन में दूसरी विशेषता होती है। इसका दूसरा परिणाम यह होता है कि सारे पात्र-घटनाएँ-परिस्थितियाँ मिलकर एक पूर्णता की सृष्टि करते हैं और उस प्रतीक को ही समृद्ध करते हैं।

उपर्युक्त कसौटी पर कसने पर समीक्ष्य उपन्यास में हमें वह प्रतीक उभरता प्रतीत होता है, जो लेखक का अभिप्रेत है। 'सत्ती मैया का चौरा' शीर्षक स्वयं एक प्रतीक है। अपने अभिधार्थ में यह एक धार्मिक (और अतीतकाल की सामाजिक) स्थिति का द्योतक है; परन्तु उपन्यास के प्रतीक में यह उस सामाजिक संघर्ष का द्योतक बन जाता है, जो साम्प्रदायिक रूप में निहित स्वार्थों के द्वारा खड़ा कर दिया जाता है और फिर जनशक्ति जाग्रत होकर सत्ती मैया के चौरे के अनावश्यक विवाद को बढ़ाये गये अंश को खोदकर मानो साम्प्रदायिकता और धार्मिकता के स्वार्थवश स्फीत स्वरूप

की भी जड़ें खोद देती है। और मन्ने जो बुर्जुआ मूल्यों के फेर में पड़कर 'गाँव की लीक से अलग' हटना चाहता था, और विघटन के चक्कर में न हट पाने के कारण विक्षोभ और निराशा का अनुभव कर रहा था, इस शक्ति के सम्पर्क में आकर नयी शक्ति का धीरे-धीरे अनुभव करता है। यहाँ तक कि उसका कम्युनिस्ट साथी मुन्नी भी गाँव में रहने के लिए प्रस्तुत हो जाता है। भैरवप्रसाद गुप्त की सफलता इसमें है कि इस प्रतीक को उभारने में उन्होंने घटना-पात्रों के पारस्परिक संघात का उपयोग किया है। तात्पर्य यह कि एक कम्युनिस्ट (या और कोई) दर्शन उपस्थित करके उसके लिए बँधी-बँधाई लीक में उदाहरणस्वरूप कथा नहीं कही गयी है। इस बात का सबसे बड़ा प्रमाण यह है कि लेखक ने अपने कम्युनिस्ट पात्र के माध्यम से ये परिवर्तन नहीं दिखाए हैं। उसे तो उन्होंने एक स्वप्न के पीछे यथार्थ को झुठलाने वाला ही माना है। पर उपन्यास का पात्र तो मन्ने है जो अपनी सारी कमजोरियों के बावजूद एक शक्तिशाली पात्र है, और यों चाहे जितना घबराता रहे, पर अवसर पड़ने पर वह परिस्थिति की चुनौती को स्वीकार करने में कभी नहीं चूकता। मुन्नी (कम्युनिस्ट) उसे कभी-कभी दृष्टि देने का प्रयास अवश्य करता है, कुछ उत्तेजित भी कर देता है, पर वास्तविक उत्तेजना और दृष्टि उसे धीरे-धीरे स्वयं प्राप्त होती है। इसी को मैं उपन्यास की प्रतीकशक्ति कहना चाहता हूँ। कम्युनिस्ट नाम सुनते ही हिन्दी में बहुत से लोग खण्डन-मण्डन पर उतर आते हैं, पर मेरे लिए यह शब्द ऐसा नहीं है क्योंकि मैं यह मानता हूँ कि लेखक के दो उद्देश्य हो सकते हैं—एक उसका सामान्य साहित्यिक एवं दूसरा विशिष्ट (प्रचारात्मक आदि); और ये दोनों सदैव परस्पर विरोधी ही नहीं होते। यदि दूसरा उद्देश्य पहले को बाधित न कर उसके अन्तर्गत रहे, तो वह खण्डनीय नहीं होता। सौभाग्य से प्रस्तुत उपन्यास में ऐसा ही हुआ है। हमारे जैसे पाठकों के लिए यह आवश्यक नहीं है कि इसे दूसरे स्तर पर भी पढ़ें या प्रभावित हों। जैसे मन्ने के जीवन में बहुत से व्यक्ति और घटनाएँ आकर उसे प्रभावित करती हैं, वैसे ही मुन्नी और उसके सिद्धान्तों को माना जा सकता है।

यह बात ऊपर कही जा चुकी है कि उपन्यास के सारे उपादानों एवं कौशलों का उपयोग इस प्रतीकशक्ति की समृद्धि के लिए ही होना चाहिए। भैरवप्रसाद गुप्त की निर्बलता यहीं पर उभरती है। वह कथा के समस्त कोणों एवं शिल्प को अपने अभिप्राय के लिए प्रयुक्त नहीं करा सके। नमूना और बसमतिया के इश्कप्रसंग, कॉलेज की डिबेट (अपने आप में वह घटना चाहे जितनी महत्त्वपूर्ण हो, पर प्रस्तुत प्रसंग में वह हमारे अर्थ की कोई शक्ति प्रतीत नहीं होती) कलकत्ताप्रवास और कैलसिया की मेहमानदारी का लम्बा-चौड़ा वर्णन, बाबू साहब के चरित्र की अन्तिम परिणति आदि ऐसे ही वर्णन हैं। यों इस महाकाय उपन्यास में इतने शेड्स हैं, इतने रंग और अर्थच्छायाएँ हैं, इतने लम्बे समय और चरित्रों के समूह को लिया गया है कि प्रस्तुत समीक्षा में उनका समुचित मूल्यांकन करने का स्थान नहीं है।

पात्र, घटना, वातावरण की भाँति भाषा और शिल्पविधान भी उपन्यास को कलात्मक पूर्णता देने में अपना योग देते हैं। जैसा कि पहले कहा जा चुका है, उपन्यास में लम्बे काल में फैली हुई घटनाओं को एक सूत्र में पिरोया गया है। तीन पीढ़ियों में व्याप्त इस घटनाप्रवाह और चरित्रसमूह को, स्पष्ट है, सामान्य वर्णनात्मक प्रणाली पर समन्वित करना तनिक कठिन होगा। इसके लिए लेखक ने अनेक कथाविधियों का उपयोग किया है। सामान्य वर्णनात्मक, नाटकीय संवादात्मक, फ्लैश बैक पद्धति, स्मृत्यात्मक आसंग और चेतनाप्रवाह की प्रणालियाँ उपन्यास को कलात्मक संघटन प्रदान करती हैं। भाषा की दृष्टि से भी उपन्यास सचमुच ही प्रेमचन्द की स्पष्ट परम्परा में है। जिस वातावरण की कथा कही गयी है, जिन चरित्रों की रूपरेखाएँ स्पष्ट की गयी हैं, उपन्यास का जो कुछ अभिप्रेत है, उसको उभारने में यह भाषा पूर्ण समर्थ है। एक गाँव में सीमित होते हुए भी यह कथा आंचलिक नहीं है, इसीलिए इसमें रेणु की भाषा की विशिष्टता न होकर, एक सामान्य-व्यापक स्तर की भाषा को उपस्थित किया गया है, जो ग्रामीण जन को नागर जन से जोड़ती है। उसका मुहावरा, शब्दचयन एवं वाक्यसंगठन सामान्य होते हुए भी समर्थ है।

मुझे यह कहने में तनिक संकोच नहीं है कि प्रस्तुत उपन्यास हिन्दी के महत्त्वपूर्ण उपन्यासों में से एक है, एवं स्वातन्त्र्योत्तर हिन्दी साहित्य की एक उपलब्धि में परिगणित होने योग्य है।

'चारुचन्द्रलेख' : एक टूटा दर्पण

दिक्काल की माप में अघोरनाथ ने चन्द्रद्वीप की उपत्यका में चन्द्रगुहा के पिछले हिस्से में उट्टंकित वृत की जो प्रतिलिपि प्राप्त की, उसका काल है ईसा की बारहवीं-तेरहवीं शताब्दी और घटनास्थल है आर्यावर्त—आज का उत्तरी भारत। यों उसमें प्रसंगतः मध्य एशिया, चीन, तिब्बत, किरात आदि देशों के रोचक विवरण हैं और केवल प्रसंगतः आ गयी संज्ञाओं से कुछ अधिक ही हैं। कथा में राजनीति के दाँवपेंच हैं; प्रजातन्त्र का जयघोष है, तान्त्रिक और बौद्ध साधनाओं की मनोवैज्ञानिक व्याख्याएँ हैं; सिद्धों की सिद्धियों का चमत्कार है; गोरखनाथ के योग का प्रताप है; पटुनटकलाचपल कृष्ण की लीला का गान है; सामन्ती समाजव्यवस्था पर प्रकाश है; रणनीति की विवेचना है; देश में सोने के रिजर्व स्टाक की समाप्ति की घोषणा है और मुद्रास्फीति की समस्या है; विदेशी आक्रमण हैं; इस्लाम की विशिष्टता भी है और देशप्रेम की पुकार भी; आश्लेष में लेटी हुई बाहुएँ भी हैं और तलवार भाँजती हुई भुजाएँ भी। इसमें कोटिबेधी रस भी है और मर्मभेदी दृष्टि भी; अमोघवाक् भविष्यवाणियाँ भी हैं और पृथ्वी से पराजित होने वाले ग्रह-नक्षत्र भी। 'चारुचन्द्रलेख' में भारतवर्ष की मोहक प्रकृति—वन, लता, वृक्ष, पुष्प, पर्वत, उपत्यका, चाँदनी, सूर्योदय—है और है कालिदास की कविता और उस कविता की व्याख्या। भाषाविज्ञान के विद्यार्थियों के लिए भी सामग्री है और चीनी आक्रमण के सन्दर्भ में यह भी जानने योग्य है कि शानवंश के प्रतापी राजाओं की एक लाख सेना को सिर्फ पाँच हजार विदेहों ने समाप्त कर दिया था और तिब्बत असल में हमारा ही है। अस्तु, इसमें अतीत का इतिहास है, वर्तमान के विचार हैं एवं भविष्य के लिए सन्देश है, और इस अर्थ में काल के एक खण्ड में सीमित न रह कर कथा 'त्रिकालव्यापिनी' हो जाती है—त्रिजगन्मनोज्ञा त्रिपुरसुन्दरी की भाँति।

देश और काल में ही नहीं, रूप और प्रकृति में भी इतनी फैली-बिखरी सामग्री को समेटनेवाली कथा के लिए इतिहास के प्रामाणिक स्रोत हैं : कुछ पुराने ग्रन्थों में मिलने वाली कथाएँ, कुछ साधनाग्रन्थों के कर्मकाण्ड सम्बन्धी श्लोक और दर्शन की चर्चा करने वाले ग्रन्थों के कुछ विचार। इतने क्षीण कथासूत्रों की वयन-चेष्टा लेखक की

शक्ति और साहस का प्रमाण है और उस कल्पना को बधाई दी जानी चाहिए जो इस असाध्य साधन जैसे कार्य के लिए उन्मुख हुई। कथातत्त्व की कमी के सन्दर्भ में यहाँ इतना कह देना आवश्यक है कि कथानकतत्त्व का यह ह्रास आधुनिक मनोवैज्ञानिक उपन्यासों से भिन्न प्रकृति और कोटि का है। यहाँ कथा में बाह्य वस्तुनिष्ठता बराबर रही है—कथा की बुनावट अन्तःप्रयाण पर आधारित नहीं है। 'चारुचन्द्रलेख' में द्विवेदी जी की कल्पनाशक्ति को खुलकर खेलने का अवकाश मिला है। मुख्य कथा की क्षीणता को लेखक की उर्वर कल्पना ने अनेक ऐतिहासिक प्रसंगों, प्रसंगच्युत रोचक कथाओं, प्रकृति सुषमा, उद्‌बोधनात्मक विचारों आदि से पृथुलता में परिवर्तित करने की चेष्टा की है। अस्तु इस चेष्टा में कल्पना भागती गयी है—बगैर शिल्प पर विचार किये, ठोस परिस्थितियों पर विचार किये, कथा की सम्भावनाओं, प्रतीतियों एवं मूल्यसत्ता पर विचार किये। कल्पना ने पीछे मुड़कर नहीं देखा कि कितनी धरती वह रौंद आयी है—ठीक अपने नायक सातवाहन के समान, जो भटक जाने पर अलहना से कहते हैं : 'लौटना कठिन है। लौट नहीं सकते। लौटना क्रिया ही गलत है। कोई नहीं लौटता। कभी नहीं लौटा जाता। लौटना निरर्थक पद है।...तुम नहीं जानते अलहना, बिना सोचे-समझे बहुत दूर बढ़ गया हूँ। पीछे का रास्ता मिटता जा रहा है, आगे का सूझ नहीं रहा।' लगता है कि उपन्यास में भी इसी प्रकार 'मंगोलिया या तिब्बत' जैसी अनेक यात्राएँ व्यर्थ में भटका कर सम्पन्न करा दी जाती हैं। पीछे का तमाम गड्डमड्ड होता जाता है, एक स्पष्ट, साफ और संगत तसवीर नहीं उभरती। उपन्यास के अन्त में आकर तमाम दर्शन, व्याख्याएँ, चेष्टाएँ, प्रणयप्रसंग सब डूब जाते हैं—एक अन्धकार में। वह अन्धकार है इतिहास के इस प्रखर यथार्थ का कि वह युग असफल है, वंध्य है। इस बात के अतिरिक्त लेखक जो कुछ कहना चाहता है वह प्रसंगानुकूल नहीं बन पाता या फिर 'जनवाद' आदि की 'थीमें' अधकचरी, अर्धभुक्त तथा वायवी बनी रह जाती हैं। अन्तिम अध्याय की ट्रेजेडी अवश्य कुछ न कुछ संकेतित कर जाती है, उस पूरे युग की व्यर्थता को। वहाँ क्रियाशक्ति मैना मृतप्राय है, इच्छाशक्ति रानी चलने में पंगु है तथा बोधशक्ति बोधा भयभीत और पलायनशील है। त्रिपुर की इस ट्रेजेडी को लेखक एक सीमा तक झेल सका—उसने कामायनी जैसा कोई काल्पनिक समाधान देकर विश्रान्ति का अनुभव नहीं करना चाहा—लेखक की रोमैण्टिक कल्पना के लिए इतनी शक्ति और यह सफलता भी गणनीय मानी जानी चाहिए। हमारे साहित्यकार की यथार्थदृष्टि गहरी हुई है—इससे इतना संकेत तो मिलता ही है। पर जितने बड़े कैनवास में जितनी बड़ी बात व्यंजित करने की चेष्टा की गयी थी, वह सफल नहीं होती।

अस्तु, कथा के जिस कच्चे माल की ओर हम ऊपर संकेत कर आये हैं उसे सरसरी तौर पर भी देख कर इतना तो कहा ही जा सकता है कि वह हीन नहीं है, शक्ति की सम्पूर्ण सम्भावनाओं से युक्त है और स्थूल घटनापरकता से लेकर

उच्चतम बौद्धिक विचारणाओं के लिए सक्षम है। इन तथ्यों के माध्यम से जो थीम उभरेगी उसे सबल होना चाहिए। पर एक दूसरी बात, जो यहाँ याद रखनी होगी, यह है कि ये तथ्य तो 'ऐब्स्ट्रैक्ट' हैं, निष्क्रिय हैं; इनके लिए दृढ़ कथासूत्र में विविध 'आब्जेक्टिव कोरिलेटिव्ज' होने चाहिए। पर लगता है कि मूलतः लेखक से चूक इसी बिन्दु पर प्रारम्भ होती है। कथा के अन्तर्गत संगत आब्जेक्टिव कोरिलेटिव्ज की खोज वस्तुतः शिल्प की खोज है और द्विवेदी जी के मन में शायद कहीं यह विद्यमान है कि कथ्य—यानी विचार या भाव—महान होना चाहिए; शेष सब गौण है। इस दृष्टिकोण के कारण सम्पूर्ण कथासामग्री से अपने को तटस्थ कर वे शिल्प के माध्यम से उसका विश्लेषण और विकास नहीं कर सके, उसकी तमाम निहित सम्भावनाओं का अन्वेषण भी नहीं कर सके तथा जो सबसे अधिक आवश्यक कार्य था, उसका मूल्यांकन—वह भी नहीं हो सका। यह कार्य शिल्प के माध्यम से ही सम्भव होता है और मेरा यह आरोप है कि लेखक को शिल्प के द्वारा अपनी सामग्री या विषयवस्तु की जो परिचर्या करनी थी, वह नहीं कर सका। इसे निष्ठा का अभाव भी कहा जा सकता है। परिणामस्वरूप प्रस्तुत उपन्यास में कच्चे माल का जिस परिणत कथावस्तु (अचीव्ड कांटेंट) में रूपान्तरण होता है, वह सन्दिग्ध है। एक महत्त्वपूर्ण समीक्षक द्वारा लिखे जाने वाले उपन्यास में यह अनवधानता कुछ विचित्र-सी लगती है। इसीलिए यह सन्देह करना बहुत अनुचित होगा कि लेखक ने जो कुछ कहना चाहा है, उसका एक बहुत बड़ा अंश उसके अपने 'प्रामाणिक' अनुभव का अंग नहीं है—विचार और पाण्डित्य का भले ही हो। परिश्रमपूर्वक की गयी ऐतिहासिक खोजों से प्राप्त घटनाओं, दृश्यों, कथाओं आदि को उपन्यासकार ने अत्यन्त वैयक्तिक व्याख्या देने की चेष्टा की है। इस प्रयत्न में जो ढाँचा खड़ा हुआ है उसमें 'शोध' और 'व्याख्या' का विचित्र मिश्रण हो गया है। इस ढाँचे को देख कर किसी रिसर्च प्रोजेक्ट की संवेदनशील रिपोर्ट याद आ जाये तो अस्वाभाविक न होगा। यह तथ्य भी इसी बात की ओर संकेत करता है कि कथा के एक बड़े अंश की अनुभवगत 'प्रामाणिकता' सन्दिग्ध है—अगर असन्दिग्ध है तो पाण्डित्य का विलास। अस्तु, इस अन्तर्योजना (स्ट्रक्चर) की जो बुनावट है, उसमें एक ओर तो इतिहास की घटनाओं, शब्दों, पिछले विचारकों के कार्यों, मन्दिरों, मठों, संस्कारों, कर्मकाण्डविधियों आदि की अद्भुत आग्रही प्राचीनतावादी दृष्टि (ऐंटीक्वैयरिनिज्म) है और इन्हीं 'परिस्थितियों' के घात-प्रतिघात में पात्रों के स्वभाव को ढलता दिखाया गया है; और दूसरी ओर इनके 'परिणाम' चित्रित करने में द्विवेदी जी एक आत्मनिष्ठ द्रष्टा बन गये हैं। इस प्रक्रिया में उन्होंने जिन चित्रों को ऐतिहासिक यथार्थ की पूरी वास्तविकता के साथ स्थापित करना चाहा था, उन्हीं पर आधुनिक विचारों एवं व्याख्याओं की एक नयी और नितान्त काल्पनिक डिजाइन थोप दी है। इस प्रसंग में अपने देश के उन पुनरुत्थानवादी प्रचारकों की याद आती है जो हर पुरानी रीति की

कोई न कोई वैज्ञानिक व्याख्या ढूँढ़ निकालते थे—कान में जनेऊ चढ़ाने से लेकर पैर में बिछिया पहनने तक। अस्तु, इस योजना के परिणामस्वरूप कथा का स्वरूपगुण अनाटकीय, स्थित्यात्मक एवं निष्कर्षवादी हो गया है।

इसे यों भी कहा जा सकता है कि इस उपन्यास की कथापद्धति चित्रसमीक्षक की प्रणाली जैसी है। पात्रों की अतीत की गैलरी में निश्चित चित्रों की भाँति उनके निश्चित स्थानों में टाँग दिया जाता है और परवर्ती इतिहास के आलोक-बिन्दु पर खड़े होकर उनकी समीक्षात्मक परीक्षा की जाती है और अन्तिम भाग में पुनः सबको उतार कर उनके वास्तविक स्थान—असफलता के अन्धकार—में भेज दिया जाता है। विद्याधर, धीर शर्मा, अक्षोभ्य भैरव, अमोघवज्र, बोधा, नाटी माता, रानी चन्द्रलेखा आदि ऐसे ही पात्र हैं जिन्हें राजा सातवाहनरूपी कलासमीक्षक—जोकि कथा का नैरेटर भी हैं—परखता जाता है और अपनी टिप्पणियाँ देता जाता है। इन पात्रों की पारस्परिक तनाव प्रतिक्रिया पूरे उपन्यास में नगण्य है—मैना अवश्य इस दिशा में अपवाद है। इस पद्धति का परिणाम यह हुआ है कि अभिप्रेतता (मोटिवेशन) और संवादों का योग चरित्रविकास में कम है ही—प्रमुख कथानक का भी इस कार्य के लिए उपयोग कम ही हुआ है। मोहसाधना, चन्द्रलेखा के जन्म का परिचय, जयित्रचन्द्र-चन्देलकन्या प्रणयप्रसंग, चन्द्रलेखा के विक्षुब्ध चित्त से उत्सारित सिद्धिचमत्कार, अमोघवज्र का सातवाहन के सम्मुख वक्तव्य आदि जिन इतर कथाओं और वक्तव्यों का योग मुख्यतः वातावरण को सघन बनाने में होता है, उन्हीं का आरोपण या आवेश चरित्रों पर भी हुआ है। इसी कारण पूरे उपन्यास में यदि कोई दृष्टिबिन्दु है तो वह इस वातावरण में ही देखा जा सकता है, चरित्रों की सत्ता में नहीं। वे या तो नितान्त भावुक प्रतिक्रियाएँ करते हैं, या फिर कुछ अरूपताओं के उदाहरण बन जाते हैं।

इस विवेचन से यह स्पष्ट है कि हजारी प्रसाद जी की कथाकल्पना की सारी कठिनाई उस द्विधाविभक्ति की है जिसमें वह अतीत के प्रति प्रामाणिक बने रहते हुए भी पूरे के पूरे वर्तमान समाज का रूपान्तरण करना चाहते हैं। अपने सामयिक बोध के आधार पर अतीत को देखना एक बात है और अतीत की ऐसी व्याख्या की चेष्टा कि जिसमें पूरा का पूरा वर्तमान वहीं प्रतिष्ठित हो जाये—गुणात्मक रूप से भिन्न, दूसरी बात है। यह तो मैं नहीं कहूँगा कि यह कार्य असम्भव है—बड़ी प्रतिभा सदा असाध्यसाधन करती आयी है—पर यह अवश्य कहूँगा कि इस चेष्टा में कथा का सारा ढाँचा चरमरा उठा है। या प्रतिभा आदि की चर्चा न करके यह कहूँ कि इतने बड़े लक्ष्य तथा फलक के लिए जिस प्रकार की कलादृष्टि और कथासंगठन की अपेक्षा थी, वह सम्भव नहीं हो सका। कथा का सारा ढाँचा चरमरा ही नहीं उठा है, वर्तमान के रूपान्तरण के नाम पर एक प्रकार का अरूपीकरण (ऐब्स्ट्रैक्शन) प्रमुख हो गया है।

किसी भी ऐतिहासिक कथाकार के लिए यह याद रखने की बात होती है कि चाहे इतिहास की घटनाएँ हों या धर्मों, राष्ट्रों अथवा व्यक्तियों की नियतियाँ हों, उनका एक स्वाभाविक, वस्तुनिष्ठ वजन होता है और एक साथ ही एक प्रकृत और वस्तुनिष्ठ अनुपात भी। यदि लेखक ऐसी कथा लिखने में सफल होता है जो कि ठीक से इन सम्बन्धों और अनुपातों को उत्पन्न करती है तो ऐतिहासिक सत्य के परिपार्श्व में मानवीय और कलात्मक सत्य अपने आप उभर आयेगा। पर यदि उनके वजन और अनुपात को विरूप किया गया तो कलात्मक चित्र भी उतना ही विरूप हो जायेगा। जनपद-पार्वती चन्द्रलेखा का सिद्धयोगिनी चन्द्रलेखा में जो संक्रमण है, वह ऐसे ही विरूपीकरण का उदाहरण है। मनुष्य के रोग-शोक, कष्ट-दुख, युद्ध हिंसा आदि के किसी वस्तुनिष्ठ वजन और अनुपात की कोटियों की रक्षा किये बिना यह जो धर्मपरिवर्तन है वह चोट पहुँचाता है—केवल पाठक को ही नहीं, जाति की उस सम्पूर्ण वेदना को भी जिसे इस रूपान्तरण के लिए आधार बनाया गया है। कहना न होगा कि कला या शिल्प की दृष्टि से भी यह उपन्यास के सबसे कमजोर अंशों में से है। वस्तुतः ऐतिहासिक दृष्टि की कमजोरी पूरे कलानुभव की कमजोरी है, और कलानुभव की कमजोरी पूरे शिल्प की कमजोरी है।

इस पहचान की प्रशंसा की जानी चाहिए कि लेखक ने अपनी कथा के लिए जिस दिक्काल को चुना, वह वर्तमान के प्रक्षेपण के लिए बहुत कुछ उपयुक्त प्रतीत होता है। यह हमारे इतिहास का एक ऐसा अन्ध युग है जिसमें नाना प्रकार की अपरिभाषित परिस्थितियों की भरमार है। इन अपरिभाषित परिस्थितियों में एक बड़ी सीमा तक इतिहास के वातावरण की प्रामाणिकता को खण्डित न करते हुए भी काल्पनिक कथा की तरलता को अधिक मनमाने ढंग से ढालने की सम्भावनाएँ अधिक थीं। पर यह रूपान्तरण जीवन्त तभी हो सकता था जबकि कथा की अन्तर्योजना और बुनावट के अन्तर्गत ठोस मानवीय स्थितियों को सिरजा जाता और ये स्थितियाँ इतिहास की कोटियों के भीतर बनी भी रहतीं। मुझे लगता है कि प्रस्तुत उपन्यास में इन मानवीय परिस्थितियों का जीवन्त रूपायन नहीं हो सका—वर्णन भले ही हो। अतीत और वर्तमान के मध्य लेखक जिस सम्बन्ध सूत्र को जोड़ता है वह अत्यधिक प्रत्यक्ष है, अत्यधिक बौद्धिक है, तथा अत्यधिक सामान्यीकृत है। देखिए, रानी चन्द्रलेखा यह भाषण दे रही है—

महाराज,

सैनिकों में उत्साह है, यह शुभ लक्षण है, परन्तु मैं जानना चाहती हूँ कि साधारण प्रजा क्या सोच रही है! मैं ग्रामबालिका हूँ। जनपद के लोगों को जानती हूँ। उन्हें इन युद्धों से भय होता है, वे इस राजा या उस राजा की जीत भी चाहते हैं, परन्तु समूचे देश को अपना समझकर समयोचित उपचार वे नहीं जानते। उनमें प्रतिरोध की भावना ही नहीं होती। वे समझते हैं, राज्य राजा का होता है।

एक राजा जीतता है, दूसरा हारता है। जो जीत गया उसका राज्य होता है। केवल सैनिक बल ऊपर ऊपर का बल है। कुछ ऐसा होना चाहिए कि इस जीत या हार को प्रजा अपनी जीत या हार समझे। युद्ध हो, दूसरा उपाय नहीं है, पर युद्ध का उद्देश्य बड़ा होना चाहिए। आप लोग इसके लिए क्या कर रहे हैं?

क्या इस उद्धरण को पढ़ने के बाद भी यह बताने की आवश्यकता है कि यह सिद्धान्त-कथन है, सामान्यीकरण है; कि इस सिद्धान्त का रूपान्तरण ठोस मानवीय सम्बन्धों की इकाइयों में नहीं हो सका है। रूपान्तरण यदि कोई होता है भी तो सिद्धान्त-कथन का ऊष्ण, वाक्स्फीति में। देखिए–

वीरो,

पश्चिम द्वार के कपाट-रूप शाकम्बरी-नरेश पृथ्वीराज समाप्त हो गये, उत्तरापथ के एकच्छत्र सम्राट दलपंगुर महाराज जयित्रचन्द्र बालू की भीत की तरह ढह गये और प्रबल पराक्रमी चन्देल नरेश परमर्दिदेव विदेशी आक्रमण की आँधी में कूलद्रुम की भाँति भहरा गये।

इतनी बड़ी पराजय के बाद किस बल पर अवन्तिका के क्षीणबल राजा सातवाहन दुर्गतिग्रस्त प्रजा की रक्षा का साहस कर सकते हैं? चारों ओर केवल अन्धकार ही अन्धकार दिखाई दे रहा है। महामन्त्री विद्याधर भट्ट अपनी अगाध विद्या का अभिमान खो चुके हैं। मृतकों में भी प्राण संचार करने वाले जगन्नायक भट्ट वीर छन्दों में लिखी ओजस्वी कविता का अभिमान छोड़ चुके हैं। समस्त शास्त्रों को हस्तामलक की भाँति देखने वाले धीर शर्मा अब सब ओर से निराश होकर असुर-शिरःसरोवर-विहारणी चण्डिका के चरणकमलों की ओर उन्मुख हो गये हैं। सर्वत्र निराशा और हतदर्पिता का भाव छा गया है। ऐसे अवसर पर इस पवित्र भूमि की रक्षा के लिए कौन सा उपाय सोचा जाय? वीरों, राजाओं का युद्ध समाप्त हो गया। अब कहीं आशा है तो प्रजा की संगठन शक्ति में है। मैं तुम्हें उसी शक्ति को उद्बुद्ध करने के लिए आमन्त्रित करती हूँ। वीरो, रणक्षेत्र के लिए प्रस्थान करो, तुम्हारी संख्या बहुत कम है, तुम्हारे पास युद्ध करने की सामग्री का अभाव है, किन्तु रानी चन्द्रलेखा तुम्हें आश्वासन देती है कि तुम्हें निराश नहीं होना पड़ेगा, मैं तुम्हारे पीछे प्रजावर्ग को संगठित करने जा रही हूँ। वीरो, सच्चे धर्म के लिए लड़ो। हार और जीत इतिहास-विधाता के इंगित के अनुसार होती है।

यह छठे अध्याय का अन्तिम अंश है। और सातवें अध्याय का वाक्य प्रारम्भ होता है–'रानी की योजना चरितार्थ हुई। समस्त मालव जनपद में एक अद्भुत नवजीवन जाग उठा। शत्रु को लौट जाना पड़ा।' यह अंश पुनः एक अल्प कथन है, जीवन्त कोटियों में रूपायन नहीं।

वस्तुतः ऊँच-नीच, धर्म-सम्प्रदाय, कुल मिथ्याभिमान को मिटा कर जिस जनतान्त्रिक मानवतावाद को वह मुख्य कथ्य के रूप में स्वीकार करता है, उसके प्रति एक ऊँचे ऐब्स्ट्रैक्शन के स्तर पर लेखक अभिमुख होता है। परिणामस्वरूप कथा की तमाम चारित्रिक इकाइयाँ और घटनाएँ अरूप हो जाती हैं। 'चारुचन्द्रलेख' के प्रारम्भ को लें—उपन्यास का प्रारम्भ ही विदेशी आक्रमण की एक कथित अरूप स्थिति से होता है, जिसमें नायक एक अरूप व्यक्ति सीदी मौला को ढूँढ़ने निकलता है। फिर रानी से मिलन, विवाह आदि एक अठोस, अरूप वातावरण में ही सम्पन्न होते हैं। यह अरूपता कहीं नागनाथ की तपस्या के वर्णन में है, कहीं नारी के बत्तीस लक्षणों की व्याख्या में झमाझम निकलने वाले श्लोकों के रूप में और कहीं विद्याधर के ओजस्वी व्याख्यान के रूप में। विदेशी आक्रमण के 'ऐब्स्ट्रैक्शन' की परिणति जनता को जगाने की जिस योजना में होती है, उसकी चर्चा भी हम ऊपर कर आये हैं। इस अरूपता तक ही बात सीमित नहीं रहती—इसके आगे गधैयाताल के प्रसंग में जिस पाण्डित्य का प्रदर्शन है, वह इस अरूपता को और अधिक वायवी बना देता है। राजा और रानी ही नहीं, विद्याधर, बोधा, गोरख, अमोघवज्र, सीदी मौला, नाटी माता सभी इसी प्रकार के बौद्धिक रूप से 'ऐब्स्ट्रैक्ट' और आदर्शीकृत पात्र हैं। ये पात्र जीवन कम जीते हैं, दर्शन या विचार को अधिक जी लेते हैं। कारण शायद यही है कि ये पात्र लेखक के अपने उन आधुनिक मानवतावादी विचारों तथा जनतान्त्रिक आदर्शों के विग्रह हैं जिन्हें वह स्वयं अस्वीकार करता है या जिनके लिए संघर्ष करना श्लाघ्य समझता है, परन्तु ये सभी स्वयं उसके लिए वर्तमान सन्दर्भ में ऐब्स्ट्रैक्ट ही हैं। फलतः ऐतिहासिक अनुभव की तात्कालिकता इन पात्रों से तिरोहित हो जाती है; क्योंकि जीवन में ये समस्याएँ बिखरी और छिटपुट होती हैं तथा एकदम वैयक्तिक रूपों में प्रकट होती हैं, जिन्हें ये पात्र सामान्यीकृत करके एक ऊँचे बौद्धिक स्तर पर अभिव्यक्ति देते हैं। और इस प्रकार यह बौद्धिक सामान्यीकरण ऐतिहासिक चरित्र को कमजोर करता है।

तात्कालिक इतिहासानुभव की बौद्धिक परिणति का रास्ता इतना सँकरा, छोटा और अरूप है कि सम्पूर्ण प्रक्रिया राजा सातवाहन जैसे एक व्यक्ति में घटित होने लगती है। परिणामस्वरूप यह तात्कालिक अनुभव अपनी उसी विस्तृत और अनेकरूपता के उन पात्रों द्वारा नहीं भोगा जाता जिनके पास सामान्यीकरण का यह व्यापार नहीं है। विदेशी आक्रमण या धर्मसाधनाओं के प्रति इन पात्रों की प्रतिक्रिया को लेकर इस बात को देखा जा सकता है कि प्रस्तुत उपन्यास में विदेशी आक्रमण के प्रति विभिन्न पात्रों की प्रतिक्रियाओं में न वह विविधता है और न बहुरूपता, जो प्रत्येक पात्र की सीधी, निजी प्रतिक्रिया से उत्पन्न होती है। फलतः युद्ध द्वारा उनकी जिन्दगियों की जो परिणति होती है, वह उनकी भावनाओं और अनुभवों में व्यंजित नहीं होती। जो प्रतिक्रियाएँ होती हैं उनमें कोई गुणात्मक परिवर्तन नहीं लगता।

इसी के सन्दर्भ में तोल्स्तोय के उपन्यास 'युद्ध और शान्ति' के फ्रेंच आक्रमण को लिया जाये तो स्थिति इसके विपरीत दिखाई देती है।

यही नहीं, 'चारुचन्द्रलेख' में इस सँकरे रास्ते को और सँकरा कर दिया गया है, आत्मकथात्मक पद्धति के द्वारा। राजा यहाँ नायक भी है और 'नैरेटर' भी; अतः सारी प्रतिक्रियाओं का बोझ उसे ही सँभालना पड़ा है। हर स्थान और हर परिस्थिति में उसे एक समुचित ऐतिहासिक प्रतिक्रिया देनी पड़ती है। प्रतिक्रियाओं का इतना बोझ सामान्यीकरण के लिए विवश करता है। इस प्रकार अनुभव और सामान्यीकरण के मध्य का संक्रमण पथ और अधिक संकीर्ण हो जाता है; तथा जिन स्थानों में (यथा विष्णुप्रिया के आश्रम में मैना और बोधा की बातचीत के समय, या विद्याधर से अतीत की घटनाओं को सुनते समय) जब वह प्रतिक्रिया नहीं करता, मात्र अनुभव करता है, तब उन स्थानों में उसका चरित्र अपने ही स्तर से नीचे गिर जाता है क्योंकि प्रारम्भ से ही उसने ऐब्स्ट्रैक्शन के माध्यम से ही अपनी हैसियत को बनाये रखा है। वस्तुतः यहाँ जो पदार्थ खोए हुए हैं वे हैं अस्तित्व के ठोस तथ्य—और केवल वे ही लेखक को बता सकते हैं कि किसी युग के किसी पात्र के विचार, अनुभव या संवेदनाएँ क्या हो सकती हैं। इसका परिणाम है कि इन पात्रों के आन्तरिक मानसिक जीवन के उद्घाटन में भी किसी प्रकार की वस्तुनिष्ठता या तीखी चरित्रवत्ता की स्थापना नहीं हो सकी। हम कह चुके हैं कि राजा सातवाहन को 'नैरेटर' का पद देकर उसे एक ऐसा ऐतिहासिक दायित्व सौंप दिया गया है कि वह अपनी प्रतिक्रियाओं के माध्यम से उन चरित्रों की बात बता दे। वह एक ऐसा 'कार्डियोग्राम' है जो अन्य हृदयों की धड़कनों के 'ग्राफ' अंकित करता चलता है। इस प्रक्रिया में उसका अपना कोई क्रियाशील व्यक्तित्व ही नहीं रह जाता। वह तो हर 'प्रभाव' के लिए खुला है; और जहाँ हर प्रभाव के प्रति खुलापन होता है, लगता है कि वहाँ अन्ततः कोई प्रभाव ही नहीं रह जाता। राजा का यह कथन स्वयं इस बात का प्रमाण है—

> *हम तीनों (राजा, रानी और विद्याधर) के तीन लक्ष्य थे जो थोड़ी दूर तक एक रास्ते से चलने पर मिल जाते थे। इसी बीच मिले बोधा, विद्याधर भट्ट के अनुगत, मुझे सहायक समझने वाले। मिली मैना, रानी की प्रिय सहचरी, पर उनकी साधना से एकदम असहमत। वह मुझे सहायक के रूप में नहीं ग्रहण करती। उसने न जाने कैसे और क्यों अपने को मेरा रक्षक मान लिया। बाधा मैंने किसी को नहीं दी।*
>
> *मुझे इन विभिन्न लक्ष्यों के यात्रियों को साथ लेकर चलना है। कभी-कभी मैं स्वयं अपना प्रतिवाद सिद्ध हुआ हूँ। रानी मुझसे भी अधिक सिद्ध हुई है। विद्याधर भक्त दृढ़ है। मैना भी सुना है, दृढ़ है। विचित्र योग है। राजा और रानी दोनों ही स्वतोविभक्त हैं, जो लोग अपने को उनका अनुगत मानते हैं, वे दृढ़ हैं।*

करे भी वह क्या : कर्तृत्वशक्ति उसने मैना को दे रखी है और इच्छाशक्ति रानी को तथा बोधशक्ति शायद बोधा को! वह तो माध्यम हो जाता है दूसरों के विचारों तथा भावनाओं का। रानी के मानसिक जगत के उद्‌घाटन के लिए लेखक ने मनोविज्ञान की अपसारण प्रक्रिया को अपनाकर जो लेख लिखवाया है उससे वस्तुतः रानी के चेतनाप्रवाह का पता कम लगता है, कथानक को फैलाने, साधनाओं का परिचय देने, सिद्धियों का चमत्कार बताने, दार्शनिक-मनोवैज्ञानिक व्याख्याएँ देने का कार्य अधिक लिया गया है। और इस प्रकार इस आलोक का उपयोग कथा के वातावरण को अधिक सघन और सान्द्र बताने में किया गया है। प्रसंगतः एक बात याद आती है कि द्विवेदी जी ने कहीं लिखा था कि आधुनिक उपन्यासकार यथार्थवाद से भयभीत है। द्विवेदी जी स्वयं भयभीत होकर चन्द्रलेखा के इस लेख में वर्णित चमत्कारों को एक समसामयिक विश्वसनीय आधार देने के लिए अमोघवज्र से कहलाते हैं कि यह सब 'चन्द्रलेखा के भयत्रस्त चित्त के विक्षोभ से निकली अद्‌भुत सिद्धि कथाओं का श्रवण' है। पर जैसा कि मैं कह चुका हूँ, इस वर्णन से पात्र की आन्तरिकता के बजाय कथा के वातावरण का ही स्पष्टीकरण अधिक हुआ है। अरूप सिद्धान्तकथन, एब्स्ट्रैक्ट प्रतिक्रियाओं से अलग जीवन्त मानसिकता जिस पात्र में मिलती है, वह है क्रियाशक्ति की प्रतीक मैना। क्या इससे यह न समझा जाये कि वस्तुनिष्ठ कर्मशीलता ही वास्तविक रूप से मानसिक जीवन को समृद्ध करती है? मैना में तीव्र संवेदना है, पर वह संवेदना प्रतिक्रियाशील न होकर क्रियाशील होने की है—क्रियाशील जीवन्त मानवीय इकाई के रूप में। सम्भवतः इसी कारण सारे अरूप सिद्धान्तकथन करने वाले पात्र उसके सम्मुख हतप्रभ हो उठते हैं। राजा, सीदी मौला, विद्याधर, यहाँ तक कि दोधा भी उसके तर्क की चोट सँभाल नहीं पाते। कारण यही है कि वह समस्याओं का अरूपीकरण नहीं करती; उन्हें सीधे मुँह पकड़ती है। वस्तुतः समस्त उपन्यास का सर्वाधिक जीवन्त और सम्भावनासमृद्ध पात्र यही है और जितने अंशों में वह कथा में रहती है उसे अनुभव की 'प्रामाणिकता' भी दिये रहती है, साथ ही मानवीय साक्षात्कार की ऊष्मा भी। और यह आश्चर्य की ही बात है कि बात-बात पर उच्छ्‌वसित होकर वाक्स्फीति के विलास में निमग्न रहने वाले द्विवेदी जी इस पात्र के मानसिक द्वन्द्व के चित्रण में कहीं अधिक संयमशील दिखते हैं—लगता है कि पात्र अपने निर्माता से बड़ा हो गया है। जहाँ बोधा से महाराज सम्बन्धी अपने अनुराग और नैतिक द्वन्द्व की चर्चा करती हुई वह बोधा से अनुरोध करती है कि वह नारीविग्रहरूपी फूल को आत्मदान के गंगाजल से रोक लें, वही उपन्यास का सबसे अधिक अनुभूत्यात्मक अंश है। मुझे लगता है कि यह एक ऐसा पात्र था जिसके माध्यम से लेखक की उद्दिष्ट 'थीम', राष्ट्र की नियति, अधिक शक्ति के साथ उजागर की जा सकती थी। यद्यपि लेखक उसकी समस्त सम्भावनाओं को भास्वर नहीं कर सका और एक प्रकार के रोमैण्टिक शरच्चन्द्रीय प्रेम में उसकी परिणति हो जाती है; परन्तु इसके बावजूद

उसमें जिन सम्भावनाओं का बीज प्रारम्भ से ही पड़ गया था वे मरते-मरते राष्ट्र की नियति से भी अप्रत्यक्ष रूप से जुड़ जाते हैं। अन्ततः उस युग की असफलता के चित्र में उसके दोनों कार्य—शाह को मारना और स्वयं मरना—अन्तिम कारण बनते हैं, पर जिस आत्मकथात्मक शिल्प को लेखक ने अपनाया था उसमें इससे अधिक की सम्भावनाएँ कम दिखती हैं।

आत्मकथात्मक शिल्प की सीमाओं की ओर कुछ इंगित मैं पहले भी कर चुका हूँ। यहाँ पर इस सन्दर्भ में 'बाणभट्ट की आत्मकथा' का स्मरण स्वाभाविक भी होगा और संगत भी। वह इसलिए कि इसके द्वारा प्रस्तुत उपन्यास की असफलता को और अच्छी तरह समझा जा सकेगा। इसके अतिरिक्त जब मैं यह सवाल करता हूँ कि 'चारुचन्द्रलेख' जैसे उपन्यास में, जोकि एपिक अभिप्रायों को लेकर चला है, आत्मकथात्मक शिल्प क्यों अपनाया गया, तो तत्काल जो बात दिमाग में आती है, वह यह कि एक बार 'बाणभट्ट की आत्मकथा' में उसने इस शिल्प को सिद्ध करने में अद्भुत सफलता प्राप्त की थी—अतः प्रस्तुत उपन्यास के लिखने के समय भी अपने परिचित औजार का सहारा लेना स्वाभाविक हो जाता है। यह बात इस तथ्य से भी समर्थित की जा सकती है कि 'चारुचन्द्रलेख' का प्रारम्भ 'बाणभट्ट की आत्मकथा' के तत्काल बाद, काफी दिनों पहले, हो गया था। फिर शायद कथा अधूरी पड़ी रही और उसे पूरा 1960-61 में किया गया। उन दिनों इस शिल्प को अपनाने में और अधिक आसानी हुई होगी। आत्मकथात्मक शैली रोमैण्टिक चेतना के अधिक अनुकूल होती भी है—अपनी आत्मनिष्ठता के कारण। इस सम्बन्ध में दोनों कृतियों की कुछ तुलना को उपादेय होना ही चाहिए।

दोनों उपन्यासों की भूमिका में व्योमकेश शास्त्री ने यह विश्वास दिलाना चाहा है कि कथा नहीं लिखी जा रही है बल्कि कहीं से प्राप्त दस्तावेजों को प्रस्तुत किया जा रहा है। परन्तु 'चारुचन्द्रलेख' में इस घोषित रूप की रक्षा नहीं की जा सकी और उपसंहार में समीक्षक-लेखक कथा की 'प्रामाणिकता' के विषय में उठी शंकाओं का किसी न किसी प्रकार समाधान प्रस्तुत करता है—यह कहकर कि बहुत-सी बातें अघोरनाथ (जो आधुनिक विचारों के, पुरानी परिपाटी में शिक्षित, सिद्ध है) के समाधिस्थ चित्त में प्रतिफलित हुई हैं। 'बाणभट्ट की आत्मकथा' के उपसंहार में भी कुछ शंकाएँ उठाई गयी हैं : पर ध्यान देने की बात है कि वहाँ शिल्प पर शंका नहीं है—शंका है 'कादम्बरी' और 'आत्मकथा' के भावगत अन्तर को लेकर। 'बाणभट्ट की आत्मकथा' का शिल्प जो अधिक कसा हुआ लगता है वह इसलिए कि अपनी विषयवस्तु के प्रति पूरी तरह उन्मुख और तत्पर है। यों वाक्स्फीति, प्रसंगान्तर, पाण्डित्यप्रदर्शन, दार्शनिक-मनोवैज्ञानिक व्याख्याओं और वक्तव्यों के ऐब्स्ट्रैक्शन, आदर्शीकृत पात्रयोजना, भावुकता आदि कितने भी दोष 'चारुचन्द्रलेख' में हैं वे सभी 'आत्मकथा' में भी विद्यमान हैं। पर इसके बावजूद 'आत्मकथा' महत्त्वपूर्ण और सफल कलाकृति है तथा

'चारुचन्द्रलेख' अपनी असफलता में महत्त्वपूर्ण। मुझे लगता है कि 'आत्मकथा' मुख्यार्थ के जिस स्तर पर घटित होती है उसकी परिधि सीमित वैयक्तिक-पारिवारिक इकाई की है। राजनीति इस पारिवारिक-वैयक्तिक अर्थ को पुष्ट मात्र करती है। राष्ट्र की नियति का प्रसंग वहाँ अमुख्यार्थ रहता है, जबकि 'चारुचन्द्रलेख' में राष्ट्र या जन की नियति मुख्यार्थ है जिसे कि वैयक्तिक-सीमित दायरे की कथा के माध्यम से व्यंजित करने की चेष्टा की गयी है। कथा में बल के इस बदलाव के होते हुए भी लेखक ने शिल्प वही रहने दिया है। यहाँ तक कि तमाम कथानकरूढ़ियों और घटनाओं के पैटर्न ज्यों के त्यों विद्यमान हैं। एक कवि की आत्मकथा में उन बहुत-सी बातों का औचित्य सिद्ध हो जाता है जिन्हें कि 'चारुचन्द्रलेख' में औचित्यहीन माना गया है। आत्मनिष्ठ द्रष्टा की तमाम व्याख्याएँ, प्रकृति, मानवशरीर, देवमूर्ति आदि की स्फीत ऐन्द्रिक-चाक्षुष प्रतिक्रियाएँ आदि 'आत्मकथा' में भी चित्रित हुई हैं जिनका औचित्य उस कवि नायक के सन्दर्भ में है जिसका राजनीति के सक्रिय घटनाचक्र में पड़ना एक आकस्मिक संयोग मात्र है। 'चारुचन्द्रलेख' के नायक की नियति दूसरी है—पर खेद है कि उसकी प्रकृति दूसरी नहीं हो सकी है। 'आत्मकथात्मक' शिल्प में लेखक का हाथ कितना ही क्यों न मँज चुका हो पर यह लेखक की या तो साहसहीनता है या कलादृष्टि की कमजोरी (और इन दोनों में बहुत अन्तर भी नहीं है) कि वह अपनी विषयवस्तु के अनुरूप शिल्प का प्रयोग नहीं कर सका। यह भी हो सकता है कि जितना प्रामाणिक अनुभव है उतना व्यक्तिनिष्ठ, सीमित और प्रेमसम्बन्धी है तथा राष्ट्र की नियति, प्रजातन्त्र, मानवतावाद आदि ऊपर से आरोपित हैं, पर इन दोनों को सँभालने की चेष्टा में दोनों ही पदच्युत हो गये। बहरहाल, अनुभवबोध और मूल शिल्पबोध की इस निर्बलता को उसने स्वप्नों, स्मृतियों, इतिहासकथाओं, रोचक प्रसंगों और विवरणों द्वारा भरने की चेष्टा की है। कथातत्त्व की क्षीणता को वाक्स्फीति के द्वारा छिपाने की चेष्टा की गयी है। यह वाक्स्फीति प्रकृति या मनुष्य के शोभावर्णन में प्रयुक्त हुई है तथा इसके माध्यम से कथा तो नहीं पर कथा के अभिप्रेत सन्देश को मुखर रूप में कहने की भी चेष्टा हुई है। और उपन्यास का जो कुछ अर्थ अन्त में पाठक तक सम्प्रेषित होता है उसका बहुत कुछ श्रेय इस तत्त्व को ही है। वस्तुतः इस उपन्यास के इस तत्त्व पर अलग से विचार भी किया जा सकता है। इन्हीं कारणों से ऊपरी तौर पर उपन्यास बड़े सचेष्ट शिल्प का आभास भी देता है—पर उसकी मूल शिल्पयोजना की असफलता के बारे में ऊपर मैं काफी कुछ कह चुका हूँ। यहाँ पर इतना ही कि इस कथ्य के लिए यदि जीवनचरितात्मक पद्धति अपनाई गयी होती तो शायद कम समस्याएँ खड़ी होतीं।

वस्तुतः द्विवेदी जी के समस्त औपन्यासिक शिल्प का मूल स्वर वैयक्तिक निबन्ध का है। वैसी ही उच्छल आवेगमयता, वैसी ही उड़ान, वस्तुओं के छिपे अर्थों को ढूँढ़ने की वैसी ही अभिभूत चेष्टा, प्रसंगच्युत टिप्पणियाँ तथा सूचनाएँ; पाण्डित्य का

रहेटरिक, संस्कारों आदि के प्रति अत्यधिक उन्मुखता, प्रामाणिकता प्रकट करनेवाली व्याख्याएँ, एक ऐसा मुखौटा जिसकी आड़ से लेखक अपने संघर्ष और समस्याओं को व्यक्त कर सके आदि बातें उनके वैयक्तिक निबन्धों में भी हैं और इन उपन्यासों में भी वही अंश आये हैं। वस्तुतः यदि उनके ललित निबन्धों और उपन्यासों के 'ग्राफ' बनाये जा सकें तो कर्व के बिन्दु आस-पास ही रहेंगे। उनके समस्त चरित्रों का निर्माण भी निबन्धधर्मी ही है। 'चारुचन्द्रलेख' में जनता के साथ एकमेक होने की बात बराबर कही गयी है लेकिन ये जनप्रिय गठबन्धन किस प्रकार के हैं? राजा के सम्बन्ध जनता से किस प्रकार के दिखाई पड़ते हैं? जनता के बारे में हम क्या देखते हैं? मात्र एकाध प्रेमप्रसंग और मित्रताएँ भर न? शेष सभी निबन्ध या दस्तावेज के रूप में संक्षिप्त करके उपस्थित किया जाता है। गोरखनाथ सिद्धसाधनाओं की व्यर्थता पर एक भाषण देते हैं, अक्षोश्यभैरव भारत की सामन्ती समाजव्यवस्था के खोखलेपन पर एक निबन्ध (जो समाजशास्त्रीय और विषयपरक है—एकेडमी शब्दावली में) बोल देते हैं और लेखक से तादात्म्य रखने वाले सीदी मौला सोने की समस्या से लेकर चीन की समस्या तक कुछ अपने मस्त-फक्कड़ाना वैयक्तिक निबन्धी ढंग से कहते हैं। और इस निबन्धछाप शिल्प ने इसी कारण लेखक की परिकल्पना को क्षत किया है। जो कुछ उभरता है वह है एक टूटा हुआ दर्पण, जिस पर पड़ने वाला प्रतिबिम्ब समग्र नहीं होता—आकृतियाँ भले ही हजार हो जायें।

ऐतिहासिक उपन्यास

'उपन्यास' शब्द कहने मात्र से हिन्दी का सामान्य पाठक एक विशेष प्रकार के साहित्य-रूप का बोध कर लेता है। वह उपन्यास पढ़ता है—उसका विश्लेषण नहीं करता, परन्तु प्रबुद्ध पाठक विवेचन-विश्लेषण करता हुआ उसमें विशेषण जोड़ता या संज्ञाएँ देता है। इसी क्रम में उपन्यास के जो अनेक रूप विश्लेषित हुए हैं, उनमें से एक ऐतिहासिक उपन्यास है—यानी कि उपन्यास तो अवश्य पर ऐतिहासिक विशेषण के साथ। इसी स्थल पर प्रश्न उठते हैं कि ये दोनों शब्द, इतिहास और उपन्यास, कहाँ तक सम्बन्धित हैं; इनकी मर्यादाएँ क्या हैं तथा सीमा-रेखाएँ कहाँ मिटती हैं? कारण, यदि उपन्यास की एक सामान्य धारणा पाठक के मन में होती है तो इतिहास के स्वरूप का भी उसे पृथक् रूप में आभास रहता है। इतिहास मानवीय गतिविधि (Human activities) का वैसा ही एक प्रकार है जैसा कि समाजशास्त्र अथवा गणित-विज्ञान। ऐसी स्थिति में एक प्रश्न और उठता है कि यदि मानवीय गतिविधि (Human activities) का एक प्रकार उपन्यास के साथ विशेषण के रूप में आ सकता है तो अन्य प्रकार क्यों नहीं आ सकते? दूसरे शब्दों में, ऐतिहासिक उपन्यासों की भाँति ही दार्शनिक, समाजशास्त्रीय या गणित-विज्ञानीय उपन्यास क्यों नहीं हो सकते? परन्तु एक निष्कर्ष की ओर संकेत अवश्य करना चाहूँगा : इतिहास उपन्यास के लिए अधिक सहायक है बजाय अन्य ज्ञान-विज्ञान के प्रकारों के; यदि ऐसा न हो तो अब तक मानव-बुद्धि ने इस क्षेत्र को यों ही न छोड़ दिया होता। दर्शन, समाजशास्त्र आदि की खोजों का उसने भरपूर उपयोग किया है, परन्तु उससे उपन्यास के आन्तरिक रूप में ऐसा कोई गुणात्मक परिवर्तन नहीं आ सका कि उसे हम एक विशिष्ट रूप में 'ऐतिहासिक उपन्यास' की भाँति स्वीकार करने को बाध्य हो जायें। उपन्यासकार को इतिहास से कथावस्तु और चरित्र की प्राप्ति ही नहीं होती—उसमें किसी काल विशेष के वैचारिक एवं सांस्कृतिक दृष्टि-विषय (Phenomenon) का भी ज्ञान होता है; जबकि अन्य शास्त्र-शाखाएँ इतनी दिशाओं से सहायता नहीं दे पातीं।

इतिहास और उपन्यास की पारस्परिक स्थिति पर विचार करने के पहले एक बात ध्यान में रखनी है कि आधुनिक विज्ञान ने हमारे ज्ञान एवं कार्य की विविध दिशाओं को प्रभावित किया है—इतिहास और उपन्यास भी इस प्रभाव के अपवाद नहीं हैं।

यह बात सम्भवतः पाठकों को विरोधाभास-सी लगेगी कि आधुनिक जीवन की बौद्धिक आवश्यकताओं ने ही विज्ञान और उपन्यास (अथवा रसात्मक साहित्य) को अलग-अलग किया और बाद को उसने ही एक प्रकार का सामंजस्य भी इनमें स्थापित किया। आज से 150-200 वर्ष पूर्व तक इतिहास और पुराण कोई अलग चीजें न थीं—महाभारत इतिहास भी था तथा पुराण एवं महाकाव्य भी। इस तथ्य को ध्यान में न रखने के कारण ही थोड़े दिन पूर्व तक 'पृथ्वीराज रासो' की ऐतिहासिकता पर विवाद चलता रहा है; परन्तु आधुनिक वैज्ञानिक दृष्टि ने इतिहास को विज्ञान की भाँति ही विशुद्ध वस्तुगत दृष्टि से कोरी तथ्यात्मकता तक पहुँचा दिया। जब एक बार इतिहास पुराण एवं किंवदन्तियों के शैवाल से मुक्त होकर तटस्थ शुद्ध तथ्यों का भण्डार बना तो मनुष्य की व्यवस्था-परायण बुद्धि ने उसे एक सिस्टम का रूप दिया और फिर इसी क्रम में सिस्टम की परख भी उसकी प्रयोगशील दृष्टि ने की। सार्थकता की परख के इस दौरान इतिहास की अनेक व्याख्याएँ उपस्थित की गयीं, जिन्हें हम इतिहास-दर्शन के नाम से जानते हैं। धर्म और जाति की श्रेष्ठता, भाग्यवाद, महापुरुषवाद से प्रारम्भ कर निकोलाई डैनिलेब्स्की, स्पेंग्लर के आवर्तवाद, आर्नल्ड ट्वायनवी के लयात्मक-आरोह-अवरोहवादी विकास से लेकर मार्क्स (और कुछ हद तक सोरोकिन जैसे समाजशास्त्री भी) के रेखावादी विकास तक इतिहास की अनेक व्याख्याएँ प्रस्तुत की गयीं। इन विविध व्याख्याओं एवं दर्शनों ने हमारी विचार-प्रक्रिया को प्रभावित किया है। हमने अपने इतिहास को इन दर्शनों के आलोक में नये ढंग से देखना शुरू किया। अतीत का चित्रण भी इन नयी दृष्टियों के आधार पर होने लगा और इसी बिन्दु पर ऐतिहासिक उपन्यासों का प्रणयन शुरू होता है। इस प्रकार हम स्पष्ट देखते हैं कि जब इतिहास विशुद्ध तथ्य बना तो वह रसात्मक साहित्य से दूर हटा, पर जब उसने संस्कृतियों-सभ्यताओं एवं समाज के विकास पर दृष्टिपात शुरू किया तब उपन्यासकार (या अन्य लेखक भी) पुनः उसकी ओर गये।

यों प्राचीन आख्यानों की शरण में साहित्य बहुत दिनों से जाता रहा है—पर तब उद्देश्य दूसरा था : कथा प्रामाणिक हो, जनप्रिय हो, जिससे कि रसोद्‌बोधन में व्याघात उपस्थित न हो, —मनोविज्ञान की शब्दावली में 'स्टॉक रेस्पान्स' के लिए इतिहास की शरण ली जाती थी। 'नाटकं ख्यातवृत्तं पंचसन्धि-समन्वितम्' में ख्यातवृत्तं का मूल कारण यही था—उस वृत्त की ख्याति के विरुद्ध जाना सम्भव न था—पर आधुनिक मनोविज्ञान, समाजशास्त्र, नृतत्त्वशास्त्र या इतिहास ने इन वृत्तों की प्रामाणिक ख्याति को नष्ट कर दिया है। राम ही नहीं, रावण और मेघनाद भी साहित्यकार के प्रिय बने—यही नहीं, अज्ञात व्यक्ति भी इतिहास और समाज के मन्तव्यों को व्यक्त करने

का माध्यम बनने लगा। हरमैन हेस का 'सिद्धार्थ' अथवा यशपाल की 'अमिता' इस 'अख्यात वृत्त' के उदाहरण हैं। कारण यह है कि उपन्यास मात्र कथानक का स्रोत नहीं रहा—उसका सचेष्ट प्रयोग अब सम्भव हो सका है। उपन्यासकार, नाटककार, कवि आदि प्रसिद्ध चरित्रों एवं घटनाओं में दूसरे मन्तव्य ढूँढ़ने लगे हैं। किसी पौराणिक चरित्र को विश्वसनीय घटनाओं के मध्य चित्रित करने के स्थान पर युग विशेष को उसकी व्यापक और प्रबल शक्तियों के साथ उपस्थित किया जाने लगा; या कि किसी प्रसिद्ध, अज्ञात या उपेक्षित चरित्र को उसकी समस्त आशा-आकांक्षाओं एवं मानसिक द्वन्द्वों तथा बाह्य संघर्षों के साथ उपस्थित किया गया; अथवा फिर अतीत को वर्तमान के साथ जोड़ा गया—प्रेरणा या उपदेश देने के लिए। इन सभी क्षेत्रों के रिकन्सट्रक्शन के लिए लेखकों की कल्पना को अमित विस्तार मिला।

इतिहास और उपन्यास के पारस्परिक सम्बन्धों पर बहुत-से लोगों ने आपत्ति प्रकट की है। सर फ्रांसिस पालग्रेव नामक लेखक ने तो यहाँ तक कहा कि ऐतिहासिक उपन्यास एक ओर इतिहास का शत्रु है और दूसरी ओर कथा का। ऐसे लोग मात्र यह सोचते हैं कि इतिहास केवल घटनाओं या व्यक्तियों का विवरण है तथा उपन्यास मात्र कल्पना का विलास। वे यह भूल जाते हैं कि इतिहास सारे राग-विरागों के साथ अतीत का यथार्थ है और उपन्यासकार सदैव यथार्थ को पकड़ता है, चाहे वह अतीत का हो या वर्तमान का। अतः इतिहास के क्षेत्र में जाना किसी मर्यादा का उल्लंघन नहीं है। फिर क्या कोई इतिहासकार यह कहने का दावा कर सकता है कि उसने इतिहास के लिखने या जानने में कल्पना का रंचमात्र भी उपयोग नहीं किया है। वास्तव में कोई भी मानवीय क्रिया या व्यापार (Human activity) कल्पना के बिना सम्भव ही नहीं है—गणित भी नहीं। अतः यथार्थ-कल्पना के उपयोग को लेकर इतिहास या उपन्यास में कोई तात्विक विरोध ज्ञात नहीं होता। तो क्या दोनों एक ही हैं? "नहीं", इसका स्पष्ट उत्तर है। दोनों की रचना-प्रक्रिया एवं उपजीव्य श्रोताओं के अन्तर दोनों क्रियाओं के अन्तर को भी प्रकट करते हैं। इतिहास विवरण देता है, उपन्यास चित्रण करता है। चित्रण में चयन के आन्तरिक मन्तव्यों का नैरन्तर्य होता है। इसी कारण यह अधिक सूक्ष्म एवं अधिक व्यंजक होता है। उपन्यास का पाठक पढ़ते समय इतिहास की घटनाओं को नहीं जानना चाहता, नाम भी नहीं याद करना चाहता, वह तो चित्रित युग के आन्तरिक मन्तव्यों, उसके 'चेतना-प्रवाह' को जानना चाहता है और इस प्रकार इतिहास की बढ़ती हुई शक्तियों की अवगति नहीं, 'बिम्ब ग्रहण' की प्रक्रिया स्वीकार करता है। उपन्यास का चरित्र इस 'बिम्ब ग्रहण' की इकाई बनता है, जब कि इतिहास में घटना का विवरण उसके बोध की इकाई होता है। उपन्यास में इतिहास के इस 'बिम्ब ग्रहण' के कारण पाठक को जो आनन्द (या और कुछ) मिलता है, उसे रविबाबू ने 'ऐतिहासिक रस' कहा है। उनका यह मन्तव्य द्रष्टव्य है—

"पृथ्वी में कुछ ऐसे लोगों का भी अभ्युदय होता है जिनका सुख-दुख संसार की बृहत् घटनाओं के साथ सम्बद्ध होता है। राज्यों का उत्थान-पतन, महाकाल की सुदूर की कार्य-परम्परा, जो समुद्र के गर्जन के साथ उठती और गिरती है—उसी महान कला संगीत के स्वर में उनका व्यक्तिगत विराग और अनुराग बजा करता है।"

...यदि हम उन्हें व्यक्ति-विशेष के रूप में नहीं परन्तु महाकाल के एक अंग के रूप में देखना चाहें तो हमें दूर खड़ा होना पड़ता है। अतीत के अन्दर उनकी स्थापना करनी पड़ती है, वे जिस महान रंगभूमि के नायक थे उसको और उनको मिलाकर देखना पड़ता है। इस कथन के महापुरुषवादी स्वर को संशोधित कर कहा जा सकता है कि मुख्य बात यह 'महाकाल की सुदूर कार्य-परम्परा' यानी कि इतिहास-बोध ही है। महाकाल के रूप में महापुरुष ही नहीं, नगण्य व्यक्ति भी देखा जा सकता है। इस महाकाल अथवा इतिहास की कार्य-परम्परा की अभिव्यक्ति ऐतिहासिक उपन्यासकार का दायित्व है। एक लेखक की आत्मकथा के माध्यम से हर्षयुगीन भारत की समस्त कार्य-परम्परा की अभिव्यक्ति कर हजारी प्रसाद द्विवेदी ने इसी दायित्व का पालन किया है। यहाँ यह बात फिर याद रखने की है कि दोनों एक नहीं हैं पर इतिहास और ऐतिहासिक उपन्यास के महाकाल-बोध के मूल मन्तव्यों में तनिक भी विरोध नहीं है।

ऐतिहासिक उपन्यासों के समीक्षण में उपर्युक्त बातों को ध्यान में रखना आवश्यक है। जो व्यक्ति कहानी कहने के लिए केवल तथ्य इतिहास से चुनता है, उसकी विवेचना उन तथ्यों को ध्यान में रखकर करनी होगी और ऐसी ही स्थिति में हम किशोरीलाल गोस्वामी जैसे लोगों को अनैतिहासिक कह सकते हैं। अगर कोई महापुरुष चित्रित करना उद्देश्य रहा हो तब फिर उसके चरित्र की उदात्तता उन ऐतिहासिक परिस्थितियों में देखी जानी चाहिए। जैसे कि सत्यकेतु विद्यालंकार ने हिन्दी में 'आचार्य चाणक्य' नामक ऐतिहासिक उपन्यास लिखा पर तात्कालिक राजनीति के विशृंखल वातावरण में उसके क्रिया-कलाप का ऐसा चित्रण प्राप्त नहीं होता जिससे कि वह अपने समकालिकों का अगुआ घोषित किया जा सके। परिणामतः समस्त उपन्यास पढ़ जाने के बावजूद 'चाणक्य' का चरित्र हमें गहरे ढंग से प्रभावित नहीं कर पाता। इस कमी का कारण है—उपन्यास की विवरणात्मक परिपाटी। उपन्यासकार ने चरित्र की यूनिट को नहीं, विवरण की इकाई को स्वीकार किया है। यदि लेखक किसी युग-विशेष को 'रिकन्स्ट्रक्ट' कर रहा हो तो उस समय मूल आलोच्य वस्तु होगी उस युग का आन्तरिक रूप। यदि युग के आन्तरिक मन्तव्यों को उपस्थित करने में लेखक सफल हुआ तो यदि कुछ घटनाएँ या चरित्र इतिहास के तथ्यों के अनुवर्ती न भी हों तब भी वह सफल कहा जायगा। इस सम्बन्ध में यह भी ध्यान में रखना चाहिए कि युग के आन्तरिक मन्तव्य वेशभूषा, चालढाल

और बाह्य वातावरण की अपेक्षा आन्तरिक विचारधाराओं, इतिहास की विकासमान शक्तियों एवं उस युग के 'सोशल मोरस' (Social Mores) के सम्पूर्ण चित्रण पर अधिक आधारित होते हैं। कभी-कभी ये सारी बातें होते हुए भी वर्तमान जीवन की विचार-प्रक्रिया हमको इस तरह अभिभूत किये रहती है कि बहुधा प्राचीन पात्रों और घटनाओं से उसकी अभिव्यक्ति जाने-अनजाने हो जाती है—स्पष्टतः यह अनैतिहासिक तत्त्व है और ऐतिहासिक उपन्यास को कमजोर बनाने वाला है। हिन्दी में राहुल सांकृत्यायन एवं यशपाल के ऐतिहासिक उपन्यास इस कमजोरी के शिकार बने हैं। 'बाणभट्ट की आत्मकथा' इसी कमजोरी के न होने के कारण अधिक शक्तिशाली रचना बन सकी है।

बहुधा व्यक्ति-प्रधान ऐतिहासिक उपन्यासों में दो प्रकार के दोष आ जाते हैं : या तो तमाम घटना-जाल में उद्दिष्ट व्यक्ति अप्रमुख हो जाता है—क्योंकि इतिहास का चक्र किसी एक व्यक्ति के चलाए तो चलता नहीं है—अथवा फिर ऐसा उपन्यास अत्यधिक यान्त्रिक हो उठता है। वृन्दावनलाल वर्मा के उपन्यास 'मृगनयनी' में पहला दोष है जिसमें मृगनयनी की अपेक्षा लाखी अधिक प्रमुख हो उठी है तथा 'झाँसी की रानी' में यान्त्रिकता का दोष आ गया है। चतुर उपन्यासकार इसी कारण दूसरे रास्ते अपनाते हैं। सुदूर इतिहास को अपनाने से अपने उद्दिष्ट चरित्र को अपेक्षाकृत महिमा दी जा सकती है क्योंकि वहाँ घटना के यथार्थ का बन्धन नहीं होता। मुंशी का 'भगवान परशुराम' इसी कारण 'भगवान कौटिल्य' की अपेक्षा अधिक सफल बन पड़ा है। अधिक अलौकिक एवं काल्पनिक होते हुए भी वह अधिक यथार्थ लगता है। लिखित इतिहास से बाहर होने के कारण लोक-कथानकों एवं किंवदन्तियों पर आधारित उपन्यास भी इसी कोटि के अन्तर्गत आते हैं। वर्मा जी के 'गढ़कुंडार', 'विराटा की पद्मिनी' या 'कचनार' इसीलिए अधिक सफल हैं। किसी घटना या घटना-शृंखला पर लिखे गये ऐतिहासिक उपन्यास भी ऊपर गिनाए दोषों से मुक्त होते हैं क्योंकि वहाँ पर घटना या घटना-शृंखला को उसके पूर्ण परिपाक तक पहुँचाने के लिए मददगार सारे चरित्र एवं कार्य-व्यापार प्रयोग में लाये जा सकते हैं एवं अधिक नाटकीयता की स्थापना भी की जा सकती है। मुंशी का 'पाटन का प्रमुख' अथवा गुजरात सीरीज़ के अन्य उपन्यास ऐसे ही हैं। इस प्रकार का लेखन लेखक से व्यापक ऐतिहासिक अनुशीलन की माँग करता है। उसके लिए आवश्यक होता है कि वह उन तमाम व्यक्तियों को पहचान सके जिन्होंने उस घटना की चरम परिणति में सहायता की है।

किसी अप्रमुख पात्र के माध्यम से एक सम्पूर्ण युग के पुनर्निर्माण (Reconstruction) की पद्धति सर्वाधिक नवीन है। इसमें चरित्र-चित्रण के ऊपर कोई साहित्येतर अंकुश भी नहीं रहता है तथा ऐतिहासिक उपन्यास की मूल वस्तु—वातावरण निर्माण—पर अपेक्षित ध्यान दिया जा सकता है। यह बात ध्यान में रखने की है कि ऐतिहासिक उपन्यास की सबसे बड़ी शक्ति वातावरण की स्थापना में ही है।

वातावरण से मेरा तात्पर्य बाहरी ही नहीं, आन्तरिक मन्तव्यों से भी है; तथा आन्तरिक मन्तव्यों तक पहुँचना तभी सम्भव है जब समाज की द्वन्द्वात्मक गति का वैज्ञानिक ज्ञान हो और मानवीय चेतना के विविध स्तरों की आन्तरिक एकता का स्पष्ट आभास रहे।

स्वतन्त्रता के बाद इधर हिन्दी में ऐतिहासिक उपन्यासों (ऐतिहासिक कथानकों की ओर कहना अधिक युक्ति-संगत होगा!) की ओर लोगों का ध्यान गया है, परन्तु अपवादों को छोड़कर बहुधा उनमें या तो रसीली कहानी कहने की प्रवृत्ति मिलती है या फिर एक प्रकार का पुनरुत्थानवाद (Revivalism)। ऐतिहासिक काव्यों एवं नाटकों के क्षेत्र में इतिहास-दर्शन की दृष्टि अपेक्षाकृत अधिक स्वच्छ है। नये ऐतिहासिक उपन्यासकारों से मेरा अनुरोध है कि वे इतिहास की गति और अतीत के मन्तव्यों का अधिक सचेत बोध ग्रहण करें एवं करायें।

कहानी समीक्षा

एकरसता टूटे और बेकली और बढ़े

आप लोग कहानी पर चौतरफा विचार करना चाहते हैं। बात अच्छी ही नहीं लगती, बल्कि हिन्दी के क्षेत्र में अतिरिक्त जागरूकता का प्रमाण देती है। हिन्दी में 'कहानी' पत्रिका ने 'कहानी-विचार' की परम्परा चलाई, तब से भिन्न-भिन्न पत्र-पत्रिकाओं एवं अन्य माध्यमों द्वारा 'नयी कहानी' या कहानी मात्र का लेखा-जोखा लेने का प्रयास किया गया है। इस सम्बन्ध में स्मरणीय यह है कि अत्यन्त समृद्ध एवं जागरूक समीक्षा वाले साहित्यों में भी कहानी पर चर्चा बहुत कम होती है, अतः हिन्दी में चर्चा का यह आधिक्य, जहाँ एक ओर प्रबुद्ध होते हुए लेखक-पाठक-वर्ग की सम्भावना व्यक्त करता है, वहीं इससे यह भी भासित होता है कि समसामयिक कहानी में कुछ ऐसा अवश्य है जो नया है, पढ़ने वाले को कोंचता या मोहता है और उसे विवश करता है कि इस नये को सँभालने या तोलने का उपक्रम करे। यहीं पर इन विविध चर्चाओं में उभरने वाले दोनों पक्ष मुझे याद आते हैं। एक ओर तो कहानी को अत्यन्त आधुनिक, समृद्ध, हिन्दी के अन्य साहित्यरूपों में सबसे ज्यादा सशक्त एवं विविध कहा जाता है, एवं दूसरी ओर आलोचकों के ऐसे भी फतवे हैं जो बताते हैं कि हिन्दी कहानी में आधुनिकता का बोध नहीं है, या वैसे प्रयोग बहुत कम हुए हैं (वे कहानी की विधा को भी कभी-कभी इस 'बोध' के लिए अक्षम मानते हैं।) या कि उसका केवल 'स्वभाव' बदला मानते हैं 'चरित्र' नहीं। एक ओर पूछा जाता है : नयी कहानी के शिल्पसौन्दर्य ने ही क्या उसे पुरानी कहानी से भिन्न रूप दिये हैं? दूसरी ओर अकसर यह कहा गया है कि नयी कहानी में शिल्प सम्बन्धी प्रयोग कम हुए हैं। कुछ लोगों ने शिल्प सम्बन्धी इन प्रयोगों की कमी को 'कहानी' का परम्परा सम्बन्धी दायित्व माना है। एक कहानीकार आलोचक (डॉ. लाल) ने एक बार बताया कि 'नयी कविता' के समान 'नयी कहानी' कोई परम्पराभ्रष्ट आन्दोलन नहीं है, कि हाल में दूसरे कथाकार आलोचक (राजेन्द्र यादव) का कहना है—

> *इस दशक की कहानी के सामने तिरस्कार या विकास के लिए कोई परम्परा नहीं थी। फिर ग्रामकथा, नगरकथा, कस्बाकथा, आंचलिककथा अथवा शिल्पवादी कहानी, विषयवस्तुप्रधान कहानी आदि नाना प्रकार के परस्पर-विरोधी मान*

लिए जानेवाले स्तर खोज निकाले गये हैं। परस्परविरोधी मन्तव्यों की सूची को और आगे बढ़ाया जा सकता है। पर यहाँ पर उद्दिष्ट इतना ही है कि समस्या की जटिलता की ओर संकेत किया जाये। समस्या यह कि नयी कहानी का स्वरूप क्या है?

कहीं ऐसा तो नहीं है कि ये जो परस्परविरोधी सी दिखने वाली बातें हैं, ये विरोधी न होकर विभिन्न पहलू हैं, जो बहुत नजदीक से देखे जाने के कारण या तो स्पष्ट नहीं हैं या आँखों से ओझल हैं—फलतः विरोधी भी हैं।

बात और अधिक साफ करके कही जाये तो ठीक रहे। विभिन्न क्षेत्रों से सामग्री चुनने के आधार पर अलग-अलग बाड़े बना देने के स्थान पर यह कहना क्या ठीक न होगा कि गाँव, शहर, कस्बा, ईसाई, मुसलमान या आदिवासी, रेस्तरां, पहाड़ या धर्मशाला आदि में जो आज जिन्दगी की तेजी (या सुस्ती), नीरसता या सरसता, बदली हुई चित्तवृत्ति, भिन्न प्रकारों के दबावों में पले, बदलते हुए, संघर्ष करते हुए प्राणी या परिस्थितियाँ, जो भी हैं वे सभी नयी कहानी के अन्तर्गत हैं। शायद नयी कहानी में यह पहचाना गया है कि एक क्षण भी कहानी है और एक समूचा वातावरण भी। अथवा यह कि समूचे वातावरण के भीतर एक व्यक्ति, घटना, परिस्थिति या क्षण एक विशेष दीप्ति से कौंध सकता है, जैसे कि कमलेश्वर की 'नीली झील'। कभी-कभी कोई एक नगण्य सी वस्तु मन में कितनी प्रतिक्रियाएँ अनायास जगा जाती है और वह एक कहानी बना जाती हैं—उदाहरणार्थ अजितकुमार की 'झुकी गरदन वाला ऊँट'। प्रेम पर अनगिनत कहानियाँ लिखी गयी हैं। पर प्रेम अब भी समाज के जटिल सम्बन्धों के कारण ऐसे कोनों में दबता या उभरता है, जो नया लगता है, अननुभूत प्रतीत होता है। प्रेम और परिवार पर उषा प्रियंवदा या मन्नू भंडारी अथवा राजेन्द्र यादव की कितनी ही कहानियाँ मिल जायेंगी। कभी-कभी यह भी आरोप लगाया जाता है कि कोई-कोई लेखक एकाध पात्रों को माडेल (चित्रकार की भाँति) बनाकर उन्हें ही दुहराया करते हैं। पर मुझे यह बात अनुचित नहीं लगती। माडेल की अनन्त सम्भावनाएँ हो सकती हैं एवं निपुण कलाकारों ने उनको उजागर किया है। राजेन्द्र यादव में मुझे अकसर लगा है कि एक माडेल को वह विभिन्न परिस्थितियों (कहानी और उपन्यास दोनों में ही) में रखकर उस पात्र को 'चरित्रता' प्रदान कर रहे हैं। नये-नये क्षेत्र खोजने के बजाय एक क्षेत्र को नये कोण में स्थापित करना अधिक कलात्मक सामर्थ्य की माँग करता है।

हिन्दी समीक्षा का एक विचित्र दुराग्रहवादी द्वैत वर्तमान कहानीचर्चा में भी चल रहा है। यह द्वैत है, विषयवस्तु और शिल्प कुछ अलग-अलग चीजें हैं। रामकुमार द्वारा आधुनिक जीवन की गहरी उदासी (या बोरडम) का चित्रण जाहिर है कि 'रेणु' के उस शिल्प से भिन्न होगा, जिसमें कि गाँव के बदलते हुए सम्बन्धों का चित्रण किया गया होगा या कि ओंकारनाथ श्रीवास्तव की 'काल सुन्दरी' के उस वातावरण

का शिल्प भिन्न होगा, जिसमें कस्बे की एक उपेक्षित गली को जीवित करने का प्रयास किया है। कहानी ने अपने शिल्प में इस बीच में विभिन्न साहित्य-रूपों एवं कलाओं से भी तत्त्व ग्रहण किये हैं, पर इतना अवश्य है कि 'कथातत्त्व' तथा 'रंजकता' एवं अपेक्षाकृत बहुजनग्राह्यता का जो आन्तरिक गुण या तत्त्व कहानी में होता है, वह उसे शिल्पगत प्रयोग की वैसी छूट नहीं देता, जैसा कि कविता के क्षेत्र में सम्भव है।

इसी प्रसंग में एक और रोचक तथ्य मुझको महसूस होता है। इधर पिछले कुछ वर्षों में हिन्दी कहानी के क्षत्र में बासीपन लगने लगा है। लगता है कि पुराने फार्मूले दुहराए जाने लगे हैं। उदाहरण लें, सद्यःप्रकाशित अमरकान्त की कहानी 'मूस'। यह कहानी वैसे अत्यन्त रोचक और सशक्त है तथा अत्यन्त करुण-उद्वेलक भी, पर कहानी की परम्परा में यह उसी प्रवृत्ति के अन्तर्गत है, जिसमें कि उपेक्षित या विचित्र चरित्रों को शोध-शोध कर लाया गया है। 'बिन्दा महाराज', 'हंसा जाई अकेला', 'काल सुन्दरी' जैसी कहानियाँ इसके पहले ऐसे ही उपेक्षितों को लायी हैं। मैं यह नहीं कहता कि ऐसे प्रयास न हों, पर यह अवश्य है कि इनमें प्रवृत्तिगत नयापन नहीं है। ऐसे ही कहानी पत्रिकाओं में प्रकाशित होनेवाली दर्जनों कहानियाँ पढ़िए और लगेगा कि इन्हें पहले कहीं पढ़ चुके हैं। मुझे लगता है कि नयी कहानी असन्तुष्ट आत्मा की तरह चाहे न भटक रही हो, पर आधुनिक जीवन के गहरे दबाव में पाठक अवश्य बड़ी जल्दी असन्तुष्ट हो उठता है और वह एकरसता का अनुभव करने लगता है। जागरूकता का लक्षण हिन्दी कहानी में पूरी तरह तभी माना जायेगा, जब इस एकरसता को तोड़ने का प्रयास भी साथ-साथ होता चले। सम्भावनाओं के बारे में भविष्यवाणियाँ साहित्य के क्षेत्र में न की जानी चाहिए और वह भी किसी एक विधा को लेकर। हम केवल इतना कह सकते हैं कि आज की प्रबुद्ध स्थिति में कहानी अधिक सन्तुलित ढंग से हमारे यथार्थ को, तेजी से बदलती स्थितियों एवं संवेदनाओं को एवं उगते हुए मनुष्य को अपने माध्यम से व्यंजित करेगी या कि अपने माध्यम से समझने का मौका देगी। यही इसकी सार्थकता होगी।

नयी कहानी मुझे अभूतपूर्व नहीं लगती। क्यों? इसलिए कि जो नये जीवन को अभूतपूर्व के आश्चर्य में स्तम्भित होकर लेने के बजाय स्वाभाविक रूप से स्वीकारना चाहता है, उसके लिए 'नयी कहानी' या 'नयी कविता' अभूतपूर्व न होकर जीवन की सहजधर्मी व्यंजनाएँ हैं और वे नयी होकर भी हमारी परिचित हैं, बदली हुई होने पर भी हमारे अन्तस के निकट हैं।

जहाँ तक सर्वप्रियता का प्रश्न है—कहानी सदैव सर्वाधिक प्रिय रही है। अतः नयी कहानी सर्वप्रिय बनी रह कर कोई नया लक्ष्यवेध न करके पुराने उत्तरदायित्व का निर्वाह कर रही है।

मनुष्य स्वयं सदैव से असन्तुष्ट रहा है। उसने अपने को अभिव्यक्त करने के लिए क्या-क्या नहीं किया या सहा? फिर आधुनिकता के बोध को ग्रहण करने वाला मनुष्य, भयंकर वेगवाली परिवर्तनता की छाया में पलने वाला व्यक्तित्व तो अपने प्रत्येक क्षण को अभिव्यक्त करने के लिए लालायित हो उठा है। कहानी की अभिव्यंजना-आतुरता मनुष्य के उसी स्वभाव की प्रकाशिका है। मैं तो यह कहूँगा कि ज्यों-ज्यों कहानी हमारे यथार्थ के निकट आयेगी, त्यों-त्यों यह आतुरता, यह बेकली और बढ़ेगी। उसका बढ़ना ही शुभ लक्षण है।

कहानी : अच्छी और नयी

विवाद का केन्द्रबिन्दु है कि अच्छी कहानी को नयी होना ही चाहिए या नहीं? पुरानी यानी पुराने युगबोध की कहानी को नामवर सिंह अच्छी नहीं स्वीकार करते। यह बात 'एक शिल्पहीन कहानी' और 'वापसी' के विश्लेषण द्वारा उन्होंने सिद्ध की है। इस सिलसिले में उन्होंने जो बात कही है उससे लगता है कि भावुकता को ही वह पुराने बोध के अन्तर्गत खतियाना चाहते हैं। भावुकता की प्रचुरता के कारण ही उन्हें 'धरती अब भी घूम रही है' अच्छी नहीं लगी, गोकि उसकी गिनती अब 'क्लासिक कहानी' के तौर पर होने लगी थी। मूर्तिध्वस्तीकरण का कार्य आलोचकों ने बहुधा किया है और हम उसे यदि हिन्दी कहानी के क्षेत्र में घटित होता हुआ देख रहे हैं तो विचलित होने के बजाय कुछ और 'क्लासिक' कहानियों की ओर आलोचक प्रवर का ध्यान आकर्षित करें।

चूँकि बात ससुर-पतोहूवाली कहानियों से प्रारम्भ हुई थी, इसलिए स्वाभाविक रूप से सास-पतोहूवाली एक कहानी और याद आ जाये तो उचित ही होगा। प्रेमचन्द की एक मशहूर कहानी है : 'बूढ़ी काकी'। बहुत से प्रतिनिधि संकलनों में उसे संकलित पाया जा सकता है। नामवर जी की विश्लेषण पद्धति पर चल कर देखें तो ज्ञात होगा कि एक बुढ़िया है जिसे दिखाई भी नहीं देता, पति ही नहीं जवान पुत्र भी स्वर्ग जा चुके हैं (हाय-हाय)। जायदाद भतीजे के नाम लिख दी है (वाह वाह)। स्वादेन्द्रिय ज्यादा मुखर हो गयी है (च-च-च)। घर में परवाह कोई नहीं करता। केवल एक छोटी लाड़ली प्रेम करती है (और जिसे सबसे छोटा बच्चा प्रेम करे वह अवश्य नितान्त पवित्र एवं करुणा का पात्र होना चाहिए)। घर में एक उत्सव हो रहा है, पकवानों की धूम है और उसका बालमन नहीं मानता—नीचे आ जाती है और भतिजबहू दुत्कार देती है। फिर मन नहीं मानता और पंगत के बीच पहुँच जाती है तो भतीजे महाशय उठाकर फेंक जाते हैं (दो-दो बार का अपमान भला किसे न खलेगा?)। फिर आती है लाड़ली अपने हिस्से की पूड़ियाँ लेकर, जो कि आग पर घी का काम करती हैं। परिणामस्वरूप वह लाड़ली के सहारे जूठी पत्तलों को चाटने पहुँच जाती है। (नामवर जी के शब्दों को उधार लें तो 'कौन ऐसा कठकरेज होगा' जो एक ब्राह्मणी बुढ़िया

की इस दारुण दुर्दशा से द्रवित न हो उठेगा?) और स्वयं पतोहू आखिरकार स्तम्भित हो ही उठती है। उसे ऐसा प्रतीत हुआ, 'मानो जमीन रुक गयी, आसमान चक्कर खा रहा है।' (विष्णु प्रभाकर की कहानी 'धरती अब भी घूम रही है' के वाक्यों से मिलाइए!) करुणा और भय से उसकी आँखें भर आयीं। इस नैतिक धक्के से उसके हृदय में सचाई और पवित्रता फूट पड़ती है। वह काकी को भरपेट भोजन कराती है, काकी भी बच्चों की तरह भोजन करती है, रोम-रोम से सदिच्छाएँ निकलती हैं और रूपा (पतोहू) 'इस स्वर्गीय दृश्य का आनन्द लूटने में निमग्न थी।'

इस तरह कहानी पढ़कर व्रतों-त्योहारों में कही जानेवाली कहानियों के बारे में बड़ी-बूढ़ी औरतों की तरह पाठक भी कह सकता है कि 'जैसे उनके दिन बहुरे वैसे सबके दिन बहुरें।' अन्त भला सो सब भला। तथा बकौल नामवर सिंह यह सफलतावादी दर्शन है। 'ऐसे दर्शन में सत्य के लिए कोई जगह नहीं है और न ऐसी जगह सत्य की कोई उम्मीद की जा सकती है।' इस तरह प्रेमचन्द की एक कहानी की श्रेष्ठता को ध्वस्त करने का मुझको सन्तोष प्राप्त हो गया है और कुछ पूर्ववर्ती आलोचकों के साथ उन्हें द्वितीय श्रेणी की प्रतिभा या 'परिमलियों' के साथ सतह पर का कलाकार कहने का साहस मैं भी कर सकता हूँ। आखिरकार यह कहानी भी एक की ही है और 'जो कहानी केवल एक की हो उसके बारे में फिर दुख क्या? कहानी खत्म हुई, आँसू बहे, आँसू सूखे, कहानी खत्म हुई।' और यदि बिम्बों वगैरह की बात न उठाई जाये तो नामवर जी चुटकी बजाते 'मेघदूत' को भी उड़ा देंगे, क्योंकि वह विरह एक ही दम्पति का तो है।

इससे यह न समझा जाये कि मैं 'एक शिल्पहीन कहानी' की वकालत करना चाहता हूँ। प्रेमचन्द की कहानी को उद्धृत करने का एक तात्पर्य यह भी है कि इस कहानी के पुरानेपन को और साफ करके दिखाया जा सके। शिल्प उसका अधिक सायास और जटिल है तथा नैतिकताबोध का वह धक्का भी नहीं है, जो 'बूढ़ी काकी' में अन्त में प्रमुख बन जाता है। उसका कारण यह भी है कि 'निर्गुण' की कहानी के पात्र—बेटा और बहू—आधुनिक हैं, यथार्थ का आग्रह था कि उन पर नैतिक बोध का धक्का न डाला जाये। पर यही इस कहानी की मुख्य कमजोरी बन जाती है। पुरानी शराब को नयी बोतल में (पुरानी व्यथा को नये पात्रों के माध्यम से) ढालना इसे कमजोर कर देता है जबकि प्रेमचन्द में यह असंगति नहीं मिलती। इसके अतिरिक्त प्रेमचन्द अपनी 'बूढ़ी काकी' को असाधारण नहीं बनाते, जबकि 'निर्गुण' का नायक असाधारणता ग्रहण कर बैठता है। हमें लगता है कि पुरानेपन की बात करते समय मात्र भावुकता (हाशिये पर नामवर जी भावुकता पर एकाधिक बार हल्ला बोल चुके हैं) और भावुकता के प्रसंग में ही 'एक' की कहानी, 'सत्य की जगह' और 'जीवनसत्य की खोज' आदि बातों की चर्चा वस्तुतः स्थापनाओं का गड़बड़झाला बन जाती है, क्योंकि इन प्रश्नों पर अलग से प्रश्न और विवाद खड़े होते हैं।

'भावुकता' नयेपन की भी होती है। 'छोटे-छोटे ताजमहल' वाली अपनी टिप्पणी में स्वयं नामवर जी ने 'कल्ट ऑफ एक्सपीरिएंस' की आधुनिकता राजेन्द्र यादव की कहानी में मानते हुए भी कहा था : 'इतनी प्रतीकयोजना से भी यदि भावुकता की सृष्टि न होगी तो कब होगी?' जहाँ तक 'एक' की ही कहानी का सम्बन्ध है उसमें भी 'वैयक्तिक सम्बन्धों' की बारीकियों और निजी अनुभूतियों के छोटे-छोटे क्षणों के ब्योरे की निन्दा कर चुके हैं। यह भी पुरानेपन का अनिवार्य लक्षण सिद्ध नहीं होता। इसके अतिरिक्त दूसरा प्रश्न यह भी है कि 'एक' की कहानी क्या सचमुच ही ऐसी ही विस्मरणीय एवं उपेक्षणीय होती है—खास करके कहानी जैसी मूलतः वैयक्तिक और निजी कला में। ऐसा लगता है कि कहानियों की बात करते समय नामवर जी के मन में 'उपन्यास' रहता है। लोगों ने उन पर कविता के नजरिए से कहानी पढ़ने का आरोप लगाया है, पर इन टिप्पणियों से मुझे लगता है कि वह उपन्यास की दृष्टि से कहानी पढ़ते हैं। इसी कारण 'एक' की कहानी का खण्डन, जीवनसत्य की उपलब्धि या विराट ताजमहल की समग्र भावना की इतने महत्त्वपूर्ण ढंग से चर्चा करते हैं तथा अनुभूति के चित्रण से तनिक घबराते से दिखते हैं।

इसी प्रसंग में एक बात अवश्य उल्लेखनीय है कि वैयक्तिक अनुभूतियों पर आधारित होते हुए भी कहानीकार को यह जरूर देखना होगा कि इन निजी अनुभवों की अच्छाइयों में कैसे एवं क्योंकर दूसरे लोग हिस्सा बँटा सकते हैं। अनुभूतियों का ज्यों का त्यों चित्रण आज की तमाम 'नयी' या 'आधुनिक' कहानियों में देखा जा सकता है, पर सवाल उन्हें पुनर्रचित एवं पुनर्गठित करने का होता है। उदाहरणार्थ मोहन राकेश के नये संग्रह 'एक और जिन्दगी' में से तीन कहानियाँ—'सुहागिन', 'मिस पाल' एवं 'एक और जिन्दगी' ली जाये तो प्रथम और अन्तिम कहानी में एक प्रकार का जीवनचरितात्मक फोटोग्राफिक रूप उभरता है, जबकि 'मिस पाल' में वही रचना (या बच्चों) की भूख अधिक निर्वैयक्तिक एवं कलात्मक धरातल पर आ सकी है, पर उससे भी गयी-गुजरी स्थिति तब आती है जब अनुभूति की पूँजी और शक्ति चुक जाती है और मात्र देख-सुनकर स्थूल ऐन्द्रिय बोध में कुछ अर्थ या प्रतीक भरे जाते हैं। 'नयी कहानियाँ' के दीपावली अंक में प्रकाशित चन्द्रगुप्त विद्यालंकार की ही कहानी 'पतझड़' को लिया जाये। यह स्वयं चन्द्रगुप्त जी की प्रिय कहानी है। इसमें दिल्ली की सड़कों और प्लेसों के खाके मिलेंगे। पाँच बूढ़ों के वैसे लम्बे-चौड़े विवरण मिलेंगे जैसे कि 'खोए हुए लोगों' के बारे में पुलिस में दर्ज कराये जाते हैं। लेखक एक अखबारी नुमाइन्दे की तरह तटस्थ भाव से उन्हें सुनकर रिपोर्टिंग करता है और परिणाम है कि सारी कहानी एक अखबारी रिपोर्ट भर है और जिस बधावा सिंह को वह पूरी संघर्षरत पीढ़ी का प्रतीक मानते हैं, वह रिपोर्टर की अपनी टिप्पणी भले मान ली जाये—पाठक के मन में किसी ओर से वह प्रतीक नहीं उभरता। यह जो कहानी का माध्यम चन्द्रगुप्त जी को इतना नपा-तुला, एक्जैक्ट और कठिन

लगने लगा है, उसका कारण माध्यम का विकास उतना नहीं है, जितना खुद उनकी अपनी पूँजी का खत्म हो जाना है, अन्यथा आज से बीसेक साल पहले लिखी उनकी 'काम-काज' कहानी इतनी एक्जैक्ट हो गयी है और इतनी नपी-तुली कि कहानी (शार्ट स्टोरी) को अपेक्षित लम्बाई तक पहुँचाने के लिए उन्हें तीन चित्रों की शृंखला देनी पड़ी है (गोकि अपने आप में प्रत्येक चित्र एक 'मुकम्मिल' कहानी है)। वस्तुतः कहानी सदा नपी-तुली और एक्जैक्ट रही है—सामान्य रूप में।

अपनी बात समाप्त करते हुए मात्र दो बातें कहना चाहूँगा : अच्छी कहानी के प्रसंग में फॉकनर की ये पंक्तियाँ मुझे काफी दूर तक सार्थक लगती हैं कि मनुष्य के हृदय का अपने आप द्वन्द्व ही एक ऐसी समस्या है जो अच्छे लेखन को निर्मित कर सकती है, क्योंकि एकमात्र वही सृजन की पीड़ा, परिश्रम एवं लिखने के काबिल होती है। 'नयी' के सम्बन्ध में मात्र इतना कि 'नयापन' निरर्थक होता है यदि वह अनुभवों की संकुलता में नयी अन्तर्दृष्टि न प्रदान करे तथा वस्तुपरकता की एक नयी प्रक्रिया को ही विकसित न करे।

क्यों और क्यों नहीं : यथार्थ का शिल्प और शिल्प का यथार्थ

'अगर वह मेरी पत्नी न होती, तो मैं उसे जरूर चूम लेता या चूमने की इच्छा को दबाता कड़वा मजा लेता।' हिन्दी कहानी का अभ्यस्त पाठक इन पंक्तियों को पढ़कर एक धक्के का अनुभव कर सकता है और विवेकी पाठक एक नये स्वर की पहचान का। पिछले दशक के कहानीकार 'सामान्य अनुभवों को इस तरह नया सन्दर्भ देते हैं कि पाठक को कहीं भी संस्कारगत धक्का नहीं लगता।' क्यों महेन्द्र भल्ला की कहानी 'एक पति के नोट्स' (नयी कहानियाँ : सितम्बर, 1964) एक 'नये तरह के पाठक' की भी माँग करती है? इसी के साथ धर्मवीर भारती की कहानी 'यह मेरे लिए नहीं' ('नयी कहानियाँ', नवम्बर, 1964) पढ़ी जाये तो नये और पुराने स्वर एकदम अलगाए जा सकते हैं। भारती में जहाँ पुराने मूल्यों एवं नयी आकांक्षाओं के मध्य द्वन्द्व है और उस खाई को पाटकर जुड़ने की व्याकुलता है, वहाँ महेन्द्र भल्ला उस द्वन्द्व को उपस्थित करते हैं जो मूल्यहीनता के कारण व्यक्ति में उत्पन्न हो गया है। शायद यह कहने की आवश्यकता न पड़े कि दूसरे प्रकार का द्वन्द्व अधिक विकसित यथार्थ का परिचायक ही नहीं है, ज्यादा बड़ी कलात्मक क्षमता भी चाहता है। महेन्द्र भल्ला उस यथार्थ की नब्ज पर हाथ रखते हैं जो आधुनिक जीवन की विडम्बना और नियति है, जबकि भारती का संसार उसी पुराने संसार का चढ़ाव है जो पिछले पचास वर्षों से हिन्दी कहानी में व्यक्त होता आया है। इन दोनों संसारों की व्यंजनाएँ दो भिन्न शिल्पों, दो भिन्न भाषा-भंगिमाओं की माँग करती हैं।

'एक पति के नोट्स' को आप पारिवारिक कहानी कहें या प्रेम की अथवा फ्लर्टेशन की—इससे कोई फर्क नहीं पड़ता। फर्क पड़ता है इस बात से कि इस कहानी का यथार्थ अधिक गहरा और अधिक नया ही नहीं, अधिक निजी भी है। इस कहानी का संसार ही बदल गया है। पत्नी है। सुन्दर है। उससे प्रेमविवाह किया है। विलासी गृहस्थी है। असन्तोष का प्रत्यक्ष कोई कारण नहीं, पर पति पत्नी से ऊबा है। दोनों के मध्य का सम्प्रेषण कृत्रिम है। बल्कि यों कहें कि भावात्मक आदान-प्रदान के तार ही टूट गये हैं। छोटे-छोटे सहज प्रसंगों एवं टिप्पणियों में यह ऊब, यह अलगाव,

यह अकेलापन व्यक्त होता है। अत्यन्त वैयक्तिक से लगने वाले सम्बन्धों में आधुनिक जीवन की इस ट्रेजेडी को पूरी तरह से पहचाना जा सकता है। औरत के रूप में पत्नी उसे आज भी सुन्दर लगती है पर ज्यों ही याद आता है कि यह मेरी बीवी है, उसका चिपचिपाहट भरा अपनापन अखरने लगता है तथा सुन्दर न होने के बावजूद पड़ोसी लड़की चन्द्रा को फ्लर्ट करने की कोशिश करता है और अपने को पड़ोसी किशोरी लाल से कहीं ऊँचा मानता हुआ सोचता है कि शायद उसकी बीवी को भी पा सकेगा। यही नहीं, अपनी पत्नी से यौन सम्बन्धों के समय मार्लिन मनरो आदि ऐक्ट्रेसों को ध्यान में रखना पड़ता है और सेक्स की विवशता न होती तो पत्नी को छोड़ देने की 'बेईमानी' भी उसके मन में थी।

स्पष्ट है कि प्रेम, परिवार, सेक्स, पति-पत्नी सम्बन्ध, पड़ोसी व्यवहार आदि के पुराने स्थापित आदर्शों से यह स्थिति भिन्न है। एक स्तर पर इस कहानी को पुराना आदर्शवादी (या पुरानी कहानियों का अभ्यस्त) पाठक विकृति, अनैतिकता, अश्लीलता, अमानवीयता, बुराई आदि की कहानी कहना चाहेगा। पर यही वह स्तर है जहाँ कहानी यथार्थ को उसके अधिक सच रूप में उठा लेती है। निश्चय ही कहानी इन दुष्कर्मों की है, पर आधुनिक सन्दर्भ में 'बुराई' की 'सिग्नीफिकेंस' ही कहानी का मूल भाव प्रतीत होता है। बुराई की इस गणनीयता के पीछे एक अत्यन्त प्रश्नशील मस्तिष्क की आवश्यकता है और यह प्रश्नशीलता अनिवार्यतः अनास्था, निराशावादिता आदि की ओर ले जायेगी। स्वतन्त्रता के बाद नवलेखन के प्रारम्भ में 'कल उगने' का जो एक आशावादी रोमाण्टिक झोंका आया था वह सन् '60 तक पहुँचते-पहुँचते गुजर जाता है और जो एक अत्यन्त प्रबुद्ध, जिज्ञासु मन सचाई में गहरे पैठता है वह निरन्तर निराशा, अनास्था, ऊब, बुराई, अनैतिकता आदि की सिग्नीफिकेंस को स्पष्ट करता है।

इस बोध और इस स्पष्टीकरण का जो क्षुरस्य धारा मार्ग आज का लेखक अपनाता है वह अपने प्रामाणिक अनुभव का है, न कि साझे आदर्शों द्वारा बताया गया। जिस प्रकार का अनुभव होना चाहिए या जिस प्रकार से जिस कोटि का अनुभव करना सिखाया गया है, उनसे हटकर महेन्द्र भल्ला की यह कहानी प्रामाणिक अनुभव पर जोर देती है। पति-पत्नी के बीच पड़ोसी परिवार को दिये गये डिनर निमन्त्रण पर बातचीत होती है। पति किशोरीलाल को 'गधा' कहता है। पत्नी पूछती है : 'फिर बुलाया क्यों?' उत्तर है, 'सन्ध्या के लिए।' पत्नी का कहना है कि 'वह किसी के हाथ लगने वाली नहीं है। आप कोशिश करके देख लीजिए।' बात सच लगते हुए भी पूछता है; 'क्यों?' इसलिए कि 'हम औरतें अपने को बहुत ढाल लेती हैं।...हमको अगर घर मिल जाये, तो हम बहुत कुछ सह सकती हैं।' पति को प्रतीत होता है कि 'उसने निहायत हिन्दुस्तानी बात कही है। यह बात उसकी अपनी नहीं, साझी है। आदर्श है। मुझे आदर्शों से चिढ़ है।' नये लेखक ने समझ लिया है कि

आदर्श साझा होता है। इसीलिए वह अपने अनुभव पर बल देना चाहता है। और इसी स्थिति से यह आकांक्षा उभरती है कि कितना ही तीखा क्यों न हो पर जुड़ना अपने यथार्थ से ही है। महेन्द्र भल्ला का 'पति' अगर साझे आदर्शों को मान ले तो दुख की स्थिति समाप्त हो जाये, पर इतना आसान नुस्खा भी वह स्वीकार करने को तैयार नहीं। यही उसकी विडम्बना है—आधुनिक लेखक की विडम्बना है। पुराना लेखक इस कहानी को लिखने बैठेगा तो एक त्रिकोण बना देगा, पर यहाँ त्रिकोण का तीसरा बिन्दु न होने के बावजूद सारा त्रास विद्यमान है। इस विडम्बनाभरी प्रश्नशीलता के द्वारा वे सचाई को झेलना चाहते हैं। परम्परा-ग्रथित विचारों (या कण्डीशण्ड रेफ्लेक्सेज) से अपने संवेगों, अनुभूतियों को अलगाना किसी भी लेखक के लिए सबसे बड़ी समस्या होती है—महेन्द्र भल्ला ने इसे निभाने की पूरी चेष्टा की है। अपने अनुभव की तीखी चेतना, जान-बूझकर 'दुखों के रास्ते' अपनाने की चेष्टा, पूरी कहानी में व्याप्त एक अनाम तल्खी इस कहानी को नयी कहानी के उस स्वर का प्रतिनिधि बनाती है जो सन् '60 के बाद विकसित हो रहा है और जिसकी कुछ विरल ध्वनियाँ ही छठे दशक की कहानियों में मिलती हैं।

प्रस्तुत कहानी (और इसके माध्यम से इधर की कहानी) की विशिष्टता को समझने के लिए थोड़ा-सा उस संसार का विश्लेषण कर लिया जाये जो इस कहानी के माध्यम से उभरता है। खासकर इस कहानी में चित्रित मानवीय सम्बन्धों के माध्यम से ही यह विश्लेषण करने की चेष्टा करूँगा। यों होना तो यह चाहिए कि उसके पूरे भूगोल, प्रतीकों, अप्रस्तुतों आदि की भी चर्चा की जाती।

यद्यपि पति की मूल समस्या वैयक्तिक है—प्रेम या संवेगों की ओर उसका अपना रुख—पर समाज के प्रति उसका जो दृष्टिकोण है उससे सामाजिक समस्याएँ भी उभर आती हैं। समाज उसे किस रूप में लेता है यह तो बहुत स्पष्ट नहीं है (सामाजिक अलगाव का यह प्रतीक भी माना जा सकता है)। पर उसका अपना रुख पर्याप्त स्पष्ट है। एक ओर विवाहित पत्नी को वह छोड़ने की बेईमानी भी कर सकता है, पर दूसरी 'शादी' में देर लगेगी और तब तक यह सेक्स कहाँ मिलेगा। दसवें-पन्द्रहवें सीता के गालों पर चटकने वाली हल्की लाल ताजगी का आकर्षण न होता, 'तो एक तरफ हो जाता।' ध्यान रहे कि विवाह एक सामाजिक संस्था है। उसका अस्वीकार भी और एक भिन्न स्तर पर स्वीकार भी वस्तुतः एक गहरे अलगाव (आइसोलेशन) को सूचित करते हैं। पहले की कहानियों में सामाजिक विसंगतियाँ बराबर मिलती हैं, पर इन विसंगतियों के चित्रण में सामाजिक एकीकरण (सोशल इण्टेगरेशन) की कल्पना बराबर विद्यमान रही है। स्वयं भारती की कहानी 'यह मेरे लिए नहीं' में भी यह एकीकरण है एवं उससे उत्पन्न तथाकथित आस्था भी। 'एक पति के नोट्स' का नायक इस भयंकर विलगाव से पीड़ित है। पिछले चार-पाँच वर्षों में जो भी उल्लेखनीय कहानियाँ आयी हैं उनमें यह विलगाव की यातना विद्यमान है। यद्यपि यह अलगाव

इन चरित्रों का अपना वैयक्तिक भाव है और व्यापक समाज उनसे बेखबर दीखता है, कहना न होगा कि यह बेखबरी अन्ततः भय, आतंक या आततायीपन तक ले जाती है, जिसमें कि समाज न व्यक्ति की रक्षा कर पाता है और न व्यक्ति की चोट से अपना बचाव। यही अलगाव और बेखबरी अमरकान्त के 'हत्यारे' या 'मार्कण्डेय' की 'एक काला दायरा' की स्थितियों के लिए जिम्मेदार होती है।

समाज से इस अलगाव का एक रूप इस कहानी में यों भी देखा जा सकता है कि पत्नी या पड़ोसी से कुछ कामलायक सम्बन्ध तो दीखते हैं, पर उनके कार्यों में कोई घनिष्ठ या भावात्मक लगाव नहीं मालूम होता, यहाँ तक कि किशोरीलाल की पत्नी या बहन में दिलचस्पी भी एक निहायत सतही शारीरिक स्तर पर है और इसीलिए कोर्टशिप की कोई चेष्टा नहीं दीखती। इसी स्तर के सम्बन्धों की औपचारिकता के भीतर पड़ोसी को डिनर पर बुला तो लिया जाता है पर उसकी बीमारी सुनकर मात्र मौखिक सहानुभूति जताने के लिए भी किशोरीलाल के घर तक जाने का कोई उपक्रम नायक नहीं करता। समाज से इस पीछे हटने के कारणों की विवेचना न करके यहाँ केवल इस ओर इंगित किया जा सकता है कि प्रस्तुत कहानी के नायक में समाज के प्रति एक विरक्तिजन्य उदासीनता है, सामाजिक माँगों से उत्पन्न होने वाले भय का अभाव है तथा है सामाजिक संस्थाओं के प्रति उपेक्षा।

सामाजिक अलगाव का सबसे प्रखर रूप विवाह की संस्था की इस उपेक्षा या अवमानना में व्यंजित है। नायक के लिए इस संस्था का उपयोग मात्र सहजलब्ध सेक्स के लिए है। पर साथ ही विवाह संस्था को ही सेक्स परितृप्ति का एकमात्र वैध मार्ग वह नहीं मानता। चन्द्रा के शरीर का रस लेकर वर्णन ही नहीं करता, उस दिशा में अनमने भाव से कुछ दिलचस्पी भी दिखाता है और किशोरीलाल की बीवी सन्ध्या के बारे में उसका ख़याल है कि उसे वह जीत सकेगा क्योंकि 'ऐसे आदमी के साथ सन्ध्या जैसी स्त्री कैसे रह लेती है! अधिक दिन नहीं रहेगी।' यही नहीं, वह अपनी पत्नी के सामने भी अपनी लालसा प्रकट करने में संकोच नहीं करता और पत्नी भी इन बातों का बुरा नहीं मानती। सम्भवतः सीता के मन में भी इस विवाह नामक संस्था के प्रति बहुत आदरभाव नहीं है। जिस प्रकार नायक के लिए विवाह का एकमात्र उपयोग सहजलब्ध सेक्स है, वैसे ही सीता के लिए वह घर पाने का साधन है जिसके लिए स्त्रियाँ बहुत कुछ सह लेती हैं। (शायद सीता अपने पति को और सन्ध्या अपने पति को सह लेती हैं।) फिर सबसे मजेदार बात यह कि सामाजिक संस्थाओं या परम्पराओं के इस उल्लंघन में विद्रोह या शहादत की पुरानी कहानियों में प्राप्य मुद्रा कहीं भी नहीं है। यहाँ तक कि 1964 में छपी 'यह मेरे लिए नहीं' (धर्मवीर भारती) के दीनू की मुद्रा इसी पुराने बलिदानी की ही बनी रहती है। पर भल्ला की कहानी के नायक की परम्परा के प्रति उपेक्षा इस सीमा तक है कि सुन्दर दीखनेवाली एक स्त्री को वह इसलिए नहीं चूम पाता क्योंकि वह पत्नी है।

इस सम्बन्ध में यह भी ध्यान में रखना होगा कि अलगाव या अस्वीकार की यह भावना नायक के अपने स्वभाव या व्यवहार से उद्भूत है। वस्तुतः वह एक वास्तविक या कल्पित इस माँग से पीड़ित है कि कोई उसे ठीक से समझे, उसके महत्त्व को सराहे या कि सहानुभूति दे। 'अकेलापन उसे अपने चारों ओर लिपटा दीखता है।' अकेलेपन को मारने का सबसे बड़ा साधन प्रेम है, पर वह भी 'परिचय के मध्य अपरिचय' बन गया है। प्रेमालाप कहानी में या तो होता नहीं या मात्र झुठाई के स्तर पर दीखता है। "सीता के होंठ 'अनाकर्षक' और थोड़े से बदसूरत लग रहे थे। 'परिणामस्वरूप' मैंने मुँह फेर लिया। लेकिन तभी मुझे एहसास हुआ कि सीता मुझे प्यार से देख रही है। मैंने एकाएक भाव बदला और प्रति-प्यार से उसे देखने लगा।...मैं यह नाटक क्यों करता हूँ? और सीता को इसका पता क्यों नहीं चलता?" ध्यान रहे कि प्रेमविवाह होने के पश्चात भी प्रेमालाप की कृत्रिमता का यह रूप उभर आता है।

इस अकेलेपन की सबसे बड़ी विडम्बना प्रेम नहीं, सेक्स के क्षणों में देखी जा सकती है, जिसमें कि मार्लिन मनरो आदि ऐक्ट्रेसों को याद करना पड़ता है, या कि 'उसके' दौरान भी यह तर्क-वितर्क चलता है कि शायद वह जबरदस्ती पर उतर आने के लिए रूठी हुई थी। इस प्रेमप्रसंग की और छानबीन करें तो स्पष्ट हो जायेगा कि यहाँ पर अपने लिए उपयुक्त साथी चुनने या उसका हृदय जीतने की चेष्टा तनिक भी नहीं है। कोर्टशिप की आवश्यकता ही नहीं है। प्रेमपात्र के अभिज्ञान से ज्यादा महत्त्वपूर्ण प्रेम की लैंगिक अभिव्यक्ति है। पर व्यंग्य यह कि इस अभिव्यक्ति को भी पूरे व्यक्तित्व का बल नहीं मिलता। जिन पड़ोसिनों पर उसकी नजर पड़ती है उनको भी पाने की न तो उत्कट अभिलाषा दिखती है और न चेष्टा—केवल एक प्रकार की विकारभरी बातचीत तक ही यह मनमोदक सीमित रहता है। यह भी ध्यान देने योग्य है कि पति-पत्नी के मध्य कलह का कोई कारण नहीं है (सिवा इसके कि एक-दूसरे को समझ सकने या सराह सकने के रागात्मक तन्तु टूट गये हैं)। फिर भी ऊब और अकेलापन उन्हें निरन्तर कलह या पीड़ा की स्थिति में रखते हैं। यह प्रेम वस्तुतः सुख का नहीं एक निरन्तर खोखलेपन की वेदना का स्रोत बन जाता है। पुरानी कहानियों में प्रेम अपनी स्वार्थहीनता, व्यावहारिकता, सामाजिक परम्पराओं के प्रति आदर तथा नैतिक विचारशीलता के द्वारा पात्रों को सामाजिक संगठन से जोड़े रखता था और पात्रों के मानवीय सम्बन्धों को इन गुणों की परिधि में अनुकूलित करता था। पर प्रस्तुत कहानी का प्रेमव्यवहार नितान्त आत्मकेन्द्रित, समाजविरहित और नीतिविरहित हो गया है। निःस्वार्थ संवेग तो यह है ही नहीं, प्रेमपात्र के गुणों का स्वतःस्फूर्त परिशंसन भी इसमें नहीं है। प्रेम का अनुपात विशिष्टता के अनुपातबोध से एकदम रहित है। प्रेमियों की सबसे बड़ी आवश्यकता शरीर तृप्ति भर रह गयी है।

यहाँ नायक के मन की यह कल्पना पूरी नहीं होती कि दूसरे उसे उतना ही महत्त्व दें, उतनी ही उसकी सराहना करें जितनी कि वह स्वयं अपनी करता है, क्योंकि कोई भी एक-दूसरे को उतना महत्त्व नहीं देता। चन्द्रा उससे चिड़ी छीनकर और डाँट लगाकर चली जाती है। सन्ध्या मुग्धभाव से उसी किशोरीलाल की ओर एकरस ताका करती है जिसे वह घटिया आदमी मानता है। यहाँ तक कि सीता भी यह कहकर उसके अहं को ध्वस्त कर देती है कि 'हम स्त्रियाँ बहुत सह लेती हैं।' वस्तुतः यह स्थिति उसी समाज में सम्भव है जहाँ स्वयं दूसरे की सराहना नहीं की जाती और मात्र अपनी प्रशंसा पसन्द की जाती है। कहना न होगा कि ऐसा समाज विशृंखल होता है और आधुनिक समाज का यही रूप है। और इसी पृष्ठभूमि में इस कहानी का दाम्पत्य प्रसंग एक आन्तरिक यातना, अतिचार (ऐक्स्ट्रावेगैंस) और फ्रस्ट्रेशन की विकृतियों से सम्पृक्त है और ये विकृतियाँ ही आधुनिक जीवन की नियति बन गयी हैं।

इस विश्लेषण से इतना स्पष्ट है कि 'एक पति के नोट्स' का संसार बदला हुआ है। इसे ही मैंने विकसित यथार्थ की पहचान कहकर कहानी को गणनीय बताना चाहा है। यहाँ वस्तुतः, कहानी के माध्यम से यथार्थ की खोज है—खोज जो गहन प्रश्नशीलता से सम्बन्धित है। यह भी कहना चाहूँगा कि सचाई की खोज एक श्रेष्ठतर कलाशिल्प की खोज भी है। दोनों वस्तुतः एक ही हैं। जिस मानवीय समस्या को उठाया जाता है उसी के अनुरूप ही कलाशिल्प भी होना चाहिए। महेन्द्र भल्ला ने इस शिल्प की खोज की चेष्टा की है और दूर तक इसमें सफल भी हुए हैं।

कहानी उत्तम पुरुष के दृष्टिबिन्दु से कही गयी है। मैं समझता हूँ कि लेखक जिस समीपी, घनिष्ठ एवं तात्कालिक जीवन को उठाते हुए जिस आन्तरिक कटुता या वेदना को कहना चाहता है उसके लिए उत्तम पुरुष के अतिरिक्त और कोई चारा ही नहीं है। कहानी की अपनी प्रति में मैंने 'मैं' के स्थान पर 'वह' करके पढ़ना चाहा तो कहानी की अर्थगर्भिता ही खण्डित नहीं हुई, उसमें एक प्रकार की अविश्वसनीयता भी आने लगी। 'मैं' शैली में लिखने के कारण लेखक को विश्वसनीयता लाने के लिए वे तमाम जीवनचरितात्मक 'अभिज्ञान' नहीं लाने पड़े जिनके बिना कि 'वह' के माध्यम से विश्वसनीयता का आना कठिन है। वस्तुतः 'वह' के द्वारा सम्बन्ध और काल की जो दूरी स्थापित हो जाती है, लेखक के लिए अभीष्ट नहीं है, पर इसके साथ ही जिस यथार्थ को वह वाणी देना चाहता है, उसके लिए संयमित तटस्थता की भरपूर आवश्यकता है, इसके बिना सारा चित्रण आत्मरतिमूलक और पूर्वग्रहग्रस्त हो जायेगा और नायक अपने लिए सहानुभूति की माँग करने लगेगा। महेन्द्र ने इस कठिनाई को निभाने के लिए 'टिप्पणियों' या 'नोट्स' का प्रयोग करना चाहा है। अपनी मनःस्थितियों का विश्लेषण करते हुए नायक बेलाग, वस्तुगत टिप्पणियाँ देता जाता है और इस प्रकार आत्मपरक विडम्बना से बचने की पूरी चेष्टा करता है,

यानी कि आत्मपरक समीपीबोध और वस्तुगत वास्तविकता इन दोनों को इस शिल्प के अन्दर एक साथ सँभालने की तत्परता है। स्थान की सीमा होने के कारण टेक्सचर की बुनावट के अन्य तथ्यों में न जाकर केवल इतना और कहना चाहूँगा कि यथार्थ तथा शिल्प के इस एकत्व से बनी कहानी का सम्पूर्ण रूपबन्ध कामेडी या ट्रेजेडी के ढाँचों से हटकर एक प्रकार की तिक्त कथा का हो गया है। एक तल्खी या तिक्तता कहानी में परत दर परत जमती जाती है और समन्वित प्रभाव इसी तीखेपन का होता है। जिस जीवन को वह नापसन्द करता है, उसे ही जीना भी पड़ता है—यह विवशता कहानी में एक तीखेपन को भर देती है। नायक कहीं भी अपने लिए सहानुभूति नहीं माँगता, यहाँ तक कि स्वयं भी सहानुभूति नहीं देता। नायक कमोबेश पीड़ित है, पर यह पीड़ा स्वयं उसकी अपनी विकृतियों की देन है, इसीलिए अनिवार्य भी। चरित्र की ये विकृतियाँ तो प्रशंसनीय हैं ही नहीं, उसमें प्रशंसायोग्य और भी कोई विशिष्टता नहीं दिखती और इसीलिए दया या सहानुभूति को जन्म नहीं लेने देतीं। चूँकि ये कमियाँ स्वयं नायक को छोड़कर और किसी के लिए हानिकारक नहीं हैं, इसीलिए वे किसी प्रकार के गहन भय या आतंक को भी जन्म नहीं देतीं। अगर पाठक की अनुभूतियों के विकास का ग्राफ खींचा जाये तो ग्राफ की रेखा सहानुभूति से प्रारम्भ कर सहानुभूति की समाप्ति तक जायेगी और अन्तिम निर्णय यही होगा कि ठीक ही 'अफसोस, सोई हुई बाँह की तरह साथ उठा।' पर यह निर्णय न दर्दभरा है और न दयामय। कहानी में 'समुचित' का जो दर्दहीन उल्लंघन है वही इसके कड़वे प्रभाव को जन्म देता है।

इसके स्थान पर धर्मवीर भारती की कहानी 'यह मेरे लिए नहीं' एक अत्यन्त भावुक संसार का निर्माण करती है जिसमें दीनू का सारा रुख कटे रहने के बावजूद जुड़े रहने की आकांक्षा का है। इसीलिए पुराने जीवनमूल्यों के प्रति विद्रोह की रोमाण्टिक मुद्रा अपनाते-अपनाते वह शहीद की मुद्रा अपना लेता है और बलिदान का यह भाव (यह मेरे लिए नहीं है, मैं भी अपने लिए नहीं हूँ) उसे जोड़ देता है, उसके अकेलेपन को समाप्त कर देता है। यहाँ न सामाजिक संस्थाओं का 'सम्पूर्ण इनकार' है और न आन्तरिक त्रास की अनुभूति और परिणामस्वरूप पुराना मूल्य हारकर भी जीत जाता है। लेखक को विश्वसनीयता लाने के लिए तमाम बायोग्राफिकल डिटेल्स लाने पड़ते हैं। रोमांस की चटनी जरूरी हो जाती है, भाषा को कवित्वपूर्ण करना होता है। वस्तुतः भारती की कहानी सन् '50 के जीवनबोध पर खड़ी है और सब मिलाकर अपनी रोचकता के बावजूद किसी गहन अर्थवान स्तर पर नहीं उभर पाती।

भयावह सन्दर्भ और कुछ कहानियाँ

इन अठारह सालों में वह स्वप्न बिल्कुल बिखर चुका है। हमने खुद ही जाने अपने साथ कोई क्रूर मजाक किया था, ऐसा लगता है जब हम अपनी उन स्वप्निल कल्पनाओं के बारे में सोचने लगते हैं। उस स्वप्न और इस यथार्थ को जब आस-पास रखकर देखते हैं, तो हम कितने अन्धे थे, इसका होश हमें आता है।
जो यथार्थ हमारे सामने है, वह सचमुच ही भयावह है।

—गुलाबदास ब्रोकर, 'धर्मयुग' : 15 अगस्त, '65

आज इसमें (भारत को) जो चीज भयावह है वह है नौकरशाही—काफ्का द्वारा कल्पित किसी भी चीज से कहीं अधिक दुर्दम्य एक भारतीय दुःस्वप्न।

'टाइम' (साप्ताहिक), 13 अगस्त, '65 का भारत पर आलेख।

स्वाधीनता दिवस, 1965 : 18 वर्ष के तरुण भारतीय लोकतन्त्र की आज की स्थिति पर सरसरी निगाह दौड़ाएँ तो जो चित्र सामने आता है उसमें छायाएँ ही अधिक गहरी दीखती हैं, प्रकाश के बिन्दु उतने उज्ज्वल नहीं दीखते। अन्न और वितरण की अनिश्चित स्थिति, बढ़ते हुए दाम, संकटापन्न आयोजन, मुद्रा की तंगी, विद्यार्थियों का उपद्रव, असन्तोष और खीझ की एक देशव्यापी घुटन—निश्चय ही इनको देखकर किसी का चित्त प्रसन्न नहीं हो सकता।

'दिनमान' : 20 अगस्त, '65 का सम्पादकीय वक्तव्य।

बिना किसी प्रयास के सहसा चुन लिए गये ये कुछ उद्धरण हैं जो हमारे वर्तमान सन्दर्भ को परिभाषित करने में काफी दूर तक सहायक होंगे। यह भयावह स्थिति राष्ट्रीय सन्दर्भ की तो है ही, अन्तर्राष्ट्रीय सन्दर्भ की छायाएँ कहीं अधिक काली और गहरी दिखती हैं। लगता है कि एक संकट से दूसरे संकट पर पहुँचना ही हमारे कदमों की एकमात्र रफ्तार बन गयी है। किसी भी सचेत व्यक्ति के लिए यह निरन्तर अधिक प्रखरता से स्पष्ट होने वाला अनुभव है कि शान्त और सुखी दुनिया बीत गयी। अब जो है वह कष्टकर है, आनन्द की प्राप्ति के लिए चलने वाली प्रतिद्वन्द्विता का निरन्तर तनाव है और इस तनाव में टूटने का दुख है।

ऐसी स्थिति में अगर लेखक अपने अनुभव की प्रामाणिकता के प्रति सजग है, अपनी रचना के प्रति ईमानदार है तो उसे अप्रीतिकर के चित्रण में ही व्यस्त होना पड़ेगा। प्रेमचन्द के लिए यह सम्भव था कि उनकी कहानियों के अन्त सुखद हो सकें, उसमें सत्य की जीत दिखाई जा सके या प्रेम अथवा न्याय को ही अन्ततः स्थापित किया जा सके। वस्तुतः जीवन की मूल तर्कसंगतता पर उनका गहरा-ईमानदार विश्वास था। इसीलिए प्रेमचन्द की सुखान्त कहानियाँ, काव्यसत्य की विजयवाली कहानियाँ भी अप्रामाणिक अनुभव की कहानियाँ नहीं कही जा सकतीं। उन कहानियों में न पलायन है और न विकृति-कुरूपता से बच निकलने का रास्ता और न ही सदैव समाज पर अच्छा प्रभाव डालने की आकांक्षा। उन कहानियों में एक प्रामाणिक विश्वास की सचाई भर है। पर जब से यह वास्तविक विश्वास हिला तब से सुखद अन्तवाली कहानियाँ फार्मूला बन गयीं—व्यावसायिकता और मनोरंजन के लिए उत्पन्न पलायनवादिता की नयी कहानी का सारा विद्रोह इस फार्मूलाबद्ध गैरईमानदारी के प्रति ही था। आज का औसत व्यक्ति भी यह विश्वास नहीं करता है कि संसार के साथ सब कुछ भला और ठीक है और न वह जिन्दगी के पास किसी विश्वासभरी आस्था से आता है। तब फिर लेखक से भी यह आशा नहीं की जा सकती कि वह इस संसार से आस्था की वरदानी, अनासक्त, सदानन्द मुद्रा धारण कर निकले। इसीलिए इस आरोप का कोई अर्थ नहीं होता कि आज के कहानीकार की दिलचस्पी सिर्फ गलीज, कुरूप या विकृत में है। यह आरोप लगाने वालों का सबसे प्रत्यक्ष तर्क होता है कि ये नये कहानीकार देश के यथार्थ से कटे हुए हैं : देश तो आस्था और विश्वास के साथ निर्माण में लगा हुआ है, एक उज्ज्वल भविष्य वह देख रहा है (बल्कि यों कहें कि यह कहने वाले स्वयं देश के इन निर्माणों को भुना रहे हैं, उनका वर्तमान सुखमय है और भविष्य के लिए काफी बैंक बैलेंस है।) और ये लोग पश्चिम की कृत्रिम अनास्था, निराशा, कुण्ठा, मरणाकांक्षा, बुराई की महत्ता आदि को चित्रित कर रहे हैं। प्रारम्भ के उद्धरण इस स्थिति का उत्तर देने में समर्थ हैं। आशा का यह झोंका पहले दौर में नयी कविता, नयी कहानी में भी आया था, पर सन् '60 के आस-पास पहुँचते-पहुँचते यह भासित होने लगा कि वह स्वप्न बिखर रहा है, यथार्थ अधिक भयावह होता जा रहा है।

अगस्त 1965 की 'नयी कहानियाँ' में महेन्द्र भल्ला की एक कहानी का विश्लेषण करते हुए मैंने लिखा था—

"एक स्तर पर इस कहानी को पुराना आदर्शवादी (या पुरानी कहानियों का अभ्यस्त) पाठक विकृति, अनैतिकता, अश्लीलता, अमानवीयता, बुराई आदि की कहानी कहना चाहेगा। पर यही वह स्तर है जहाँ कहानी यथार्थ को उसके अधिक सच रूप में उठा लेती है। निश्चय ही यह कहानी इन दुष्कर्मों की है, पर आधुनिक सन्दर्भ में 'बुराई' की 'सिग्नीफिकेंस' ही कहानी का मूल भाव

प्रतीत होती है। बुराई की इस गणनीयता के पीछे एक अत्यन्त प्रश्नशील मस्तिष्क की आवश्यकता है और यह प्रश्नशीलता अनिवार्यतः अनास्था, निराशावादिता आदि की ओर ले जायेगी। स्वतन्त्रता के बाद नवलेखन के प्रारम्भ में 'कल उगने' का जो एक आशावादी रोमाण्टिक झोंका आया था, वह सन् '60 तक पहुँचते-पहुँचते गुजर जाता है और जो एक अत्यन्त प्रबुद्ध, जिज्ञासु मन सचाई में गहरे पैठता है वह निरन्तर निराशा, अनास्था, ऊब, बुराई, अनैतिकता आदि की सिग्नीफिकेंस को स्पष्ट करता है।"

महेन्द्र भल्ला की कहानी का संसार तो फिर भी बहुत सीमित है, पर उसमें व्यक्ति संसार में व्यक्ति और समाज के बीच जो बेखबरी आ गयी है वही 'बेखबरी' अन्ततः 'भय, आतंक या आततायीपन तक ले जाती है, जिसमें कि समाज न व्यक्ति की रक्षा कर पाता है और न व्यक्ति की चोट से अपना बचाव'। यही अलगाव या बेखबरी अमरकान्त की 'हत्यारे', निर्मल वर्मा की 'लन्दन की एक रात' या मार्कण्डेय की 'एक काला दायरा' कहानियों में व्यक्त स्थितियों के लिए जिम्मेदार होती है। 'टाइम', 'दिनमान' या 'धर्मयुग' के उद्धरणों में जिन भयावह स्थितियों की ओर संकेत किया गया है वही इन कहानियों का सन्दर्भ है। निर्मल का सन्दर्भ और अधिक व्यापक है, वह अन्तर्राष्ट्रीय भय और आतंक की पकड़ का सूचक है। प्रारम्भ में गुलाबदास ब्रोकर का जो उद्धरण दिया गया है उसी में आगे यह भी कहा गया है: 'हमारे लोग इतने भ्रष्टाचारी होंगे, हमारे राजकाजी इतने खुदगर्ज होंगे, हमारे नेता लोग इतनी बड़ी-बड़ी झूठी बातें कहने वाले होंगे, और इन सबके भार से दबकर हमारा देश नीचे और नीचे धँसता जायेगा, इसकी कोई कल्पना भी हमें कभी नहीं आ सकती थी। तब फिर हमें यह आजादी किसलिए चाहिए थी?' कहना न होगा कि यह कथन किसी विरोधी दल के नेता का वक्तव्य नहीं है, यह है एक संवेदनशील लेखक का साक्षी। इस साक्षी को चाहें तो 'एक काला दायरा' से जोड़कर देख लें। यह खुदगर्ज नेता, काफ्का द्वारा परिकल्पित स्थितियों से कहीं अधिक दुर्दम नौकरशाही का जो मिला-जुला नंगा नाच होता है, उसका विस्तार बनता है एक कमजोर पर मेहनती व्यक्ति। हमारे सार्वजनिक जीवन की भयावहता (टेरर) इस कहानी का कच्चा माल है। कहानी जिस मानवीय यथार्थ को उठा रही थी अगर उसी के उपयुक्त शिल्प भी प्राप्त कर सकी होती तो शायद ऐसे उपेक्षित न चली जाती। एक रोमाण्टिक स्फीति (राजकपूर छाप ओवर ऐक्टिंग या डूइंग) और कामू के 'अजनबी' के ट्रायल वाले दृश्य का जो मिश्रण कहानी के शिल्प में हुआ है, उससे बचने की आवश्यकता थी। पर लगता है कि मार्कण्डेय प्रभाववृद्धि के लिए बहुत चीजें इकट्ठी कर देने में विश्वास करते हैं। बहरहाल यहाँ पर इन कहानियों का कलाशिल्प हमारा विवेच्य नहीं है। मैं केवल यथार्थ के उस अप्रीतिकर भयावह प्रश्न की ओर संकेत करना चाहता हूँ जो इन कहानियों में व्यक्त हो रहा है और जो नये लेखकों की मूल्यदृष्टि का द्योतक है।

अमरकान्त की कहानी 'हत्यारे' सामाजिक विशृंखलता से उत्पन्न होने वाले त्रास, और आतंक का कलात्मक दस्तावेज है। किसी भी समाज से यह प्रारम्भिक प्रत्याशा होती है कि वह अपने सदस्यों को सुरक्षा दे सके! पर हत्यारे का जो संसार है उसमें न तो समाज रक्षा देता है और न अपने इन सदस्यों से सम्मान पाता है। आजादी के बाद के सन्दर्भ में उपजी नयी पीढ़ी के लिए वे तमाम शब्द और अवधारणाएँ अब केवल मजाक के लिए रह गयी हैं जिनको लेकर तमाम चिन्तक, व्यवस्थापक, राष्ट्रनिर्माता आदि अब तक स्वप्न देखते आये थे। समाजवाद, देश की तरक्की, देश का बोझ, विश्वशान्ति, 'ग्रामर ऑफ पॉलिटिक्स', रूस-अमरीका विवाद आदि उनके लिए हँस कर उड़ा देने की चीजें हैं। वस्तुतः इन शब्दों का उनके लिए अर्थ ही खो गया है। पर इस खोए हुए अर्थोंवाली भाषा से ही बीच-बीच में वे कण चमक जाते हैं जो उनकी आकांक्षा को भी सूचित करते हैं। वे प्रशासन के उच्चतम पदों के आकांक्षी हैं—यह उनकी व्यक्त अनाकांक्षा से प्रकट होता है; आजन्म ब्रह्मचारी रहने की घोषणा के पीछे जो वासना झाँक रही है वह बगल से लड़कियों के गुजरने पर हवा में उछाले गये चुम्बनों या चन्द्रा-सिन्हा प्रसंग से ही प्रकट नहीं होती, बहुत जल्दी अपने निम्नतम रूप में आगे आती है। एक गरीब औरत को धोखा देकर अपनी देह की भूख बुझाते हैं और फिर लास्की की 'ग्रामर ऑफ पॉलिटिक्स' को दस दिनों में कृपापूर्वक डिक्टेट करा देने वाले, सतीसाध्वी चन्द्रा के शील को प्रोफेसर दीक्षित से बचा लेने वाले, जवाहरलाल नेहरू द्वारा प्रधानमन्त्री पद के लिए आमन्त्रित ये नवयुवक, उस गरीब औरत को पैसा न देना पड़े इसलिए हाथों में जूते उठाकर भाग खड़े होते हैं। 'पूर्ण अहिंसात्मक तरीके से' नवयुवकों की 'बुद्धिमत्ता, मौलिकता, साहस और कर्मठता' का पथ प्रदर्शन इस प्रकार होता है कि उस औरत के शोर मचाने पर जो व्यक्ति उनके पीछे दौड़ते हैं उनमें से एक के पेट में पथप्रदर्शक महोदय छुरा घुसेड़ देते हैं। 'इसके बाद दोनों पुनः तेजी से भाग चले। जब बिजली का खम्भा आया तो रोशनी में उनके पसीने से लथपथ ताकतवर शरीर बहुत सुन्दर दिखाई देने लगे। फिर वे न मालूम किधर अँधेरे में खो गये।' इस कहानी को पढ़कर कवि केदारनाथ सिंह की ये पंक्तियाँ बहुत साफ हो जाती हैं—

और शहर में होनेवाली हत्या की खबर
चौंकाती नहीं,
न आघात देती है,
सिर्फ आदमी उठता है
और अपनी कंघी को उठाकर
शीशे के और करीब रख देता है।

आश्चर्य न होना चाहिए कि सन् '60 के बाद की हिन्दी कविता को केदारनाथ सिंह ने पूर्ववर्ती कवियों की अपेक्षा 'हत्यारे' और 'लन्दन की रात' से जोड़ना चाहा है।

27 जून, 65 के 'जनयुग' में प्रकाशित इस कविता का शीर्षक है 'सम्पर्कभाषा'। ऊपर कहा जा चुका है कि जब सामाजिक जीवन के मध्य पारस्परिक सम्पर्कसूत्र टूट जाते हैं, जहाँ कोई एक-दूसरे को समझ और सराह नहीं पाता, वहीं ऐसी भयावह स्थितियाँ उत्पन्न होती हैं। सम्पर्कभाषा का जो अभाव है वही शहर में होनेवाली हत्या के प्रति किसी प्रकार का लगाव नहीं उत्पन्न होने देता, सुनने वाला प्रसाधन की कंघी को दर्पण (जिसमें प्रतिबिम्ब दिखता है) के निकट खिसका देता है और हत्या करने वाला बिजली के खम्भे की रोशनी में अपने स्वस्थ शरीर की सुन्दरता चमकाकर अँधेरे में गायब हो जाता है।

'लन्दन की एक रात' का संसार और अधिक भयावह है। वहाँ भय साकार हो उठता है। वह ऐसा भय है जो अन्तर्राष्ट्रीय संकट और आतंक से उत्पन्न हुआ है। नीग्रो छात्र, जार्ज, लन्दन में रहना चाहता है, अन्तर्राष्ट्रीय नागरिक बन सकने की उसमें सम्भावना और क्षमता है और जब उसका साथी विला पूछता है—

'क्या वापस घर जाओगे?'

'....घर?' —नीग्रो छात्र जार्ज के स्वर में एक सूना-सा खोखलापन उभर आया, मानो 'घर' शब्द बहुत विचित्र हो, जैसे उसने पहली बार उसे सुना हो, 'मैं चाहता था, यहीं रहूँ। लेकिन वे हमें चाहते नहीं!'

'... वे—आह!' ...विला ने कहा।

'वे...अनायास हमने चारों ओर देखा। कोई भी न था, हालाँकि वे हर जगह हर समय हमारे संग थे। हमारे बाहर उतने ही, जितने भीतर।'

और रंगभेद की यह अमानुषिकता स्वयं विला को जिस विकृति की ओर ले गयी थी —सफेद 'ह्वोर' से बदला लेते हुए, वह 'अश्लील' नहीं 'जुगुप्सामय' है। रंगभेद, लिंगिक, सामाजिक शक्तियों की इस अन्याय को रोक सकने में असमर्थता, फासिज्म के अंकुर आदि अन्तर्राष्ट्रीय 'टेरर' को इस कहानी में मूर्तिमान करते हैं।

वस्तुतः आतंक और भय की कहानियों के द्वारा नया कहानीकार इस भय के भीतर स्थित बुराई की शक्ति को नाप रहा है। इन स्थितियों को भर आँख देखना, उन्हें अंकित करना, मुझे लगता है कि उनसे जूझना है। नया लेखक जिस स्तर पर उनसे जूझ रहा है वह उसके अपने मूल्यबोध का महत्त्वपूर्ण हिस्सा है। इन कहानियों को मूल्यहीनता की कहानी कहना अपने मूल्यबोध को कुण्ठित बताना है। चीजों को, स्थितियों को, व्यक्तियों को देखने का ढंग देखने वाले के मूल्य का ही अंग होता है।

प्रेम कहानियाँ : परिचय के मध्य अपरिचय

प्रेम एक विडम्बना है—इसे 'यां चिन्तयामि सततं मयि सा विरक्ता' के भर्तृहरि भले मान लें, पर लहनासिंह, चम्पा या मधूलिका कैसे स्वीकार कर सकते हैं। वे उसके लिए गोलियों से शरीर छिदवा लेंगे, आजीवन कुमारी रहकर आकाशदीप जलाती रहेंगी और कर्तव्य को पूरा करने के बाद प्रेम के लिए प्राणदण्ड माँग लेंगी। तनिक सूक्ष्मता से पड़ताल कीजिए : इस प्रेम के बाधक कौन हैं? समाज—जो लहनासिंह से पूछे बगैर उसकी किशोरी प्रिया को किसी और का शाल ओढ़ा देता है; पिता (यानी परिवार) —जो मरकर भी (या मरकर ही) चम्पा के मार्ग को छेके हुए है; देश (नाना प्रकार के कर्तव्य) —जो मधूलिका के सहेट को धरती की अपेक्षा स्वर्गलोक की ओर खिसका देते हैं। प्रेम के लिए इस स्थिति की यह सहज परिणति है कि इन अवरोधों (या खलनायकों) के सन्दर्भ में आत्मबलिदान की मुद्रा स्वीकारी जाये। इसीलिए प्रेम के परिभाषाकारों ने बार-बार उसे बलिदान, त्याग, निःशेष समर्पण, सतत वेदना, सतत आत्मदान आदि महिमाशाली शब्दों से मण्डित किया है। यही शरतचन्द्र करते हैं और यही जयशंकर प्रसाद। पचास वर्ष होने को आये, ये लहनासिंह, देवदास और गुण्डा, सालवती, पारो और मधूलिका बार-बार रूप बदलकर हमारे कथासाहित्य में प्रकट होते आये हैं। यह बात दूसरी है कि जीवन में जो रहस्यवृत्ति कम हुई है—स्त्री-पुरुष का पारस्परिक परिचय कुछ अधिक बढ़ा, उसने कभी-कभी इन प्रेमियों के पार्श्वचित्र कुछ नये रूपों में भी दिखाए। जैनेन्द्र की 'जाह्नवी' में इतनी शक्ति अवश्य आ जाती है कि वह भावी वर को काफी ठण्डे और संयत ढंग से लिख देती है—

> *एक अनुगता आपको विवाह द्वारा मिलनी चाहिए। वह जीवन-संगिनी भी हो। वह मैं हूँ, या हो सकती हूँ, इसमें मुझे बहुत सन्देह है।...विवाह में आप मुझे लेंगे और स्वीकार करेंगे तो मैं अपने को दे ही दूँगी, आपके चरणों की धूलि माथे से लगाऊँगी। आपकी कृपा मानूँगी, कृतज्ञ होऊँगी। पर निवेदन है कि यदि आप मुझ पर से अपनी माँग उठा लेंगे, मुझे छोड़ देंगे, तो भी मैं कृतज्ञ होऊँगी। निर्णय आपके हाथ है। जो चाहें करें।*

'जाह्नवी' का यह स्वर ठण्डा भले ही हो, पर धार और शक्ति में कम नहीं है और

एक सीमा तक नया भी है, पर यह नयापन 'टोन' तक ही सीमित है। उसके बाद तो वही 'कागा चुन-चुन खाइयो।...दो नैना, मत खाइयो, पीउ मिलन की आस।' और जाह्नवी ही नहीं, पति होते-होते रह गया ब्रजकिशोर भी तो इसी टोन पर मुग्ध हुआ प्रण किये बैठा है कि 'मैं और विवाह करूँगा ही नहीं, करूँगा तो उसी से करूँगा।' इतना ही नहीं, उस पत्र को वह अलहदा भी नहीं करता। स्वभाव में इतना बड़ा परिवर्तन कि पहले वह विजेता बनना चाहता था, अब विनयावनत दिखता है। जाह्नवी और बिरजू के ये चित्र मूलतः (?) शरतचन्द्रीय हैं, रोमाण्टिक भाववाद से पीड़ित हैं। यह कहना क्या अनुचित होगा कि अपने आद्यरूपों (प्रोटो टाइप्स) से अधिक दूर भी नहीं हुए हैं। फिर 'जाह्नवी' ही नहीं 'दृष्टिदोष' के केदार और सुभद्रा, 'पूर्वव्रत' के शान्ति और प्रशान्त, सभी वेदना के गीतों, त्रास में मुक्ति, बलिदान में महानता का अनुभव करने वाले हैं। आँसुओं का प्रदर्शन यहाँ पर अवश्य कम हो गया है; स्वर में संयति भी है और अपने बारे में अपेक्षाकृत अधिक तटस्थ बोध भी दिखने लगता है, पर अभी भी ये नायक-नायिकाएँ अपने प्रेम में अपनी छाया से ही प्रेम करते हैं।

प्रकृति की हर धड़कन में अपने ही प्रेम तथा प्रकृति की हर छवि में अपनी ही प्रिया की छवि निहारने वाले किशोर प्रेम को 'अज्ञेय' ने 'पठार का धीरज' और विवेक देना चाहा है। रोमाण्टिक प्रेम ने वास्तविकता के विविध स्तरों की चेतना मिटा दी थी। प्रेम जैसे संकुल मनोभाव को एवं प्रेमव्यापार की संकुल प्रक्रिया को छायावादी चेतना ने एकदम सपाट झीना आवरण बनाकर सभी पर उसी का वितान तान दिया। 'अज्ञेय' ने जब काव्य के स्तर पर इस जाल को तोड़ा तो कथा के स्तर पर भी वास्तविकता की परतों का उद्घाटन उद्दिष्ट बना। 'पठार का धीरज' कहानी विश्लेषित कीजिए—यही मूल संवेदना है जो कहानी के विन्यास में ताने-बाने सी गुँथी हुई है। किशोर को पहले पक्षी 'प्रमीला-प्र-मीला' पुकारता प्रतीत होता है और चाँदनी 'प्रे' लिखती, प्रमिला को मोर की आवाज में 'किशोर-किशोर' की अनुगूँज सुनाई पड़ सकती थी। पर तभी पठार—जो आँधी, पानी, शीतातप, सबके प्रति समर्पित है, किसी के आस-पास छायाएँ नहीं गढ़ता, सबकी वास्तविकताएँ देखता है—के धीरज की प्रतीक राजकुमारी आकर चेतना पर छाए धुएँ को हटाती है—अपनी कहानी कहकर, 'प्यार में अधैर्य होता है, तो वह प्रिय के आसपास एक छायाकृति गढ़ लेता है, और वह छाया ही इतनी उज्ज्वल होती है कि वही प्रेम हो जाती है, और भीतर की वास्तविकता—न जाने कब उसमें घुल जाती है, तब प्यार भी घुल जाता है।' राजकुमारी इस स्थापना में आये 'वास्तविकता' शब्द की व्याख्या भी देती है : जो कुछ है, सभी वास्तव है। लेकिन वास्तविकता के स्तर हैं। धीरज हमें एक साथ ही अनेक स्तरों की चेतना देता है, अधैर्य एक प्रकार की चेतना का धुआँ है जिससे बोध का एक-एक स्तर मिटता जाता है और अन्त में हमारी आँखें कड़वा जाती हैं, हमें कुछ दीखता नहीं। पठार के धीरज से मिलनेवाली इस दृष्टि के बाद 'किशोर और

प्रमीला की आँखें मिलीं, स्थिर होकर मिलीं और मिली रह गयीं।' तथा उन्हें ज्ञात हो गया कि 'यह बिल्कुल आवश्यक नहीं है कि तीतर किसी का भी नाम पुकारे' और 'स्थिर धीरजभरे विश्वास से जान लिया कि छाया किसी के आसपास नहीं है, दोनों वास्तव में आमने-सामने हैं।'

मुझे अगर फतवा ही देना हो तो शायद 'पठार का धीरज' को मैं हिन्दी की पहली 'नयी प्रेम कहानी' कहूँगा। यह बात दूसरी है कि इस कहानी में भी दृष्टि का दाता पठार ही है और छायावादी जमाने से ही हम जानते आये हैं कि प्रकृति दृष्टि देती है। फिर यदि बलिदान, त्याग, वेदना आदि के सम्मुख सार्थकता (जस्टिफिकेशन) के प्रश्नचिह्न लगाए जा सकते हैं, तो उसी प्रकार दृष्टिबोध की इस प्रक्रिया के सामने क्या नहीं लगाये जा सकते? इसके अतिरिक्त वास्तविकता के इन विविध स्तरों की समानान्तरता एवं असम्पृक्ति छायावादी कुहासे को भले ही काटे, पर आधुनिक जीवन की संकुलता एवं अस्पष्टता को मात्र एक स्तर पर स्थाप्ति करके, एक प्रकार की सतहपरकता को भी तो जन्म देती है। अपनी तार्किक परिणति में एक-दूसरे को न काटने वाला यह स्तरवाद वस्तुतः 'सतहीवाद' को जन्म दे सकता है। इस प्रकार की संवेदना मात्र 'सेंसेशन' के स्तर पर क्या नहीं पहुँचा सकती? इन प्रश्नों के होते हुए भी कहानी में प्रेम की प्रकृति को पहचानने की चेष्टा है—किसी शाश्वत त्रिकोण से हटकर। किशोर और प्रमीला 'आमने-सामने' हैं। ये छायाओं से नहीं, वास्तविक से प्यार करते हैं—एक-दूसरे से।

सम्भवतः यही वह बिन्दु है, जहाँ से शारीरिकता का उदय होता है। लहनासिंह क्या सचमुच छाया से ही प्रेम नहीं करता रहा? गुण्डा, मधूलिका या चम्पा के बारे में क्या यही नहीं कहा जा सकता कि उनमें शरीर गन्ध की चेतना नहीं ही है। पर तब फिर प्यार किससे : अपनी ही बनाई एक आदर्श प्रतिमा से (या छाया से)? ऐसा सर्वजयी, व्यापी एवं बलिदानी रोमांस। पढ़कर ईर्ष्या होती है, श्रद्धा जागती है और कुछ वैसा ही कर गुजरने की शायद स्पृहा भी। प्रेमिका के एक इंगित पर ये पहाड़ उलट देने का हौसला रखते हैं, प्रेमी के मन के अन्तराल में विद्यमान बात को बूझकर ये जीवन का दाँव बाजी में लगा सकती हैं। लहनासिंह सूबेदार और उनके पुत्र (जो ईर्ष्या के आलम्बन होने चाहिए) के प्राण बचाने के लिए प्राण देता है और डिकेंस के उपन्यास 'टेल ऑफ टू सिटीज' में सिडनी काटन अपनी प्रेमिका के पति को बचाने के लिए स्वयं गिलोटीन पर चढ़ जाता है। हाय, ये सारे नायक-नायिकाएँ अब कहाँ चले गये? वास्तविकता के समानान्तर स्तरों की यह कैसी पहचान है कि उन सब प्रतिमाओं को आज का कथाकार एक जिद्दी बालक की तरह तोड़-फोड़ कर बिखरा लेता है। और प्रेमी-प्रेमिका को आमने-सामने खड़ा करने के साथ ही शरीर-पहचान की प्रक्रिया भी शुरू हो जाती है। कोई किसी से क्यों प्यार करे : यह सवाल लाजवाब है। प्रेम, घृणा आदि तर्क से परे रहनेवाली प्रवृत्तियाँ हैं और

उनकी एक सीमा तक ही सामाजिक या युगीन व्याख्या सम्भव है। यों स्त्री-पुरुष के प्रेमप्रसंग में किसी लैंगिक आकांक्षा का लगाव सहज भी माना जा सकता है और सहजात भी। फिर मनोविज्ञान एवं मार्क्सवाद की स्थापनाओं के प्रभाव के तले यह बोध अगर विकसित हुआ हो तो आश्चर्य ही क्या? यशपाल, 'अश्क', 'उग्र' (उर्दू के मण्टो, कृशनचन्दर, बेदी) आदि में यही पक्ष झलक उठता है। प्रेम यहाँ प्रदान ही नहीं, आदान भी है। इस स्थिति की परिणति जन्तुतर्क में है और सतत यात्री एवं दाता की मुद्रा में रहने वाले 'अज्ञेय' ने इस जन्तुत्व की भी कहानियाँ लिखी हैं। पर ये कहानियाँ प्रेमकहानियाँ नहीं हैं। प्रेम के नाम पर किये जाने वाले आखेट हैं, चाहे यशपाल द्वारा चित्रित हों या फिर प्रबोध कुमार द्वारा। मन में एक आशंका और उठती है—कहीं ऐसा तो नहीं है कि शरीर के वास्तव के ज्ञान के बाद के सारे बलिदानी नायक-नायिका अधिक कमजोर, चिड़चिड़े और नपुंसक हो गये हों। स्वयं 'अज्ञेय' के किशोर या प्रमीला कहीं पर भी तो असाधारण नहीं हैं। असाधारण तो वह राजकुमार था जो यह जानते ही कि राजकुमारी किसी और की वाग्दत्ता हो गयी है, उस पर आक्रमण कर देता है, पर दृष्टि को देने वाला पठार का धीरज उसे अपनी छाया से प्रेम करने वाला बनाता है। पीछे कहा जा चुका है कि 'पठार का धीरज' पहली नयी प्रेम-कहानी है। तो क्या यह माना जाये कि यह जो 'ऐण्टी हीरोइक' हीरो है, वही नयी प्रेम कहानी का नायक है?

राजेन्द्र यादव के 'छोटे-छोटे ताजमहल' के विजय और मीरा (या देव और राका) हों, रामकुमार की 'यात्रा' के 'वह' (नायक संज्ञाहीन भी हो गया) और देवा हों, मोहन राकेश की 'एक और जिन्दगी' या कमलेश्वर की 'राजा निरबंसिया' के नायक-नायिका हों अथवा श्रीकान्त वर्मा की 'परिणय' अथवा 'दूसरे के पैर' के प्रेमी-प्रेमिका हों, सभी ऐण्टी-हीरोइक हैं। सभी अपने में सिमटे, कुचले और नपुंसक। ज्यों-ज्यों ये एक-दूसरे से परिचित होने की कोशिश करते हैं त्यों-त्यों कुछ अधिक अपरिचित होकर एक-दूसरे के समीप से गुजरते हैं—

हम एक-दूसरे से परिचित
होने की कोशिश में
कुछ अधिक अपरिचित हो
कर गुजर रहे हैं एक
दूसरे के समीप से लगातार।
प्रत्येक सुबह तुम लगती हो
कुछ और अधिक अजनबी मुझे।

श्रीकान्त वर्मा की यह काव्य उक्ति, तमाम नयी प्रेमकहानियों में भी है। मोहन राकेश इस काव्यप्रसंग को ले आने के लिए क्षमा करेंगे। मैं नयी कहानी को नयी कविता के समानान्तर उसी भावभूमि से उपजा मानता हूँ—आगे-पीछे नहीं।

और नवलेखन में ही नहीं, छायावाद की कविता और कहानी में भी ऐसी ही सम्पृक्ति रही है। संवेदना के मूल रवे (क्रिस्टल्स) विधाओं की रूपगत अनिवार्यताओं में ढलते हैं—बदलते नहीं। पर यह प्रसंगान्तर है।

हम अपरिचय और अजनबीपन की बात कर रहे थे। पुराने छायावादी नायक या नायिका के लिए यह अजनबीपन एकदम अजनबी ही नहीं, उसकी तेज कल्पना के लिए भी अकल्पनीय था। वहाँ प्रेम का विकास परिचय की प्रगाढ़ता में था, अजनबीपन के नाश में था, अकेलेपन से मुक्ति में था। परिचय, घनिष्ठता एवं सम्मिलन की द्वैतता के बाधक तत्त्व बाहरी थे—परिवार, समाज, कर्तव्य, नैतिकता आदि। उन्हें हटाकर या उनके आरोपों का मिथ्यात्व प्रमाणित करके ही वहाँ कहानी बनती थी। पर बाधक तत्त्व अब समाज नहीं रहा, नीति और कर्तव्य के अंकुश नहीं रहे। अब तो बाधक अपने ही व्यक्तित्व का एक अंश है। वही अंश खलनायक है, उसी की महिमा के नीचे बेचारा प्रेमी अंश अप्रतिभ हो दुबक जाता है।

राजेन्द्र यादव की कहानी 'छोटे-छोटे ताजमहल' को लीजिए—शारीरिकता की पहचान है—

> *विजय ने एक बार फिर सशंक निगाहों से इधर-उधर देखा और बढ़कर उसकी दोनों कनपटियों को हथेलियों से दबाकर अपने पास खींच लिया। नहीं, मीरा ने विरोध नहीं किया, मानो वह प्रत्याशा कर रही थी कि यह क्षण आयेगा अवश्य लेकिन पहले उसके माथे पर तीखी रेखाओं की परछाइयाँ उभरीं और फिर मुग्ध मुस्कराहट की लहरों में बदल गयीं। विजय का मन हुआ, रेगिस्तान में भटकते प्यासे की तरह दोनों हाथों से सुराही को पकड़कर इस मुस्कराहट की शराब को पागल आवेग में पीता चला जाये—पीता चला जाये—गट—गट—और आखिर लड़खड़ा कर गिर पड़े। पतले-पतले होठों में एक नामालूम-सी फड़कन लरज रही थी। उस रूमानी बेहोशी में भी विजय को खयाल आया कि पहले एक हाथ से मीरा का चश्मा उतार ले—टूट न जाये। तब उसने देखा, हरियाले फव्वारों—जैसे मोर-पंखियों के दो-तीन पेड़ों के पीछे पूरे-पूरे दो ताजमहल चश्मे के शीशों में उतर आये हैं—दूधिया हाथीदाँत के बने दो सफेद नन्हे-नन्हे खिलौने—*

और तभी विजय को याद हो आता है (वैयक्तिक चेतना की यह आकस्मिक कौंध ध्यान देने योग्य है) कि वे महान और विराट अतीत की छाया में बैठे हैं। बस फिर क्या था। उसके व्यक्तित्व के चेतना के इस अंश के उदय होने के साथ ही, 'खिंचाव वहीं थम गया। उसने बड़े बेमालूम ढंग से गहरी साँस ली और अपने हाथ हटा लिए। आहिस्ता से।' और तब उसके भीतर का कमजोर, नपुंसक (एवं एक सीमा तक शरतचन्द्रीय) नायक पुकार उठता है : 'नहीं। यहाँ नहीं। कोई देख लेगा।...यह उसे क्या हो गया'...?

हम जानते हैं कि वहीं नहीं तो कहीं नहीं, तब नहीं तो कभी नहीं। विजय को भी रह-रहकर झुँझलाइट होती—

किस शाप ने हमारे खून को जमा दिया है। यह हो क्या गया है हमें? कोई गर्मी नहीं, कोई आवेश और कोई उद्वेग नहीं...क्या बदल गया है इसमें? हाँ, मीरा का रंग कुछ खुल गया...शरीर निखर आया है...। उसका 'बोझिल मौन' जिस 'कोमल चीज' को पीसे दे रहा था, क्या वह प्रेम ही नहीं था? ऐसे क्षणों में जब वे दोनों ताजमहल के परिसर से उठकर चलते हैं तो उन्हें लगा, जैसे कोई मुर्दा क्षण है, जिसका एक सिरा मीरा पकड़े है और दूसरा, वह और उसे चुपचाप दोनों रात के सन्नाटे में कहीं दफनाने के लिए जा रहे हों...डरते हों, किसी की निगाहें न पड़ जायें...कोई जान न ले कि वे हत्यारे हैं...कहीं किसी झाड़ी के पीछे इस लाश को फेंक देंगे और खुशबूदार रूमालों से कसकर खून पोंछते हुए चले जायेंगे...भीड़ में खो जायेंगे...। जैसे एक-दूसरे की ओर देखने में डर लगता है...कहीं आरोप करती आँखें हत्या स्वीकारने को मजबूर न कर दें...।

यह मुर्दा क्षण, स्पष्ट है, किसी बाहरी शक्ति द्वारा नहीं मारा गया, वे दोनों ही हत्यारे हैं। मेरे मन में फिर प्रश्न उठता है कि बिखरा हुआ शरीर एवं मुर्दा क्षण क्या परस्पराश्रित हैं? शरीर एवं अकेलापन, तन एवं अजनबी मन क्या यहाँ एक-दूसरे को काट नहीं रहे हैं? यों इस कहानी के भीतर एक और कहानी है और उसमें भी ऐसी ही हत्या है। एक सुखी जोड़ा विवाह के सात वर्ष पूरे होने पर (सात वर्षों में ही शायद शरीर की ग्रन्थियों में बदलाव होता है।) अलग हो जाता है, क्योंकि दोनों तरफ से शायद सहने की हद हो गयी है—'नसों का यह तनाव मुझे या उसे पागल बना दे—इससे अच्छा हो कि दोनों अलग ही रहें।' और इस तरह हनीमून की नहीं, तलाक की रात ताजमहल की छाया में शुरू होती है। ठीक भी है। असाधारण प्रेम वाले नायक-नायिका के स्मारक की यह ट्रैजेडी है। या यों पूछें कि प्रेम की क्या यही आधुनिक ट्रैजेडी है? आधुनिक मानव का अकेलापन ही उसकी ट्रैजेडी और विडम्बना है तभी शायद प्रेम भी विडम्बना है।

और यह स्थिति ज्यादा शरतचन्द्र, राजेन्द्र यादव में ही नहीं, औरों में भी है। निर्मल वर्मा की कहानी 'पिक्चर पोस्टकार्ड'—

परेश ने 'कई बार सोचा है कि किसी दिन मैं उस कालर-बोन के उस गढ़े को अपनी जुबान की नोक से स्पर्श करूँगा। उस गढ़े में हल्का पसीना है। मैंने कई बार सोचा है कि किसी दिन मैं उस पसीने को अपने होठों से चूस लूँगा।' पर इसके बाद? —वही अपने से दुराव, अपने आप में परिचय के साथ बढ़ता अपरिचय, कुछ औपचारिक बातें और दस बजे रात को ज्यूक बाक्स में चवन्नी डालकर अधिक से अधिक ऊपर उठने वाला रिकार्ड (उसे भी शायद बगैर सुने, दोस्तों की भीड़ में फिल्म देखने चला गया होगा)।

मोहन राकेश के मधुसूदन सुषमा से भाग खड़े होते हैं, श्रीकान्त वर्मा की 'परिणय' के नायक महोदय उसी पुंसत्व के क्षण में भागते हैं और उषा प्रियंवदा की अचला ('मोहबन्ध' की नायिका) भी 'असीम सुख के उस क्षण में भी अनुभव कर लेती है कि इस मोहबन्ध को तोड़कर उसे जाना ही है क्योंकि वे भीगी आँखें उसकी अपनी हैं।' और राजेश्वर (उषा की 'जाले' कहानी) को समान बौद्धिक प्रिया कौमुदी से विवाह कर लेने के बाद भी 'लगता कि वह मकड़ी के जाले में घिरकर रह गयी है, जिसके तार दूर से बहुत सुकुमार, बहुत आकर्षक लगते हैं, पर एक बार उसमें फँस जाने के बाद निष्कृति की कोई आशा नहीं रहती।' श्रीकान्त वर्मा की ये काव्यपंक्तियाँ मन में उभरती हैं—

सच है, तुम्हारे बिना जीवन अपंग है।
फिर भी। क्यों लगता है मुझे। प्रेम
अकेले होने का ही एक और ढंग है।

प्रेमचित्रण में उदासी, अकेलेपन, ऊब के ये रूप नये कहे जा सकते हैं। यह नपुंसकता, साहसहीनता भी शायद नयी ही है, पर मूल्यनिर्णय के समय सबसे बड़ा सवाल उठता है कि 'डिरोमैंटिसाइजेशन' की जो प्रक्रिया 'अज्ञेय' में शुरू हुई थी, वास्तविकता के जिस स्तर की तटस्थ चेतना की दृष्टि को पाने का दावा किया गया था, क्या उसे पूरा और प्राप्त किया जा सका? छायावादी असाधारण लगाव, प्राणों का त्याग आदि यदि पेंडुलम का एक दिशा का बढ़ाव है, तो झटके से तोड़ कर अलग हो जाना, महत्त्वपूर्ण क्षण में समस्या को 'आमने-सामने' स्वीकार न कर भाग खड़े होना क्या उसी पेंडुलम की गति का दूसरा और स्विंग नहीं है? मुझे लगता है कि शरतचन्द्र के नायक-नायिका ही वेश बदलकर आ रहे हैं। जिस शारीरिकता से असम्पृक्त रह कर वे बड़े से बड़ा बलिदान कर देते हैं, उसी से परिचित होना चाहकर भी ये भाग खड़े होते हैं, और सब मिलाकर स्थिति ज्यों की त्यों रहती है। महिमामण्डित शब्दों का प्रयोग न करते हुए भी, वे ही वेदना के गीत एवं वही शहादत का स्वर। उस 'कथा' की अभी हमें क्या प्रतीक्षा नहीं है जो प्रेम के साथ ही एक लैंगिक (सेक्सुअल) थीम की खोज में भी प्रयुक्त हो? कहना चाहता हूँ कि प्रेम एक क्षमता है—

कोई समझे तो एक बात कहूँ
इश्क़ तौफीक़ है, गुनाह नहीं।

और इस क्षमता को खोजने-पहचानने की आवश्यकता है।

सन् साठ के बाद की हिन्दी कहानी

आधुनिकता एक ऐतिहासिक प्रक्रिया है। इसके पीछे विज्ञान, यन्त्र गति आदि हैं। इस प्रक्रिया में यथार्थ की भावना प्रक्रिया बदलती है। उसी सन्दर्भ में नये-पुराने को देखना चाहिए। यह झगड़ा रचनाशीलता का अनिवार्य सन्दर्भ है। पीढ़ियों को किसी सन् में नहीं बाँटा जा सकता, पर पीढ़ी की एक चेतना या अपना अनुभव होता है और अन्य पीढ़ियाँ उसमें साझीदार हो सकती हैं। यह चेतना या अनुभव यथार्थ से जुड़ा हुआ है। यथार्थ क्या है? यथार्थ सारा संसार है, पर इसमें से रचनाकार कुछ चुनता है। क्यों कुछ छवियों को चुनता है और कैसे चुनता है, इसी पर उस कहानी का संसार निर्भर करता है। इस चुनाव के पीछे अपनी वैयक्तिक प्रतिभा होती है। पर अपने विश्वास, अपनी निराशाएँ, अपने द्वन्द्व भी होते हैं—अपना आनन्द शायद सबसे कम होता है।

इस बिन्दु पर खड़े होकर देखें, तो तथाकथित पुराने लेखक अपने द्वन्द्व की कहानियाँ कह चुके। और अब जैनेन्द्र या चन्द्रगुप्त विद्यालंकार कहानियाँ लिखते हैं, तो वे झूठी कहानियाँ होती हैं। उन्होंने सुन रखा है कि कुछ बातें समाज में ऐसी होती हैं, और उन पर कहानियाँ बनाते हैं। इनमें घटनाएँ सच होती हैं, व्यक्ति झूठे होते हैं, क्योंकि उनके सम्बन्ध झूठे हैं। इन नये लोगों को बनाते समय वे तटस्थ नहीं रह सकते। और तटस्थता कला की अनिवार्य शर्त है।

नये कहानीकारों का सन्दर्भ क्या है, उन्होंने कहानियाँ कहाँ से उत्पन्न की हैं? हम अपने को क्या बनाते हैं, इस पर कथा निर्भर करती है। लेखक अनिवार्यतः अपने वास्तविक समाज, उसकी संस्कृति से किसी न किसी सम्बन्ध में जुड़ा रहता है—जब उसे अस्वीकार करता है, विद्रोह करता है या झूठ बोलता है, तब भी। नये कहानीकार इस माँग के अन्तर्गत आते थे।

समकालीनता, आधुनिकता, यथार्थ आदि शब्द बहुत रपटीले हैं। खासकर उस युग में, जब शब्द अलग जा रहे हों और चीजें अलग, जब निश्चयपूर्वक कह पाना उतना ही असम्भव हो गया हो, जितना कि किसी युग में अनिश्चयपूर्वक कह पाना था। एमर्सन ने कहा है कि हर युग को अपनी विशेषता में लिखना होता है, शायद हर पीढ़ी को। और नयी पीढ़ी को भी अपनी कहानियाँ लिखनी हैं।

नयी कहानी अब थकी-पुरानी हो गयी है और मैं जान-बूझकर उसकी चर्चा नहीं करना चाह रहा। उसके लेखक, उसमें आये संसार, उस संसार के प्रति रुख, उसकी भाषा और विकल्प, ये सभी अब खासे रूढ़ और समकालीन सन्दर्भ में अयथार्थ भी लगने लगे हैं, गोकि उस प्रकार की बहुत अच्छी कहानियाँ अब भी लिखी जा रही हैं। 'लोकेट' करने की कोशिश करूँगा, जो सचमुच समकालीन है—समकालीन जीवन के अर्थ में।

लोग अन्त में नाम गिनाते हैं, मैं पहले ही लिख देता हूँ, 'भाषा', 'आदमी', 'साँसें', 'अन्तराल', 'एक प्रामाणिक झूठ', 'नौ साल छोटी पत्नी', 'फेंस के इधर-उधर', 'एक पति के नोट्स', 'चाय घर में मृत्यु' आदि। इन्हें 'मलबे का मालिक', 'राजा निरबंसिया', 'गुलरा के बाबा', 'चीफ की दावत', 'जहाँ लक्ष्मी कैद है' आदि से मिलाइए, तो हिन्दी कहानी का 'टेंपर' खासा बदला हुआ दिखाई देता है। इन दोनों की विस्तार से चर्चा न करके, विचार के लिए केवल कुछ संकेतबिन्दु उठाना चाहता हूँ।

'नयी कहानी' के लेखकों की कहानियों को पढ़ जाइए, तो लगता है कि जो कुछ ये कह रहे हैं, उसका उन्हें पूरा ज्ञान है। कहानी, उसके सारे 'डिटेल्स' उन्हें हस्तामलक हैं। इसीलिए कहानी में आनेवाली सभी स्थितियों के मध्य 'लाजिकल कनेक्शंस' बराबर विद्यमान दिखते हैं। इसी के साथ पहले गिनाई गयी कहानियाँ (60 के आस-पास से) देख जाइए, वहाँ उभरी दुनिया लेखक के लिए भी अपरिचित मालूम पड़ती है। लगता है कि उसने बगैर इस संसार का नक्शा समझे, बगैर इस दुनिया के सम्बन्धों की प्रामाणिकता की, कार्य-कारण सम्बन्धों की जाँच किये, कहानी लिखना शुरू कर दिया है। ज्ञान प्राप्त करके कहानी लिखने के बजाय लिखने के दौरान, वह ज्ञान खोजता जाता है या कभी-कभी पाता चलता है; प्रयाग शुक्ल की 'साँसें' या 'आदमी' के नायक की तरह। कहना न होगा कि मैंने सृजनप्रक्रिया के अन्तर की ओर आपका ध्यान खींचना चाहा है और यह अन्तर सृजनप्रक्रिया का ही नहीं है—यह यथार्थ के प्रति अलग-अलग रुखों का भी है।

चौथे, पाँचवें दशकों के लेखक 'यथार्थ का सृजन' करते थे, तो पचास के लेखक 'यथार्थ को अभिव्यक्त' करते थे, पर एकदम नया समकालीन कहानीकार 'यथार्थ को खोजता' है। पिछली पीढ़ी के लेखक जानते थे कि यथार्थ बिखरा हुआ पड़ा है, उपेक्षित है, कहीं-कहीं ढँका भी है और उन्हें अभिव्यक्त या उद्घोषित करने की जरूरत है। इस चेष्टा में ये लोग शहर की गलियों से आदिवासियों के घोटुल तक चक्कर लगा आते थे। विभाजन का यथार्थ, उपेक्षित अंचलों का यथार्थ, उपेक्षित पात्रों का यथार्थ, उपेक्षित गलियों का यथार्थ, इन्हें नये कहानीकार व्यक्त कर सके हैं। 'रसप्रिया' हो या 'गुलकी बन्नो', 'प्रतीक्षा' हो या 'राजा निरबंसिया', मिथिला का अंचल हो या बस्ती का या गोंडवाने का—मूल दृष्टि यही बनी रही। फिर नयी कहानी इसमें यथार्थ के नाम से छौंकलोभी रही—सामाजिकता की, मानवता की,

समस्याओं की, यानी कि रूप बदले प्रगतिवाद की। यों इस क्षेत्र में योगदान भी प्रगतिशीलता का ही है। आश्चर्य न होना चाहिए कि कहानीकार से अधिक सफल कहानी समीक्षक मार्कण्डेय कहानीकार से एक स्पष्ट सामाजिक दृष्टि की माँग करते हैं और कमलेश्वर या यादव भी बार-बार सामाजिकता की माँग दोहराते हैं! इनकी स्पष्ट सामाजिक दृष्टि का तनिक भी विश्लेषण स्पष्ट कर देगा कि इस प्रकार का भविष्यवाद इनके साथ जुड़ा हुआ है। पर नया लेखक प्रगति के इन सिद्धान्तों को अस्वीकार करता है। अपनी इस दृष्टि के कारण इन लोगों (नये कहानीकारों) ने काफी समस्याप्रधान कहानियाँ भी लिखीं और प्रकृतवादी भी। इन लोगों के दिमाग में कहीं यह बाकी था कि साहित्य समाज को बदलने का एक साधन है, साहित्य को आस्थावादी होना चाहिए। ये लोग काफी-काफी दूर तक आस्था के पीछे चलते गये या यों कहें कि 'ज्यों-ज्यों बसत जात प्रिय प्रान पूरि-दूरि-दूरि, त्यों-त्यों धँसत जात मनु मुकुर हमारे में।' कहना न होगा कि साहित्यिक मूल्यांकन के समय आस्थावादी स्वर सबसे अधिक अप्रामाणिक ठहरते हैं—चाहे वे 'अन्धा युग' में हों या 'आत्मजयी' के नचिकेता में या 'उखड़े हुए लोग', 'नीराजना', 'मलबे का मालिक' और 'आर्द्रा' में। साहित्य इन रचनाओं में वहीं उभरता है, जहाँ पराजय है, हताशा है, प्रश्न है—उत्तर नहीं।

एक और तथ्य की याद दिलाना चाहूँगा—पिछले दशक में यह बात बार-बार दोहराई गयी कि पुराने मूल्य टूट गये और नये मूल्य बन नहीं पाये। पर एक विचित्र बात है कि इन कहानीकारों या साहित्यकारों के कृतित्व का विश्लेषण बताता है कि पुराने मूल्यों के प्रति इनके मन में बेहद ममत्व था। पुरानी पीढ़ी और उसके मूल्यों की चर्चा करते समय ये उन्हें टूटता दिखाते हैं, पर ऐसा लगता है कि चाहते यही हैं कि वही बने रहते। वे पुराने लोग भी मूल्यबलि के समान इन कहानीकारों की आधी से अधिक शक्ति ले लेते हैं। 'आर्द्रा' हो या 'गुलरा के बाबा', 'कर्मनाशा की हार' हो या 'रसप्रिया' यही दृष्टि बार-बार उभरती है। वस्तुतः कहानी ये लोग इसी ममत्व से पैदा करते हैं। उनके सामने नयी पीढ़ी हतदर्प दिखती है। इसे यों भी कहा जा सकता है कि यह इनकी अपनी संवेदना की असफलता है—गैर-ईमानदारी नहीं।

बड़ी ईमानदारी से घटनाओं, पात्रों, परिस्थितियों, सम्बधों को चुना जाता है, कहानी को अधिक से अधिक सफल बनाया जाता है, पर घूम-फिर कर संवेदना आधुनिकता के भार को सह नहीं पाती और अन्ततः एक नास्टेल्जिया बार-बार उभरता है, दिखता है। अपनी पीढ़ी की 'आइडेंटिटी' इन्हें नहीं मिलती और जब अपनी ही पीढ़ी की बात करते हैं, तो उसके ऊपर 'वैल्यूपैटर्न' पुरानी पीढ़ी का आरोपित कर देते हैं।

किन्तु प्राकृतिक तथ्यों, बाह्य वस्तु वर्णनों के ज्ञान को स्वीकार करनेवाली यथार्थ दृष्टि को जब नयी पीढ़ी ने अस्वीकार किया, तब उसके साथ ही लिपटी तमाम

विचार-दृष्टियों को भी अस्वीकार कर दिया है। क्यों लिखते हो? साहित्य का क्या प्रयोजन है? साहित्य की क्या शक्ति है? आज के सन्दर्भ में ये प्रश्न उसके लिए व्यर्थ हो गये हैं। वह जानता है कि साहित्य समाज नहीं बदल सकता, उसके पढ़ने वाले उसके माध्यम से सामाजिक सम्बन्धों या भावनाओं-कल्पनाओं को अधिक संयोजित रूप से देख सकते हैं, पर इससे अधिक नहीं। साहित्य आनन्द देता है, यह तो तभी खण्डित हो जाता है, जब आनन्दवादी थीमों को अस्वीकार कर दिया जाता है, और क्यों लिखता है, इसका उत्तर एलन रोब्ब के शब्दों में यह हो सकता है कि यही जानने के लिए लिखता हूँ कि मैं क्यों लिखना चाहता हूँ? परिणाम है कि सामाजिक समस्याओं पर कहानी लिखना उसका 'मिशन' नहीं रहा। इसका अर्थ यह नहीं है कि उसकी कहानियों में समाज या सामाजिक सम्बन्ध नहीं रहे। बल्कि यों कहें कि समस्याओं को चुनना व्यर्थ हो गया—क्यों यह समस्या इस प्रकार की है, इसका कोई दोटूक निश्चित उत्तर नहीं रहा। यों महेन्द्र भल्ला की कहानी 'एक पति के नोट्स' का विश्लेषण करते हुए मैंने दिखलाना चाहा है कि सामाजिक सम्बन्धों का वैयक्तिक स्तर पर स्वीकार और अस्वीकार किस प्रकार की भयावहता की सृष्टि करता है। 'फेंस के इधर-उधर', 'बड़े शहर का आदमी', 'इन्तजार' आदि का संसार हमारी सामाजिक सच्चाइयों को एक भिन्न प्रकार के तीखेपन के साथ व्यक्त करता है, अपेक्षया तथाकथित सामाजिक कहानियों के।

इस पीढ़ी की पृष्ठभूमि में अब वे लोग भी नहीं हैं, जिन्होंने त्याग किये थे, बलिदान किये थे, टूट गये थे, पर झुके नहीं थे। वे भी नहीं, जिन्होंने अपने त्याग को धीरे-धीरे विलाप में डुबोया था। इनके पीछे तो अपनी ही पीढ़ी थी और परिणामस्वरूप ये अपनी ही कहानियाँ कहते हैं, अपनी पीढ़ी की। ये अपनी नजर से बूढ़ों की कहानियाँ नहीं कहते बल्कि अपनी नजर से अपनी कहानियाँ कहते हैं। इनके यहाँ गंगा प्रसाद विमल की कहानी के समान पिता यदि आता भी है, तो पिता के मूल्य नहीं, पुत्र के मूल्य या मूल्यहीनता, पवित्रताबोध, साहित्य आनन्दवंचित होते हैं। कहना न होगा कि पिछले वर्षों में इन कहानियों में बूढ़ों की संख्या लगातार कम होती गयी है। सामाजिकता या मानवता जैसे वाक्य इस पीढ़ी के लेखकों के लिए या तो 'एब्स्ट्रेक्शन' हैं या एकदम 'इर्रेलिवेंट'। यह स्थिति लोगों को भयावह लग सकती है, हो सकता है कि इन्हीं में से कुछ लोग इस बात का विरोध करें—पर कहानियों और वक्तव्यों दोनों के विश्लेषण से मैं अपनी बात पुष्ट कर सकता हूँ। इनकी कहानियों में पात्रों के नाम तक गायब हो गये हैं, उनका हुलिया, पेशा, हाबी या कार्यकलापों को तो दूर जाने दीजिए। इन पात्रों (यदि सचमुच ही ये पात्र हैं तो) को इसीलिए पढ़ने के बाद कहानी या शीर्षक या घटना याद नहीं रहती—ज्यादा से ज्यादा यह कि सम्बन्ध क्या थे, या फिर वह पात्र दिमाग में रह जाता है, जो अनुपस्थित है। रोजमर्रा का यथार्थ इनकी कहानियों में ज्यों का त्यों नहीं आता, विरूपित हो जाता है,

ज्यादातर उसका 'बेयर मिनिमम' ही होता है। ये कहानियाँ कभी-कभी अन्योक्ति 'एलेगरी' मालूम पड़ने लगती हैं और अकसर मात्र चुटकुलेबाजी। इनके 'आब्जेक्टिव' और 'सब्जेक्टिव' संसारों में फर्क नहीं रह गया है। निजी संसार और बाहरी संसारों की नियति एक साथ मिली हुई है।

वस्तुतः जो बातें नयी कहानी में वैचारिक स्तर पर कही जाती रही हैं—वे ही इन कहानियों में अनुभवबिम्बों में व्यक्त हुई हैं। इन कहानियों की दुनिया छोटी भले ही हो, पर अधिक प्रामाणिक है।

नाटक समीक्षा

हिन्दी की नाटक समीक्षा

कुछ विस्मय के साथ आचार्य रामचन्द्र शुक्ल ने अपने इतिहास में नोट किया था कि 'विलक्षण बात यह है कि आधुनिक गद्यसाहित्य परम्परा का प्रवर्तन नाटकों से हुआ।' विलक्षण भले ही न हो पर आचार्य शुक्ल की ही गवाही है कि 'सम्यक् आलोचना का हिन्दी में सूत्रपात भी नाटकों की आलोचना से हुआ।' बालकृष्ण भट्ट और बदरीनारायण चौधरी 'प्रेमघन' ने लाला श्रीनिवास दास के 'संयोगिता स्वयंवर' नाटक की लम्बी और तीखी समीक्षाएँ लिखी थीं। इन्हीं दोनों समीक्षाओं से हिन्दी की व्यावहारिक आलोचना का सूत्रपात माना जाता है। सिद्धान्तचर्चा की दृष्टि से भी भारतेन्दु का 'नाटक' शीर्षक निबन्ध हिन्दी आलोचना में पहल करता है। स्पष्ट है कि गद्यसाहित्य परम्परा का नाटकों के माध्यम से प्रवर्तन भले ही विलक्षण बात हो, पर आलोचना के साथ केवल यही कहा जा सकता है कि अपने प्रारम्भिक युग में उसने समसामयिक रचनाशीलता के महत्त्वपूर्ण अंश को पहचानने में कोई भूल नहीं की।

भारतेन्दु और 'प्रेमघन' की इन नाट्यसमीक्षाओं को पढ़ने से यह स्पष्ट भासित होता है कि भारतेन्दु का विवेचन मुख्यतः नाटककार के लिए नाट्यसिद्धान्त उपस्थित करने की दृष्टि से किया गया है और 'प्रेमघन' मूलतः समीक्षक की हैसियत से लिख रहे थे, और उन दोनों के विवेचन में अत्यधिक वैचारिक समानताएँ हैं। वस्तुतः दोनों मिलकर उस युग की नाट्य प्रवृत्ति और चिन्तन का चित्र उपस्थित करते हैं। भारतेन्दु ने अपने इस निबन्ध में लिखा है—

> *प्राचीनकाल के अभिनयादि के सम्बन्ध में तात्कालिक कवि लोगों की और दर्शक मण्डली की जिस प्रकार रुचि थी, वे लोग तदनुसार ही नाटकीय दृश्य काव्य रचना करके सामाजिक लोगों का चित्त-विनोदन कर गये हैं। किन्तु वर्तमान समय में इस काल के कवि तथा सामाजिक लोगों की रुचि उस काल की अपेक्षा अनेकांश में विलक्षण है, इससे सम्प्रति प्राचीन मत अवलम्बन करके नाटक आदि दृश्य काव्य लिखना युक्तिसंगत बोध नहीं होता।...*

नाटकादि दृश्य काव्य प्रणयन करना हो तो प्राचीन समस्त रीति का ही परित्याग करें, यह आवश्यक नहीं है, क्योंकि जो प्राचीन रीति व पद्धति आधुनिक सामाजिक लोगों की मतपोषिका होगी, वह सब अवश्य ग्रहण होगी।...प्राचीन लक्षण रखकर आधुनिक नाटकादि की शोभा सम्पादन करने से उल्टा फल होता है और यत्न व्यर्थ हो जाता है।

भारतेन्दु के इस कथन से कुछ निष्कर्ष तत्काल निकाले जा सकते हैं–

1. नाटक रचना में समसामयिक कविरुचि यानी काव्यरचना में तात्कालिक काव्य-सिद्धान्त, माँग और रचनाशीलता आवश्यक तत्त्व होते हैं।
2. कवि के साथ ही सामाजिक की रुचि, यानी कि उसकी आशा-आकांक्षाएँ, समस्याएँ और संघर्ष, कलाचेतना और कलाभिरुचि भी नाटक रचना को अनुकूलित करती हैं।
3. भारतेन्दु अनुभव करते हैं कि उनके युग के कवि और सामाजिक में अवस्था परिवर्तन हो गया है और इसलिए नाटकरचना में बदलाव आवश्यक हो गया है। इसे यों भी कहा जा सकता है कि मध्यकाल तक के नाट्यशास्त्र की उपयोगिता समाप्त हो चुकी थी और भारतेन्दु एक नये नाट्यशास्त्र की उपयोगिता अनुभव कर रहे थे। यह निबन्ध इसी माँग का परिणाम था।
4. इस नये नाट्यशास्त्र की खोज की प्रक्रिया में वे नाट्यशास्त्र के उन्हीं अंशों को चुन रहे थे जो स्वयं उनकी अपनी नाटकरचना के लिए सप्रसंग थे। पश्चिमी नाट्यशास्त्र के विवरण उन्होंने नहीं दिये, पर पश्चिमी नाटकों का जो इतिहास उन्होंने उपस्थित किया है वह सूचित करता है कि उसका निकट परिचय उनकी नाटकरचना को प्रभावित अवश्य कर रहा होगा। वस्तुतः वे आधुनिकताबोध पर जोर दे रहे थे और नाट्यरचना तथा विवेचना में उसी बोध को प्रधानता देते थे।

नये नाट्यशास्त्र की आवश्यकता पर 'प्रेमघन' ने भी जोर दिया है और उसके लिए उन्होंने अंग्रेजी ही नहीं अन्य भारतीय भाषाओं के नाटकों के आधार पर नाट्यसिद्धान्तों की रचना उचित मानी थी। 1881 ई. में 'दृश्य रूपक वा नाटक' नामक अपने निबन्ध में उन्होंने लिखा था–

> प्रथम हमारे भाषा के नाटक लिखने वालों के अर्थ भाषा, दृश्य काव्य के निरूपण और लक्षण तथा भेद, रीति, नियम और उदाहरण को बताने वाला, कोई साहित्य का ग्रन्थ नहीं; और जो संस्कृत में साहित्य दर्पण श्री विश्वनाथ कविराज रचित, दशरूपक सूत्र रूपादि हैं, अब उनमें बहुत-से गड़बड़ समय और भाषा परिवर्तन के कारण हो गये और कितनी बातों का विरोध पड़ गया। अतएव मुख्य तो उनका आश्रय लेकर और उस समय से उधर के बने नाटक तथा अंग्रेजी, इसी रीति से हमारी भाषा के भी (जो हैं) और गुजराती, महाराष्ट्री से भी जाँच कर नये तरह पर खासकर इस नागरी भाषा में कोई ग्रन्थ होना अत्यन्त आवश्यक है।

मैं नहीं जानता कि नाट्यशास्त्र के लिए इस सुझाव से अधिक ठोस आधार क्या हो सकता है? खेद है कि जिस प्रकार के सिद्धान्त ग्रन्थ की कल्पना 'प्रेमघन' ने 1881 ई. में की थी वह 1965 में भी पूरी नहीं हो सकी है।

साथ ही ध्यान में रखने की बात है कि 'प्रेमघन' नाटक की चर्चा में अभिनय वाले अंश को बराबर ध्यान में रखते हैं। रंगमंच से कटा हुआ उनका विवेचन नहीं है। नाटकलेखन तथा अभिनय की परस्पर सापेक्षता उनके सामने नितान्त स्पष्ट थी। अभिनय को अनुकरण से अलग करके देखा जाना चाहिए, यह 'प्रेमघन' की महत्त्वपूर्ण सम्मति थी। अभिनय को वास्तविकता का विश्वास उत्पन्न करना होगा—

'जानना चाहिए कि नाटक वहाँ तक नहीं है कि जहाँ तक उसमें नकलपन आये, किन्तु नाटक और अभिनय वह वस्तु है कि जब देखनेवाले को इसका परिज्ञान न रह जाय कि हम नाटक देखते हैं व सत्य लीला... ।'

साथ ही नाटक और अभिनय की उत्तमता के लिए 'प्रेमघन' का यह मन्तव्य न केवल नितान्त आधुनिक है बल्कि साहित्य की समस्त गरिमा से मण्डित है कि उसमें 'सत्कवि का कवित्व' होना चाहिए और 'चतुर नट' की नाटक में प्रवीणता। रंगमंच की दृष्टि से सफल अभिनय ही नहीं, सत्कवि का कवित्व नाटक को साहित्य रूप बनाता है, मात्र मनोरंजन से ऊपर उठाकर। अभिनय के क्षेत्र में भी 'सफलता' के स्थान पर 'प्रवीणता' अधिक गहरी दृष्टि की माँग है। फिर अभिनय को आगे बढ़ाकर मण्डली तक जोड़ने में निर्देशक और मंच सज्जाकारों के महत्त्व का भी स्वीकरण हो जाता है। तात्पर्य यह कि 'प्रेमघन' नाटक की सम्पूर्ण अर्थवत्ता को लेखक, अभिनेता, निर्देशक, मंच सज्जाकार आदि सभी के सम्मिलित प्रयत्न में देखते हैं और उसे एक गम्भीर साहित्यरूप की मर्यादा से मण्डित रखते हैं।

इसी निबन्ध में प्रेमघन ने नाट्यरचना सिद्धान्तों से अपरिचित रहने के कारण रूप (फार्म) में होनेवाली अनेक गड़बड़ियों का संकेत किया है। सिद्धान्तरूप में इस प्रकार की त्रुटियों का संकेत अपेक्षाकृत सरल होता है पर किसी भी समीक्षक के लिए व्यवहार में इन त्रुटियों की पहचान असली कसौटी होती है। 'संयोगिता स्वयंवर' की अपनी लम्बी समीक्षा में प्रेमघन इस कसौटी पर पूरे ही नहीं उतरते, आदर्श समीक्षक दीखते हैं। जिस युग में न नाटक थे और न आलोचना की कोई भाषा, प्रेमघन ने 'संयोगिता स्वयंवर' की आलोचना में नाटक को आंगिक गठन (आर्गेनिक फार्म) वाला साहित्य रूप मानकर विश्लेषण किया है। पूरे नाटक का क्रमशः विश्लेषण करते हुए विविध गर्भांकों की योजना, नाटक में उनका स्थान, उनकी सार्थकता आदि की चर्चा की गयी है। जिस प्रकार की आलोचना को आज हम 'स्ट्रक्चरल क्रिटिसिज्म' कहते हैं, उसका एक प्रारूप इस समीक्षा में विद्यमान है। काश, हिन्दी की नाटक (या कथा) समीक्षा प्रेमघन के रास्ते पर आगे बढ़ पाती!

प्रेमघन ने 'संयोगिता स्वयंवर' की विषयवस्तु (थीम) को अच्छा माना था, पर उसके रूपबन्ध के वह तिक्त आलोचक थे : 'कथा का बीज उत्तम है—परन्तु ग्रन्थ प्रबन्ध और नाटक रचना इसकी बिल्कुल निकम्मी है।' नाटक ही क्या, किसी भी कलाकृति की आलोचना करने के इस सूत्र के निहितार्थ को याद रखना होगा। जो लोग केवल विषयवस्तु की अच्छाई-बुराई के आधार पर समीक्षा करने बैठते हैं वे उपदेशक या प्रचारक हो सकते हैं, नीतिज्ञ हो सकते हैं, समीक्षक नहीं। यहीं पर यह कह देना अप्रासंगिक न होगा कि प्रेमघन के सामने सवाल यह नहीं था कि 'यह नाटक अभिनय है या नहीं?' बल्कि अपने संगठन और प्रस्तुतीकरण में (अभिनय में) कहीं-कहीं पर त्रुटिपूर्ण है। नाटक अपने में कहानी या आख्यायिका से अलग है, इसकी ओर भारतेन्दु ने भी ध्यान दिया था और प्रेमघन ने भी। इसीलिए वे नाटक को 'पढ़ने' और 'खेलने' वाली अलग-अलग कोटियों में बाँटने की सोच भी नहीं पाते। नाटक अच्छा है या बुरा, यह तो वे बता सकते थे पर यह 'खेलने के लिए नहीं, पढ़ने के लिए वे हैं'—ऐसी विवेचना की कल्पना उनके वश की नहीं थी। उनकी कसौटी एक ओर अर्थगरिमा (या रसनिष्पत्ति) का प्रश्न भी उठाती है और दूसरी ओर रूपबन्ध का विश्लेषण करते हुए 'मंचीय' दृष्टि को भी ओझल नहीं होने देती।

शुक्ल जी ने अपने इतिहास में यह भी बताया है कि 'भारतेन्दु के पीछे नाटकों की ओर प्रवृत्ति बहुत कम हो गयी। नाम लेने योग्य अच्छे मौलिक नाटक बहुत दिनों तक दिखाई न पड़े।' 1912 में प्रकाशित 'कुरुवन दहन' (बदरीनाथ भट्ट) यद्यपि 'वेणीसंहार' पर आधारित है, पर नये प्रकार से नाट्यरीतियों का प्रयोग करने की चेष्टा करता है। यह वस्तुतः अनुवाद न होकर नवीन परिस्थितियों के अनुकूल रूपान्तर है। नाटक की अंग्रेजी भूमिका में भट्टजी ने लिखा है—

> *इसके स्थान पर मैंने एक दूसरा पथ ग्रहण करने का निश्चय किया, जिसमें कि मुझे अधिक स्वच्छन्दता प्राप्त होने की आशा थी। यह रास्ता इसे रूपान्तरित करने का था।...इसे यथासम्भव आधुनिक रुचियों और परिस्थितियों के अनुकूल बनाने का प्रयत्न किया।...वस्तुतः मैंने इस ग्रन्थ में अंग्रेजी और संस्कृत नाटकीय विधानों का समन्वय बनाने का प्रयत्न किया है।*

इस उद्धरण के विश्लेषण के आधार पर यह कहा जा सकता है कि भट्ट जी का यह कथन भारतेन्दु युग के प्रारम्भिक प्रयासों को प्रसाद के नाटकों से जोड़नेवाली कड़ी है। स्वच्छन्दता की ओर यहाँ पर स्पष्ट बढ़ाव है। इस स्वछन्दता के लिए ही भट्ट जी अनुवाद की अपेक्षा रूपान्तरण पर जोर देते हैं। यह स्वच्छन्दता की माँग भी 'आधुनिक रुचियों और परिस्थितियों' से उद्भूत है। यानी कि आधुनिकता का रूप भारतेन्दु युग से अब तक बदल चुका था और भट्ट जी इसे महसूस कर रहे थे। तीसरे, पहली बार 'अंग्रेजी और संस्कृत के नाटकीय विधानों का समन्वय' करने की बात स्पष्ट रूप से उठाई गयी। भट्ट जी से प्रारम्भ यह सचेष्टता नाट्यसृजन

के क्षेत्र में नये प्रयोगों की ओर उन्मुखता की सूचक है। पूर्ववर्ती भारतेन्दु हों या परवर्ती जयशंकर प्रसाद, सभी को समन्वय की यह आकांक्षा ललकारती थी। ये सभी नाटककार एक ओर अत्यन्त पुष्ट भारतीय नाट्यशास्त्र को पूरे तौर पर अस्वीकार भी न कर पाते थे और दूसरी ओर पश्चिमी नाट्यसिद्धान्त एवं नाटकरचना उन्हें बेहद आकर्षित करती थी। वस्तुतः हिन्दी का सारा नाटकशिल्प इन दोनों के तनाव पर आधारित है। केवल यह अध्ययन अपने आप में बहुत रोचक बन सकता है कि यह समन्वय कहाँ तक हो सका है और समन्वय की इस चेष्टा ने वास्तविक रचनाशीलता को कितना कुण्ठित या मुखर किया है। पर दुर्भाग्यवश रचना के स्तर पर जो आकांक्षा काम कर रही थी वह नाटक समालोचना के स्तर पर व्यक्त नहीं हो सकी। बल्कि हुआ यह कि नाट्य आलोचना की परम्परा ही उठ सी गयी। शायद मौलिक नाटक रचना की कमी ही इस बात के लिए जिम्मेदार है कि आलोचना का ध्यान नाटक से हटकर कविता की ओर पहुँच गया। महावीर प्रसाद द्विवेदी हों या मिश्रबन्धु, पद्मसिंह शर्मा हों या लाला भगवानदीन, सब कविता के ही आलोचक थे। किया भी क्या जाये, रचनात्मकता के केन्द्र पर कविता थी और आलोचना अपनी पहचान का सबूत पुनः दे रही थी।

पारसी थिएटर के प्रति विरति का भाव भारतेन्दु और उनके सहयोगी नाटककार ही व्यक्त कर चुके थे, सिनेमा के आगमन के साथ उसकी लोकगत प्रतिष्ठा भी समाप्त हो जाती है। यह एक ऐसी शून्य की स्थिति थी जिसमें न नाटक था और न किसी भी प्रकार का—परिष्कृत या भदेस—रंगमंच ही। रचना और आलोचना के केन्द्र पर कविता थी। यद्यपि कथासाहित्य में महत्त्वपूर्ण रचनाशीलता के प्रमाण मिल रहे थे, पर उसके प्रति सुधीजन का भाव अगम्भीरता का था। उसे गम्भीर आलोचनादृष्टि के योग्य नहीं समझा गया था (बल्कि यों कहें कि तमाम 'ऐकेडेमिक' क्षेत्र में आज भी उसे बहुत महत्त्वपूर्ण नहीं माना जा सका है)। इसी स्थिति में छायावादी युग में हिन्दी साहित्य उच्चतर अध्ययन-अध्यापन के लिए विश्वविद्यालयों में स्वीकृत हुआ। अंग्रेजी साहित्य के अनुकरण पर हिन्दी साहित्य के लिए भी आठ प्रश्नपत्रों वाले पाठ्यक्रम निर्धारित किये गये (जोकि आज तक अपनी तमाम कमियों के बावजूद बहुत कुछ यथावत चले आ रहे हैं)। इन पाठ्यक्रमों में नाटक और कथासाहित्य को शामिल करना ही था और इनके लिए सैद्धान्तिक व्यावहारिक आलोचना के ग्रन्थों की भी जरूरत थी। कुछ इसी प्रकार की आवश्यकता के अन्तर्गत 'रूपकरहस्य' या 'साहित्यालोचन' जैसे ग्रन्थ लिखे गये। इन ग्रन्थों में अत्यन्त सरलीकृत रूप में कुछ भारतीय और कुछ पाश्चात्य नाट्यसिद्धान्त फुटकल रूप से उपस्थित किये गये। परन्तु इनमें किसी प्रकार का—व्यवस्थित, निश्चित या मौलिक—नाट्यशास्त्र का अंकुर भी नहीं मिलता। जहाँ तक नाटक के 'टेक्स्ट' का प्रश्न था, भारतेन्दुयुग के कुछ नाटकों के अतिरिक्त केवल अनुवाद—मुख्य रूप से द्विजेन्द्रलाल राय के—थे।

और इस तरह विश्वविद्यालयों के पाठ्यक्रम में नाटकों के लिए जगह खाली थी (आज भी खाली होती रहती है)। अतः यह अस्वाभाविक न था कि केवल पढ़ने (या पढ़ाने) के लिए नाटक लिखे जाते। कुछ इस प्रकार की मनःस्थिति में प्रेमचन्द ने नाटक लिखे थे और सिद्धान्तीकरण किया था–

'ड्रामे दस किस्म के होते हैं। एक किरत (पढ़ने) के लिए, एक स्टेज के लिए। यह ड्रामा महज पढ़ने के लिए लिखा गया है।' (चिट्ठी पत्री 1, पत्र संख्या 178, पृ. 148, 22 जुलाई, 1924 को लिखा गया पत्र)।

पर प्रेमचन्द कहीं अपनी कमजोरी भी समझ रहे थे और कुछ अपराधी भाव से स्पष्टीकरण करते हुए इन्द्रनाथ मदान को 26 दिसम्बर, 1934 को लिखे गये एक पत्र में कहते हैं–

नाटक का महत्त्व समाप्त हो जाता है अगर उसे खेला न जाय। हिन्दुस्तान के पास रंगमंच नहीं है, विशेषतः हिन्दी और उर्दू के पास। रंगमंच के नाम पर मुर्दा पारसी स्टेज है जिसके नाम से मुझे हौल होता है। इसके अलावा मैं कभी नाटक की टेकनीक और रंगमंच की कला के सम्पर्क में नहीं आया। इसलिए मेरे नाटक सिर्फ पढ़े जाने के लिए थे।

कहना न होगा कि पाठ्यक्रम के लिए लिखे जानेवाले इन नाटकों की संख्या बराबर बढ़ती गयी और हिन्दी नाटक उतना ही दरिद्र होता गया।

कोरी 'क्लासरूमीय' सिद्धान्तचर्चा और पढ़ने-पढ़ाने के लिए लिखे जानेवाले नाटकों के बीच से छायावाद की सघन रचनाशीलता प्रसाद के नाटकों में प्रस्फुटित होती है। प्रसाद के पास रंगमंच भले न हो, पर उनका कथ्य नाटकीयता से लबालब भरा था। संघर्ष के जिस दौर से हिन्दुस्तान गुजर रहा था, उसका नाटकीय उपयोग कर सकने की प्रसाद में अद्भुत क्षमता थी। विरोध से उत्पन्न होनेवाली नाटकीयता प्रसाद में भरपूर मिलती है। उनके नाटक पूर्ववर्ती और समकालीन नाटकों के बीच मानदण्डवत खड़े हैं। आवश्यकता थी कि प्रसाद के इन नाटकों के अपने नाट्यशास्त्र की चर्चा होती और रंगमंच के माध्यम से उनकी विविध व्याख्याएँ करने का प्रयास किया जाता। पर इन नाटकों को नियति भोगनी थी केवल हिन्दी की कक्षाओं में पढ़ाए जाने की। हमारे विश्वविद्यालयों में परीक्षा की जो पद्धति है, उसकी अनिवार्य परिणति सरलीकरण में है। कुछ गिने-चुने प्रश्न, कुछ गिने-चुने उत्तर–इन्हीं के आसपास हमारी शैक्षणिक या शास्त्रीय आलोचना चक्कर काटती रहती है। विद्यार्थी, प्रश्नपत्र, सहायक पुस्तक, बाजारू नोट, इनके बीच अन्योन्याश्रय सम्बन्ध हो जाता है। और कुछ इसी प्रकार की परिस्थितियों में 'प्रसाद के नाटकों का शास्त्रीय अध्ययन' जैसी पुस्तकें सामने आयीं।

जीवन्त नाटक के अभाव में जीवन्त आलोचना का सम्बन्ध जो एक बार टूटा तो पं. रामचन्द्र शुक्ल में भी नहीं जुड़ सका। आलोचनात्मक लेखों या पुस्तकों को जाने दीजिए। अपने इतिहास में भी नाटकों की उन्होंने नितान्त सतही चर्चा की है।

जिस पैठ या रुचि के साथ वे प्रसाद या पन्त के काव्य पर विचार करते हैं उसका शतांश भी प्रसाद के नाटकों (या प्रेमचन्द के कथासाहित्य) के विवेचन में नहीं मिलता। पर शुक्ल जी की टिप्पणियों और बाबू श्यामसुन्दर दास द्वारा बताये गये नाट्यतत्त्वों (एवं रचनानियमों) के आधार पर डॉ. जगन्नाथप्रसाद शर्मा का शोधप्रबन्ध 'प्रसाद के नाटकों का शास्त्रीय अध्ययन' (1943 ई.) लिखा गया है। हिन्दी की पिछले पच्चीस वर्ष की 'ऐकेडेमिक' नाटक आलोचना की यह प्रतिनिधि कृति मानी जा सकती है। कमोबेश इसी साँचे में आगे भी नाटकों पर पुस्तकें या शोधप्रबन्ध लिखे जाते रहे। यहाँ तक कि तमाम अज्ञात-कुल-शील लेखकों द्वारा लिखे जानेवाले बाजारू नोट—'एक अध्ययन', 'एक दृष्टि', 'प्रश्नोत्तर' आदि—भी इस पुस्तक में अपनाई गयी योजना को ही आधार बनाते हैं।

शैक्षणिक आलोचना की कमियों को समझाने के लिए इस पुस्तक का विश्लेषण सहायक सिद्ध होगा। डॉ. शर्मा ने प्रारम्भ में प्रसाद के एक-एक नाटक को लेकर विवेचन-विश्लेषण किया है और उपसंहार के पचास पृष्ठों में प्रसाद की नाट्यकला पर अपने विचार व्यक्त किये हैं। लेखक द्वारा विवेचित चन्द्रगुप्त वाले अध्याय की विषयसूची और पृष्ठ संख्या इस प्रकार है—

इतिहास—132, कथानक—138, संविधानक सौष्ठव और काल विस्तार—143, अंक और दृश्य—144, आरम्भ और फलप्राप्ति—146, कार्य की अवस्थाएँ—147, अर्थ प्रकृतियाँ—149, सन्धियाँ—151, नायक का विचार—152, चन्द्रगुप्त—153, चाणक्य—155, सिंहरण—158, अन्य पुरुष पात्र—159, अलका—161, सुवासिनी—162, कल्याणी—163, कार्नेलिया—164, मालविका—166, रस विवेचन—166, शृंगार रस का योग—168, कथोपकथन—169, देशकाल का कथन—171, राष्ट्रभावना—174।

यही योजना अन्य नाटकों की विवेचना में भी अपनाई गयी है, एकाध मुद्दा भले ही घट-बढ़ गया हो। इस सूची के साथ विश्वविद्यालयों में एम.ए. के प्रश्नपत्रों में पूछे जानेवाले नाटक के प्रश्नों की भी एक छोटी-सी सूची दे देना प्रासंगिक होगा—

1. चन्द्रगुप्त नाटक के कथानक पर एक संक्षिप्त आलोचनात्मक निबन्ध लिखिए।
2. चन्द्रगुप्त नाटक के किन्हीं दो नारी पात्रों के आधार पर प्रसाद के हृदय की कोमलता, उदारता और स्निग्धता का परिचय दीजिए।
3. 'चन्द्रगुप्त नाटक में तत्कालीन इतिहास को राष्ट्रीयता के साँचे में ढालने का सफल प्रयास किया गया है।' सिद्ध कीजिए।
4. 'प्रसाद के नाटकों में भारतीय एवं पाश्चात्य रचना पद्धतियों का समन्वय दिखाई पड़ता है।' इस कथन की सार्थकता की विवेचना कीजिए।
5. चन्द्रगुप्त नाटक में आपको कौन पात्र सर्वाधिक प्रभावित करता है? अपनी रुचि का कारण बताते हुए उसके चरित्र का विशद चित्रण कीजिए।

6. नाटक के तत्त्वों को ध्यान में रखते हुए चन्द्रगुप्त की सफलता पर प्रकाश डालिए।
7. रंगमंच की आवश्यकताओं को ध्यान में रखते हुए चन्द्रगुप्त नाटक के गुण-दोषों का विवेचन कीजिए।
8. चन्द्रगुप्त नाटक का नायक कौन है? युक्तियुक्त उत्तर दीजिए।

और 'चन्द्रगुप्त' पर तो नहीं, 'अजातशत्रु' पर प्राप्त बाजारू नोट की एक पुस्तक के शीर्षक भी कुछ इस प्रकार हैं : कथावस्तु की ऐतिहासिकता, पात्रों की ऐतिहासिकता, नाट्य तत्त्वों की कसौटी पर अजातशत्रु, कथावस्तु, कार्य की अवस्थाएँ, नाटक का नायक, कथोपकथन, स्वगतकथन, देशकाल, भाषा-शैली, रस, उद्देश्य, गीत, अन्तर्द्वन्द्व और बहिर्द्वन्द्व, सुखान्त या दुखान्त, चरित्रचित्रण आदि।

विस्तारभय से इन तीनों सूचियों का विश्लेषण यहाँ नहीं किया जा रहा है। पर तनिक भी ध्यान से देखनेवाले के लिए यह छिपा न रहेगा कि तीनों सूचियाँ परस्पर सम्बद्ध हैं और सरलीकरण की प्रवृत्ति से उद्‌भूत हैं।

'प्रसाद के नाटकों का शास्त्रीय अध्ययन' की समीक्षा के साँचे का विश्लेषण यह स्पष्ट कर देता है कि किसी विशिष्ट संकल्पना या सुसंगठित नाट्यसिद्धान्त के बगैर भारतीय और पाश्चात्य रचना पद्धतियों के कुछ तत्त्वों या उपकरणों के खानों में नाटकों को डालने की चेष्टा की गयी है। कथावस्तु की चर्चा में भारतीय नाट्यशास्त्र की अवस्थाओं, सन्धियों और अर्थप्रकृतियों की खोज की चेष्टा है। खोज की इस चेष्टा की सार्थकता इसी में समझी गयी है कि किसी प्रकार नाटकों में उनका अस्तित्व दिखाया जा सके। इनसे नाटकों की गठन, रूपबन्ध, अर्थवत्ता आदि पर क्या प्रभाव पड़ता है, इसकी ओर ध्यान नहीं दिया जा सका। इसी प्रकार की अस्तित्वगणना पाश्चात्य कार्यावस्थाओं को लेकर भी यत्र-तत्र हुई है। 'स्कन्दगुप्त' की विवेचना में भारतीय और पाश्चात्य कार्यावस्थाओं का घपला इन तमाम शास्त्रीय आलोचकों को पीड़ित करता रहा है। पर उसके तनाव को स्पष्ट कोई नहीं करता।

भारतीय तत्त्वों की परिगणना के प्रसंग में रस विवेचन भी आता है। पर एक विचित्र बात है कि अपने को रसवादी घोषित करनेवाले ये तमाम आचार्य रस की चर्चा नाटक के एक तन्त्र के रूप में करते हैं जबकि भारतीय नाट्यशास्त्र में रसनिष्पत्ति का प्रश्न नाटक के पूरे रूपबन्ध से उद्‌भूत समग्र अर्थवत्ता से है। रस की समस्या वस्तुतः नाटक के अर्थ की समस्या है। और इसकी चर्चा नाटक के समग्र विश्लेषण के माध्यम से ही सम्भव है। पर जहाँ हर चीज के खाने बनाकर बाँट देने का सरलीकरण वाला फार्मूला इस्तेमाल किया जा रहा हो, वहाँ यह जोखिम कौन उठाए?

जो हाल रस का है कुछ वैसा ही दृश्य चरित्रचित्रण का भी हुआ। कौन-सा पात्र अपने किस गुण से नाटक की अर्थवत्ता या रस योजना को प्रभावित, अनुकूलित कर रहा है? पूरे नाटक में उसका क्या योगदान है? इस प्रकार के तत्त्वाभिनिवेशी प्रश्नों की जगह पात्रों का हुलिया बताया गया है, कुछ मोटी बातें चारित्रिक गुणों से

सम्बन्धित गिना दी गयी हैं। यह समझना मुश्किल है कि यदि चन्द्रगुप्त पराक्रमी, साहसी, सुशील, निर्भीक या आत्मविश्वासपूर्ण है, अथवा कार्नेलिया सुन्दरी, प्रेमिल, भावुक या शान्तिप्रिय है तो इससे नाटक का क्या बनता-बिगड़ता है।

नाटक की विवेचना में संवाद मीमांसा का बहुत महत्त्व है। आखिर नाटक का सर्वतोप्रमुख लक्षण भी वही है। हिन्दी के तमाम तथाकथित 'कोर्सबुकी' नाटककार किसी कहानी को संवादों में लिखकर ही नाटक रचना का सुख और सन्तोष प्राप्त कर लेते हैं। पर 'चन्द्रगुप्त' जैसे संकुल अनुभवों वाले नाटक के संवादों के लिए डॉ. शर्मा केवल दो पृष्ठ दे पाते हैं। इसी का परिणाम है कि परीक्षा के प्रश्नपत्रों में निर्धारित 'नाटक' के संवादों पर पूरा प्रश्न तो पूछ लिया जायेगा पर किसी दृश्य में आये एक छोटे से संवाद की नाटकीय उपयुक्तता का विचार अपेक्षित रह जायेगा। संवादों के कितने प्रकार प्रयुक्त हुए हैं? कथानक, पात्र या रस-योजना के लिए उनका क्या औचित्य है? अलग-अलग आये संवाद क्या किसी एक भाषा 'पैटर्न' के अंग हैं? क्या इस तरह के सवालों के लिए भी 'युगचेतना' और 'तकनीकी माहिरों' से बचने की जरूरत है?

जहाँ तक देशकाल विवेचन का प्रश्न है, यह भी उसी सरलीकरण वाले फार्मूले से जुड़ा हुआ है। साहित्य का सबसे सुविधाजनक अध्ययन दस्तावेजपरक हो सकता है। इन शास्त्रीय अध्ययनों के देशकाल वाले अंशों में इसी प्रकार के रीति-रिवाज, रहन-सहन, भूगोल और साहित्य के विवरण इकट्ठे किये गये हैं न कि नाटक की कलात्मक सत्ता से उनका कोई सम्बन्ध निरूपित किया गया है।

इस विश्लेषण को समाप्त करने के पूर्व एक अन्य तथ्य की ओर ध्यान दिलाना आवश्यक है। 1930 के आसपास से यथार्थवादी नाट्यरचना की चर्चा होने लगी थी। हिन्दी में यथार्थवाद शब्द के ग्रहण और उसके अर्थबोध का इतिहास बहुत रोचक है, परन्तु यहाँ केवल इतना इंगित करना है कि नाटक के क्षेत्र में यथार्थवाद का ग्रहण, बिना रंगमंच के ही एक रंगमंचीय सन्दर्भ में हुआ है। दैनिक व्यवहार में जो कुछ अस्वाभाविक या अतार्किक लग सकता है, उसे त्यागकर अत्यधिक विश्वसनीयता का आग्रह बढ़ा। नाट्यसमीक्षा की शास्त्रीय पद्धति पर भी इसने प्रभाव डाला। प्रसाद के नाटकों की अभिनेयता की चर्चा, गीतबहुलता और काव्यात्मकता का विरोध, स्वगत कथनों की निन्दा, घटनाओं की आकस्मिकता पर आक्षेप आदि, इसी यथार्थवादी विचारधारा के आलोक में होते हैं। डॉ. जगन्नाथ प्रसाद शर्मा के शास्त्रीय अध्ययन में भी इस विचारधारा का प्रभाव देखा जा सकता है। मजा यह है कि ये तमाम शास्त्रीय अध्येता इन बातों की चर्चा करते समय अपना शास्त्रज्ञान भुला कर (तमाम लोकधर्मी, नाट्यधर्मी, वृत्तियों, रूढ़ियों आदि को विस्मृत कर) इस प्रकार चर्चा करने लगते हैं गोया कि वे 'थिएटर क्रिटिक' हों। होता यह था कि उनका रंगमंच उनकी जेब में ही पड़ा रहता था। वस्तुतः यथार्थवाद के नाम पर इन चीजों की चर्चा भी उसी सरलीकरण वाले फार्मूले की उपज है।

यह देखकर आश्चर्य होता है कि उपन्यास हो, कहानी हो, या नाटक, वे ही तत्त्व तीनों की आलोचना में गिना दिये जाते हैं और हिन्दी की कथा या नाटक की शास्त्रीय आलोचनाएँ एक ही प्रकार और स्तर की हैं। साहित्यिक विधाओं का सिद्धान्त वस्तुतः एक व्यवस्था का सिद्धान्त भी है, और एक सामान्य साहित्यिकता में उसे घटाकर ले आने से एक नाटक को एक कहानी से अलगाया नहीं जा सकेगा। उपन्यास हो या नाटक, दोनों का रूपबन्ध अपने ढंग से सुगठित या 'आरगेनिक' होता है। और बिना इसकी चेतना उत्पन्न हुए और इस रूपबन्ध के विश्लेषण की सम्यक् पद्धति विकसित किये यही छात्रोपयोगी सुविधावाद चलता रहेगा।

एक स्पष्टीकरण और भी आवश्यक है : रंगशाला समीक्षा और नाटक समीक्षा को मैं एक ही नहीं मानता। जान ग्रास या केनेथ टायनन मुख्यतः रंगशाला समीक्षक (थिएटर क्रिटिक) हैं और विल्सन नाइट, रेमण्ड विलियम्स या आयन काट नाटक समीक्षक (ड्रामा क्रिटिक)। दोनों में कोई विरोध भी नहीं है पर नाटक एक ऐसा माध्यम है जो एक ओर स्टेज से घनिष्ठ भाव से जुड़ा हुआ है और दूसरी ओर कक्ष या कक्षा में भी उसका रस लिया जा सकता है। दोनों स्थानों की व्याख्याओं, अर्थों में, और इसी कारण आनन्द में भी, अन्तर हो सकता है। पर उसका मुख्य माध्यम तो भाषा ही है, बल्कि यों कहें कि भाषाप्रयोग के स्तर पर काव्यभाषा उसके लिए सबसे नजदीकी सिद्ध की जा सकती है। इस नाते एक स्वतन्त्र साहित्य विधा के रूप में नाटक का अध्ययन सम्भव है। अतः जब शास्त्रीय अध्ययनों और शोधप्रबन्धों की पद्धति पर आपत्ति करता हूँ तो शास्त्रीयता का विरोध करके मंचीयता की माँग नहीं करता। बल्कि कहना तो यह चाहता हूँ कि जब समीक्षक स्वयं मंच प्रयोगों से परिचित नहीं है तो अभिनेयता का प्रश्न क्यों उठाता है? अपने आप में अभिनेयता का यह प्रश्न या तो किताबी है या परीक्षा मंच से सम्बन्धित। इनकी शास्त्रीयता पर मुख्य आपत्ति यह होती है कि इन अध्ययनों में नाटक को एक नये नुस्खे में तब्दील करके देखा जाता है : (दो तोला इतिहास, एक तोला कल्पना, तीन तोला चरित्र, दो तोला संवाद और डेढ़ तोला देशकाल को भाषा-शैली के जरिए कूट-छान कर तीन तोले रस में मिलाकर गोलियाँ बना लेनी चाहिए!)। नाटक के संकुल रूपबन्ध के विश्लेषण द्वारा उसके अर्थ के उद्घाटन का प्रयास इन अध्ययनों में नहीं मिलता। 'चन्द्रगुप्त' या 'स्कन्दगुप्त' की विषयवस्तु पर एक भी पृष्ठ खर्च नहीं किया जाता। इसी प्रकार नाट्य अभिप्रायों, नाट्य समयों (ड्रैमेटिक कनवेंशंस) और परम्पराओं के उद्घाटन की ओर अभी ठीक से ध्यान भी नहीं गया है। स्वयं नाटक का इतिहास लिखते समय भी इनका अध्ययन प्रस्तुत नहीं किया जा सका है। यहाँ तक कि मुख्य कार्यव्यापार के विश्लेषण की वैसी योजना भी इन अध्ययनों में प्राप्त नहीं होती जैसी कि ग्रैनविल बार्कर की 'प्रिफेसेज टु शेक्सपियर' में मिल जाती है।

इधर स्वतन्त्रता के पश्चात हर क्षेत्र की तरह नाटक और रंगमंच के क्षेत्र में भी एक नयी क्रियाशीलता के दर्शन हुए हैं। इसके समानान्तर रंगशाला समीक्षा सम्बन्धी टिप्पणियों का प्रकाशन भी प्रारम्भ हुआ। शास्त्रीय समीक्षावाली पुस्तकों की खामियाँ और उभरकर सामने आयीं। कुछ नये नाटकों की समीक्षा करते हुए निबन्ध भी लिखे गये। ऐसा लगता है कि एक नयी नाट्यसमीक्षा की जमीन तैयार है। 'नटरंग' जैसी पत्रिका का प्रकाशन इस नये स्वर की मुखरता का सबसे बड़ा प्रमाण है। इस प्रकार गतिरोध टूटने के आभास मिलने लगे हैं—पर टूटा हुआ तभी माना जा सकता है जब प्रसाद के नाटकों पर कम से कम एक बेहतर किताब आ जाये।

❐❐